図解

なるほど！これでわかった

よくわかる これからの 市場調査

指方一郎

同文館出版

まえがき

「企業の問題解決のお手伝い＝マーケティング」という仕事に関わるようになって、34年目を迎えます。今では、「マーケティング」というビジネス用語に触れることが多くなりましたが、私がマーケティング会社に入社した70年代、マーケティングや市場調査という業務は、一部の業界関係者だけしか知らない未知の世界でした。かくいう私も、会社に席を置くようになって、初めて知ることになった領域です。当時と比べると、今は隔世の感があります。

私が、30数年間マーケティング業界に携わってきた結果、非常に多方面の仕事を経験することができました。新市場、流通構造、顧客接点、生活者研究といったテーマに集約されます。分野で言えば、繊維、住宅、住宅関連、ＯＡ機器、酒食品、日用・生活雑貨、ＩＴ関連、エネルギーなど、多岐にわたるクライアントから案件をいただいてきました。

マーケティングの実務の現場は、一見カッコよさそうに見られがちですが、実は地味を絵に描いたような業界です。ひたすらクライアントの要請に応えるために、限られた時間の中で知恵を絞って企画構成を考え、足を棒にして歩き回り、調査員にひたすら頭を下げ、夜を徹してレポートを書く――これが通常の仕事のスタイルでした。今の若い人たちの眼には、古めかしいアナログスタイルと映るかもしれません。

ＩＴの進化やインターネットの普及によって、時代は大きな変化を遂げました。企業経営も大きく変化し、社内外の情報ネットワークや顧客とのコミュニケーションや広告など、ＩＴは企業にとって不可欠の役割をはたしています。そうしたＩＴ化の進展は、生活者のライフスタイルや購買行動にも変化を及ぼしています。パソコンや携帯電話を使えば、さまざまな情報を簡単に入手することができ、欲しいモノや行きたい店を瞬時に探すことができます。

ＩＴ化は、生活者自身が「簡単に調査できる時代環境の到来」と見ることもできます。インターネットで検索すれば、瞬く間に企業やモノに関する膨大な情報を手に入れることができます。情報が、豊かさを演出してくれる最高の道具と化しているのかもしれません。

しかし、ネット社会の危うい側面もクローズアップされるようになってきました。違法サイトやネットを使った詐欺事件など、話題に事欠きません。ネットマーケティングの分野でも、スポンサーつきブログへの疑問の声が上がっています。米国では、広告であることを隠した「ステルス・マーケティング」への批判があいついでいます。

「市場調査」の視点で考えた場合、ネット社会は「諸刃の剣」と言えます。情報の入手が飛躍的に容易になった反面、玉石混淆の情報から、目的に適った信頼情報を手に入れるには経験や見識が問われます。やみくもに情報ばかりを集めても役に立たなかったり、誤った情報に踊らされることにもなりかねません。

本書の執筆にあたっては、マーケティング領域の一分野である市場調査について、30数年にわたって身をもって体験した案件をベースとしています。可能な限り生々しいリアルな現場感覚を失わないよう配慮したつもりです。

ただし、情報の守秘義務から、業種や社名、商品名については多少変えてあります。現場を重視した実践的展開の試みは、アカデミックな専門家の方から見れば、原理原則を外した部分があるかもしれません。そうした点への識者のご指摘を仰げれば幸いと考えています。

本書は、非常に多くの方々との出会いがなければ、生み出すことはできませんでした。マーケティングの基礎を教えてくれた会社の上司、先輩諸氏、不安を抑えながら発注してくれた多くのクライアントの方々、見ず知らずの人間に、快く面接取材ヒアリングに応じてくれたさまざまな企業や店舗の方々、さらに、支援してくれた多くの知人・友人のみなさん、本当にありがとうございました。

出版にあたっては、かつての上司であり、戦略デザイン研究所所長である水口健次氏に、著書の引用を快諾していただきました。感謝申し上げます。

最後に、本書は二人の姉、高橋理恵子、板本由美子の叱咤激励なしでは完成しませんでした。

この場をお借りしてお礼申し上げます。

２００８年１月

指方　一郎

図解　よくわかるこれからの
市場調査

Contents

第 2 章
新商品開発のための調査

第 3 章
販売ルート探索・提案営業企画のための調査

第4章
競争力調査

第5章
顧客満足度調査

第6章
新市場参入のための調査

第7章
インターネットと市場調査

第9章 市場調査の進め方の実際

第10章
これからの市場調査

カバーデザイン◎藤瀬和敏
カバーイラスト◎野崎一人
本文 DTP ◎ムーブ（新ヶ江布美子）

第1章

市場調査のアウトライン

Section 1

マーケティングの8つの機能のひとつ

マーケティング領域のひとつ——市場調査

市場調査はマーケティングの8つの機能のひとつで、他の7つの機能をサポートしている。

●マーケティングの役割

市場調査＝マーケティングリサーチは、マーケティングの機能のひとつです。

書店には「マーケティング」を冠したタイトルの本が数多く並んでいます。インターネット書店のアマゾンで検索すると、マーケティング分野で登録されている書籍は約１５０冊。経営者が、消費需要の停滞を打開する手立てを求めていることが背景にあるのかもしれません。

先行きが見えない時代だからこそ、マーケティングが脚光を浴びているとも言えます。

しかし、マーケティングとは何か、と聞かれて即答できる人はそう多くはありません。

マーケティングとは、「企業が顧客とコミュニケーションを図りながら行なう市場創造」ということができます。日本には１９５０年代の後半に導入され、当初はメーカー中心の考え方だったのですが、30年ほど前から、小売マーケティングや卸マーケティングなど、対象領域が拡がってきました。

●マーケティングを8Fで考える

マーケティングの役割について具体的にその機能を見ると、８つのFunction（８Ｆ）ということができます（図参照）。マーケティングを４Ｐと定義することが多いのですが、８Ｆで考えたほうが明確でわかりやすく、しかも市場調査＝リサーチの位置づけをはっきりすることができます。市場調査の役割は、他の７つの機能に対する支援活動です。

たとえば、商品づくりのための消費者調査や最適売場づくりのための調査、効果的な広告のあり方のための調査、というように調査活動を通じて、他の７つの機能をサポートしています。調査を通じて外部の情報を内部へ取り込む業務です。

また、企業活動の中では、表舞台に出ることが少ない黒子的な役割をはたしています。

マーケティングの領域と市場調査

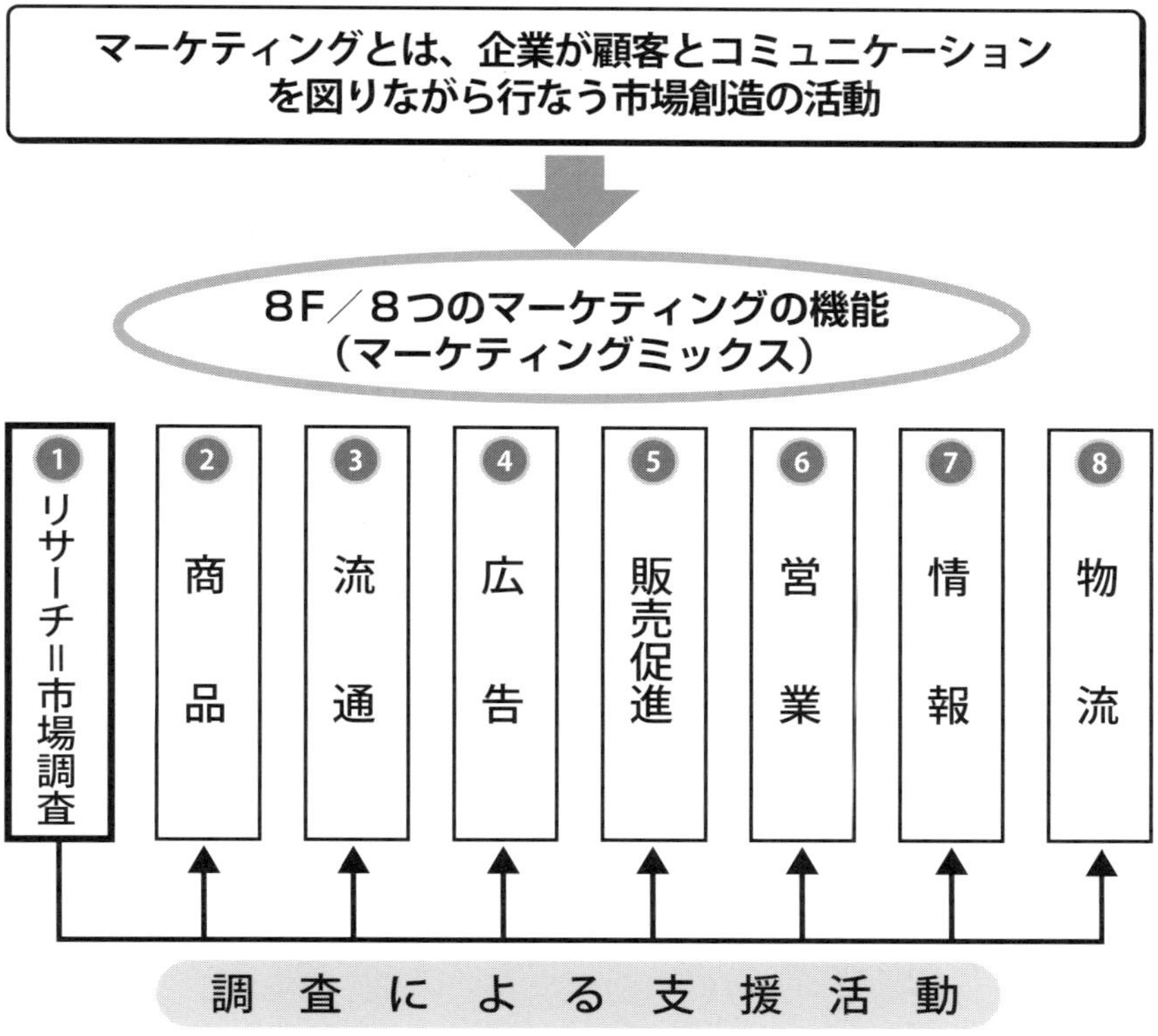

※＜調査による支援活動＞の例

1. 新商品開発のための生活者基本ニーズ把握調査
2. 新規参入分野における最適流通システム方向性探索調査
3. ＣＭの認知状況・認知内容把握のための調査
4. 特定キャンペーンに対する応募実態・内容評価のための調査
5. 特定チャネルに対する営業員の競争力評価のための調査
6. 顧客に対する情報システム強化に向けた問題点抽出のための調査
7. 最適物流システム構築のための競合先ベンチマーク調査　etc.

注）市場調査は、厳密にはマーケットリサーチとマーケティングリサーチに区分されますが、本書では両者含めて市場調査として取り扱います。

Section 2

企業活動のどの部分を支援しているのか

企業活動の一環としての市場調査

継続的な市場創造という企業課題の解決のための市場調査。

●転換期を迎えた市場調査

市場調査は企業のマーケティング活動のひとつですが、守秘義務を伴うため、調査結果が直接私たちの眼に触れることは多くありません。市場調査は、謎に包まれた部分が多い活動ですが、なかには企業イメージにプラスになるなどの理由から、結果の一部が新聞、雑誌、テレビで公表されることがあります。『アンケート調査年鑑』（並木書房）や生活情報センターから出されているデータブックシリーズでは、こうした企業の調査結果をまとめて市販しています。

●企業とマーケティング、市場調査の関係

企業とマーケティング、市場調査の関係を整理してみます。企業の存在意義は、継続的に市場創造を行なうことです。市場創造とは、より快適な社会の実現のため、多くの人たちに支持される新商品やサービスを創造していくことであり、市場創造のためには企業の技術・ノウハウをベースにして、生活者・顧客や市場、周辺環境などをつかんでいくことが重要です。そのための考え方がマーケティングであり、機能のひとつが市場調査です。市場調査は、高度成長期を支え続けるための、多くの商品を生み出すバックグラウンド的役割をはたしてきました。「日本人の商品を観る眼は世界一厳しい」と言われていますが、企業が長年にわたって切磋琢磨し、顧客に受け入れられるためのモノづくりを行なってきたことを象徴しています。しかし近年、なかなかヒット商品が生まれません。手間やコストをかけて開発した商品の短サイクル化が進む一方で、いったんヒットの兆しが見えはじめると、いっせいに競合品が参入してくる、顧客ニーズが細分化・個別化し、本音がつかみづらい、モノと店が溢れる中、企業はモノづくり・売り方に苦しむ一方で「収益優先経営」を強いられ、即効的ではない市場調査などのマーケティング費用を削減する動きもあります。

企業活動とマーケティング、市場調査の関係

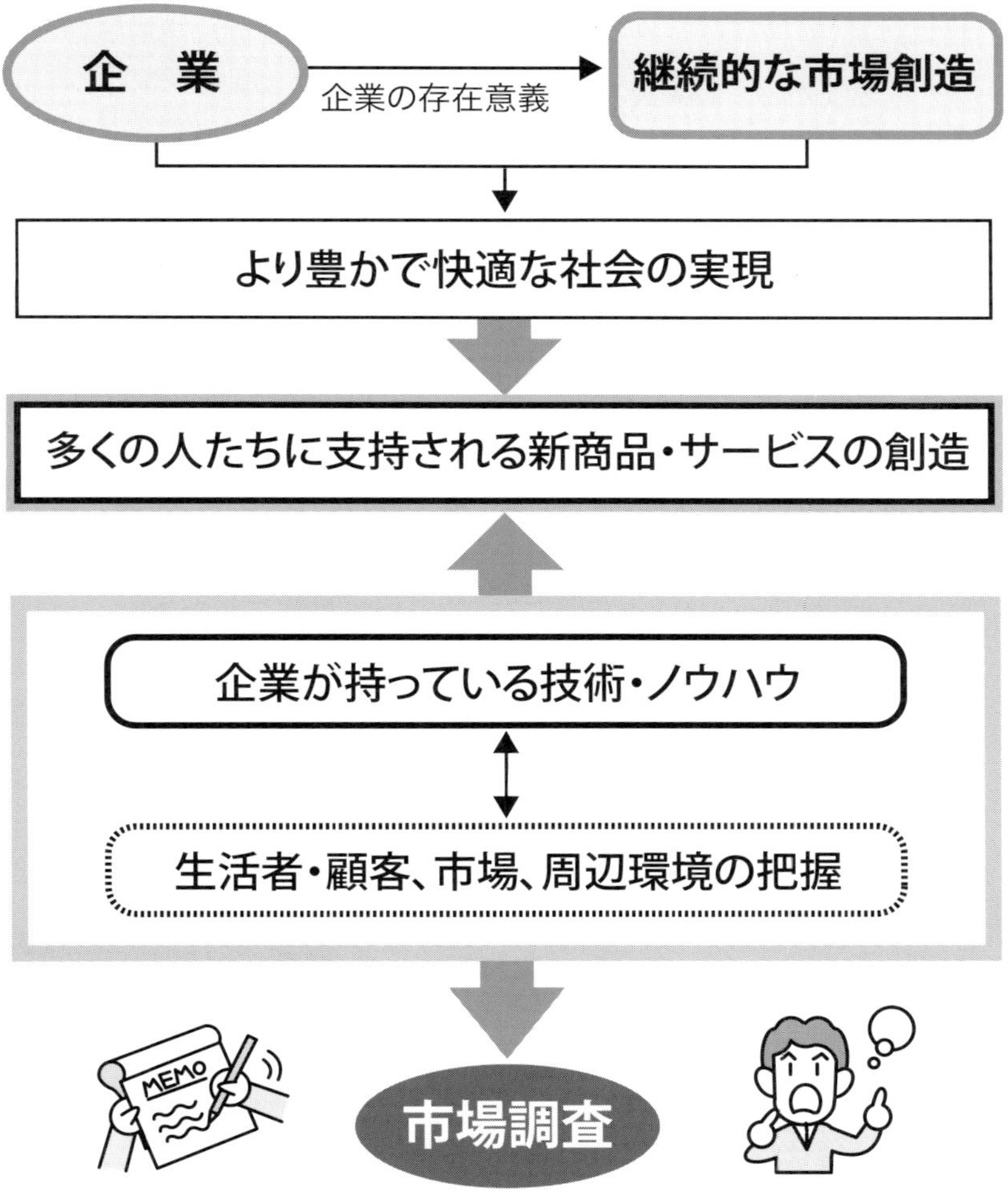

企業活動の成否は顧客が握っている、という考え方がマーケティングの根幹とも言える。それを解決するひとつの手段が市場調査であり、市場調査を通じてもたらされる情報をもとに的確な解決策をどう実行していくかによって、企業間競争の真価が問われる。

表に出てくることがなかった市場調査業界

市場調査業界とは

市場調査会社は中小企業が多く、産業界の興隆を陰で支えてきた。

●ベールに包まれた市場調査業界

市場調査業界は、仕事の性格上ベールに包まれており、全貌が見えにくいところがあります。市場調査を業務としている会社は大別すると、総合マーケティング会社及び市場調査会社、広告代理店・販売促進会社、総合研究所・コンサルティング会社の３つのタイプがあります。そのうち、調査を直接行なっているのは総合マーケティング会社及び市場調査会社が中心です（他は外注が多い）。ネット電話帳で検索すると、市場調査会社は１５１５社あり、そのうち東京都所在企業が７４３社で全体の約半分を占め、典型的な東京集中型の産業です。

ちなみにインターネット調査会社は全国で47社、そのうち東京は17社に過ぎませんが、市場調査会社の多くがネット調査も行なっているものと考えられます。

●調査会社の多くは中小企業?

市場調査会社の団体としては、日本マーケティング・リサーチ協会があり（１４０社加盟・07年5月現在）、加盟企業は、比較的大手が中心です。協会がまとめた２００５年の経営業務統計を見ると、加盟調査会社の年間売上高は、約半数の会社が３億円未満です（左の上図参照）。一見、一般企業に比べて売上規模が小さく零細な業界と思われがちですが、「情報が商品」であり、ヒトが最大で唯一ともいうべき経営資産であるため、人件費のウエイトが高いという事業特性があります。

仕入れや在庫がなく、設備もパソコンなどのＯＡ機器が中心なので、比較的リスクは少なく、効率がよい業種と言えます。

また、市場調査を発注する企業はどういった企業なのか、依頼元の業種を見ると、メーカー（製造業）が40％強を占めています（左の下図参照）。市場調査は、メーカーを中心に展開されてきたことを裏付けています。次いで、広告代理店やマスコミ、調査機関などが並んでいます。

市場調査会社の経営概要

2005年／市場調査会社の売上高別分布（126社）

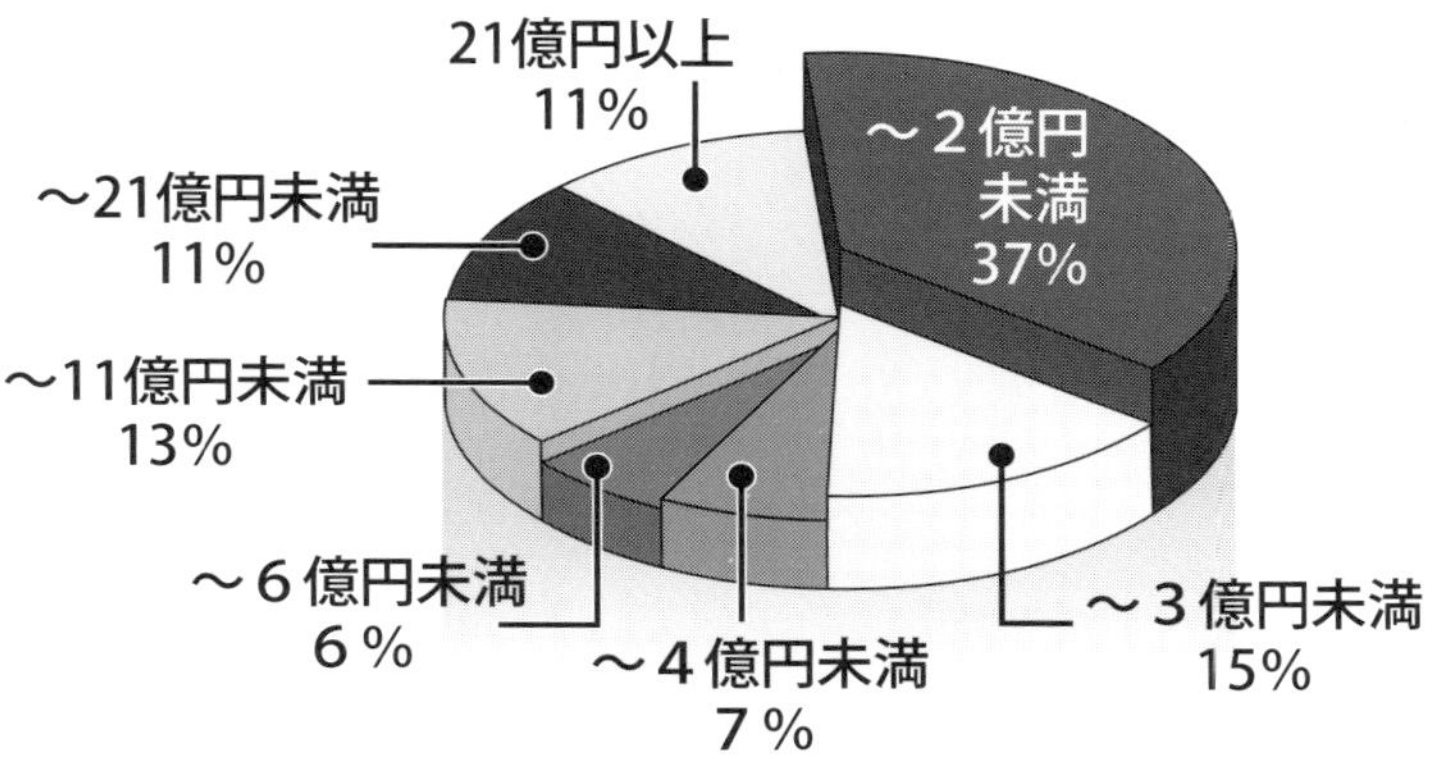

2005年・依頼元業種別売上構成比（%）

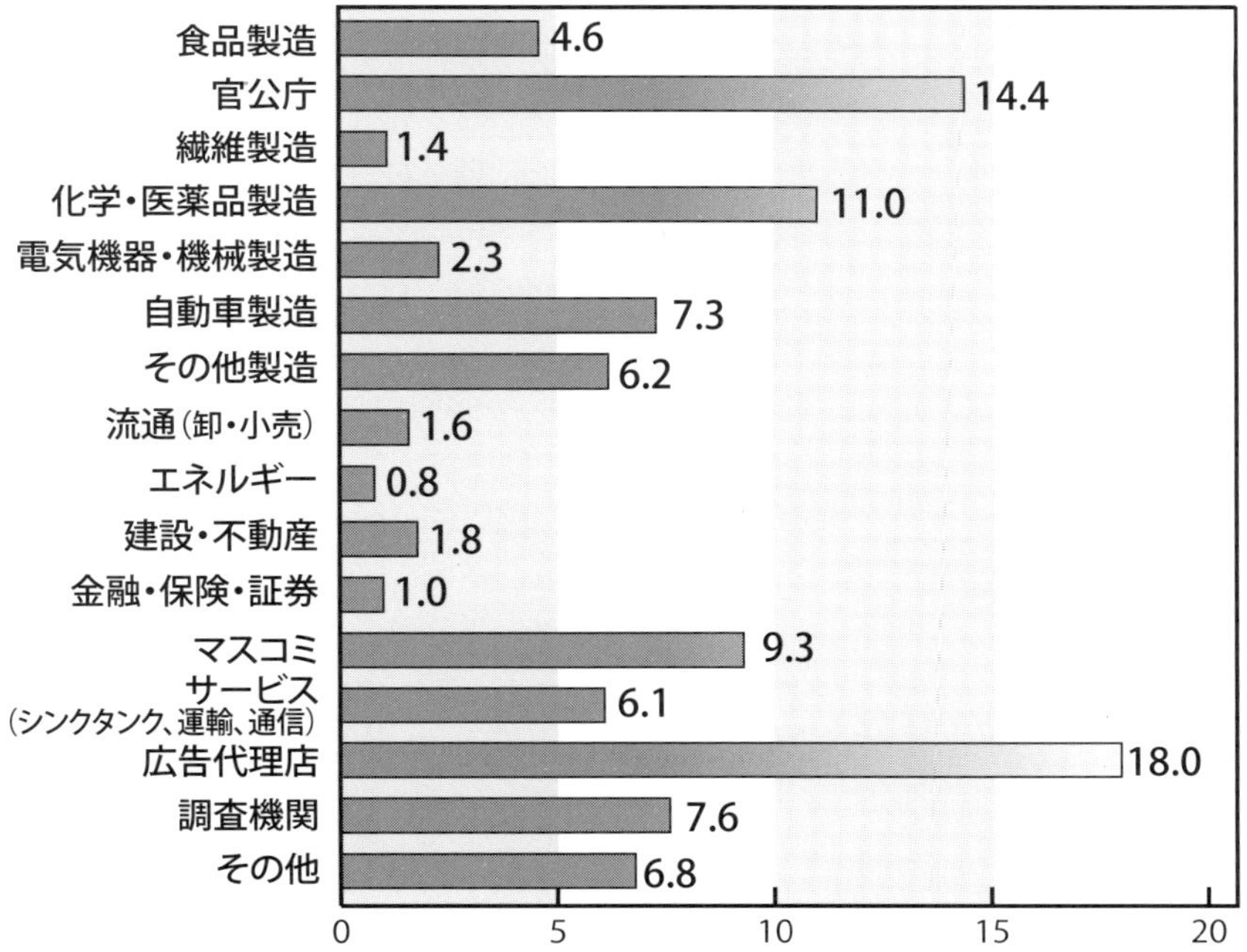

※日本マーケティング・リサーチ協会（ＪＭＲＡ）2006年

誤解されがちな市場調査の役割

問題解決の手がかりを得る

市場調査はあくまでも問題解決の手段であり、手がかりを得ることが任務である。

●間違って理解されている市場調査

一般的に間違って理解されているのは、「調査すれば、即問題解決の答えが出てくるのではないか」という〝市場調査万能論〟とも言うべき考え方です。

市場調査は、あくまでも手がかりやヒントを得る手段であり、調査結果から解決策が即座に出てくることはありません。

店舗のＰＯＳレジによって、売れている商品は即座にわかります。しかし、なぜそのアイテムが売れたのか、その理由はＰＯＳではわかりません。

まして、商品がなぜ売れないのか、その理由はつかめません。それなら、漠然と「なぜ売れないのか」アンケートをつくって１０００人の人に聞いたとしても、断片的な回答しか得られないでしょう。なぜなのか？

それは、モノがメーカーから消費者に届くまでに通常、卸・小売店という流通段階があり、個々の段階ごとに要因があります。段階ごとのファクターを検討していかないと、「なぜ売れないか」という問題の核心には接近できません。それを知るためには、社内でわかっていることを整理し、考えられる問題点を検討することです。

●調査で得られるのは、対策を考える手がかりの情報

まず、顧客接点とも言うべき現状の売場を確認してみます。対象となる販売チャネル＝店舗の売場にどの程度陳列されているのか、位置はどこか、競合品との陳列の優劣はどうか、商品の売場訴求力・アピール力は充分か、をまず整理することです。これらの情報は通常、社内の営業部門で日常的に把握・整備されています。この作業で、問題点の多くがわかる場合もあります。どうしても、売場展開の段階で問題点が見つけられない（問題点がない）場合は、調査ということになります。消費者＝生活者段階での現状把握です。該当ジャンルの商品ごとにブランド認知、購入形態、購入意向などを

流通構造と調査に至るプロセスの具体化例

一般的な商品の流通

メーカー → 卸・問屋 → 小売店 → 消費者・生活者

売場の段階

＜小売店・店頭で売れるためのファクター（競合品との比較で）＞

1. 想定する小売店での確実な取り扱い（取扱店最大）
2. 小売店店頭での適正な売場位置の確保
3. 最適陳列フェース数の確保
4. 売場での商品アピール力の有無
5. 推奨POPなど顧客への提案力の有無、内容

消費者・生活者の段階

1. ブランド認知
2. 購入経験
3. 購入動機・理由
4. ブランド評価
5. 今後の購入意向

つかみます。

ただ、ここで単刀直入に「なぜ購入してもらえないのか」と聞いても、聞かれたほうは答えられません。買い求めたモノや理由については根拠が明白ですが、購入していない商品やよく知らないモノについて理由を聞いても、答えられるはずがありません。

そこで、ブランド認知、購入形態、購入意向などについて競合ブランドと比べ、どこに差があるのかを個々に比較しながら見ていきますが、それらはあくまでも対策を考える手がかりの情報です。仮に、ブランド認知の段階で差があったという結論であるなら、それを元に競合品がブランド認知のためにどういう告知方法、手段を選択しているかを点検し、今後の改善のため、想定ターゲットに対する最適なブランド認知の手段・手法の再検討の必要性があります。

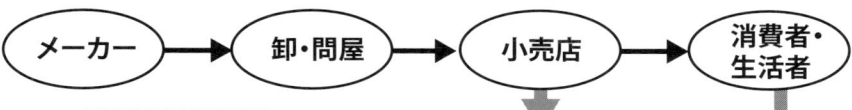

Section 5

インパクトを与えたＩＴ革命

ＩＴの進展が市場調査を変えた

市場調査を身近な存在にしたことがＩＴの功績と言える。

●インターネット広告はラジオの2倍以上

インターネットの人口普及率は２００４年に60％を超え、企業普及率も約98％と、ほとんどの企業がインターネットを利用するようになっています。

ちなみに広告では、インターネットを使った広告費は３６３０億円（06年）で、ラジオ広告費の2倍強にまで成長しています。

ＩＴの進展が市場調査に与えた影響を大別してみると、①情報インフラへのアクセスが容易になったこと、②集計ソフトがネットを通して手軽に入手できるようになったこと、③インターネット調査が普及して市民権を得られるようになったこと、の３つです。

●最も大きい、情報インフラへのアクセス

まず、「①情報インフラへのアクセス」ですが、これが最も大きな要因です。さまざまな情報が、インターネットを通じて容易に収集できるようになったことです。政府の機関はもちろん、地方自治体、株式上場企業や主だった企業はインターネット上にホームページを設け、政府刊行物センターで資料を探したり、わざわざ会社案内を入手しなくても、容易にホームページで概要を知ることができます。

また政府機関や自治体は、統計情報や調査報告をネット上に公開していますから、必要なものはダウンロードできます。上場企業や店頭公開企業の有価証券報告書はネット公開が原則になりました。情報を探して歩き回ることなく、パソコンで調べ、必要な情報を手に入れることが可能です。なかには、エクセルで作成したデータもありますから、そのまま使用したりグラフ化することもできます。

業界や周辺の情報は、業界団体や業界新聞社から簡単にネット検索ができます。また公共の図書館でも、ビジネスコーナーを設けているところが増え、所蔵する図書や資料をネットで確認したり、貸出予約できるサービスま

インターネットが市場調査の環境を変えた

1. 官庁や自治体が情報開示の流れを受けて、相次いでホームページを開設し､主要な情報の検索やダウンロードが可能になっている
2. 企業や民間団体も広報活動の一環としてホームページを設け､内容の拡充に力を入れている｡企業によっては、専用のコミュニティサイトを置き､直接顧客情報の収集に注力している
3. 情報に関わる新聞社や雑誌社などもＩＴ化を進め､ホームページなどサイトを開設し､簡単な問合せなどに応じている
4. 公共図書館でも、インターネットを通じた蔵書検索システムの普及に力を入れてきており､大規模図書館ではすでに完了している
5. 一般世帯に対するＡＤＳＬ､光ケーブルの普及で高速通信が可能になり､情報源へのアクセスが容易になってきた
6. 携帯電話が進化し、パソコン以外でも生活者個人の間でインターネット検索､メールが通常になってきている
7. ＩＴ産業興隆の中で､インターネット調査専業のベンチャー企業が数多く出現している
8. ＩＴの進化で､質問紙作成から集計､分析などが大幅にデジタル化された

情報インフラの整備

高速通信網の普及

インターネット調査ベンチャー企業の輩出

ではじめています。

「②集計ソフトがネット経由で手軽に入手できるようになったこと」は、ネットで無料公開されているフリーソフトや低額料金でダウンロードできるシェアウェアが多数あり、これらを使って容易に調査結果の集計ができるようになったことです。集計作業に手間のかかるエクセルを使ったり、わざわざ店にまで行かなくても、無料もしくは低額な料金で、簡単に使える集計ソフトが入手可能になりました。インターネットを通じてダウンロードするだけなので、時間も大幅に短縮されます。

「③インターネット調査が普及したこと」については、最近公表される調査結果で、ネット調査と但し書きのついたニュースや記事を眼にする機会が大幅に増え、身近な存在となりつつあります。

驚異的な成長を見せるインターネット調査

拡大するインターネットを使った市場調査

成長の陰で、急速に合従連衡が進行するインターネット調査業界。

●ネット専業8社で市場の4割

インターネット調査は、「早い」「安い」とファストフードのように形容されていますが、ここ数年大きく成長してきました。日本マーケティング・リサーチ協会加盟会社のネット調査売上高割合は、２００２年には調査事業全体の７・９％だったのが、２００５年には17・４％と急速に拡大しています。

さらに、インターネットリサーチ業界概要調査（ＩＭＲＪ、２００５年）によると、市場規模は２４０億円（２００５年3月時点）と推定されます。インターネット調査参入企業は、ネット上で確認されたものだけで１１１社となっています。

導入当初から多くの企業が新規参入しましたが、ここにきてネットリサーチ専業企業の優位性が高まり、専業８社で市場の４割を占めるまでになってきています。

●ネット調査会社の二極化

ネット調査を受注するためには、一定数の登録モニターを確保し、適正に維持管理することが求められます。登録モニターの報酬と維持管理のため、各社ともポイント制を導入していますが、管理の手間やコストは小さくありません。

またポイント制の弊害で、いい加減な回答や、匿名性の中での答えにどこまで信憑性が持てるか、疑問が出てきています。さらに、ネットリサーチは、ネット上で見積りなどが比較できるため、価格競争が必然となります。現場の管理者によると、価格競争が激しくなり、大手マーケティング会社では採算性の面から、今後の事業のあり方を見直すむきもあります。

ちなみに２００２年以降、インターネット調査事業から撤退した企業は14社。今後はネット調査で、結果データだけを依頼元に供給するデータサプライ企業と、手間をかけて信頼性の高い情報を提供する企業に二極化していくものと見られています。

飛躍的に成長するインターネット調査

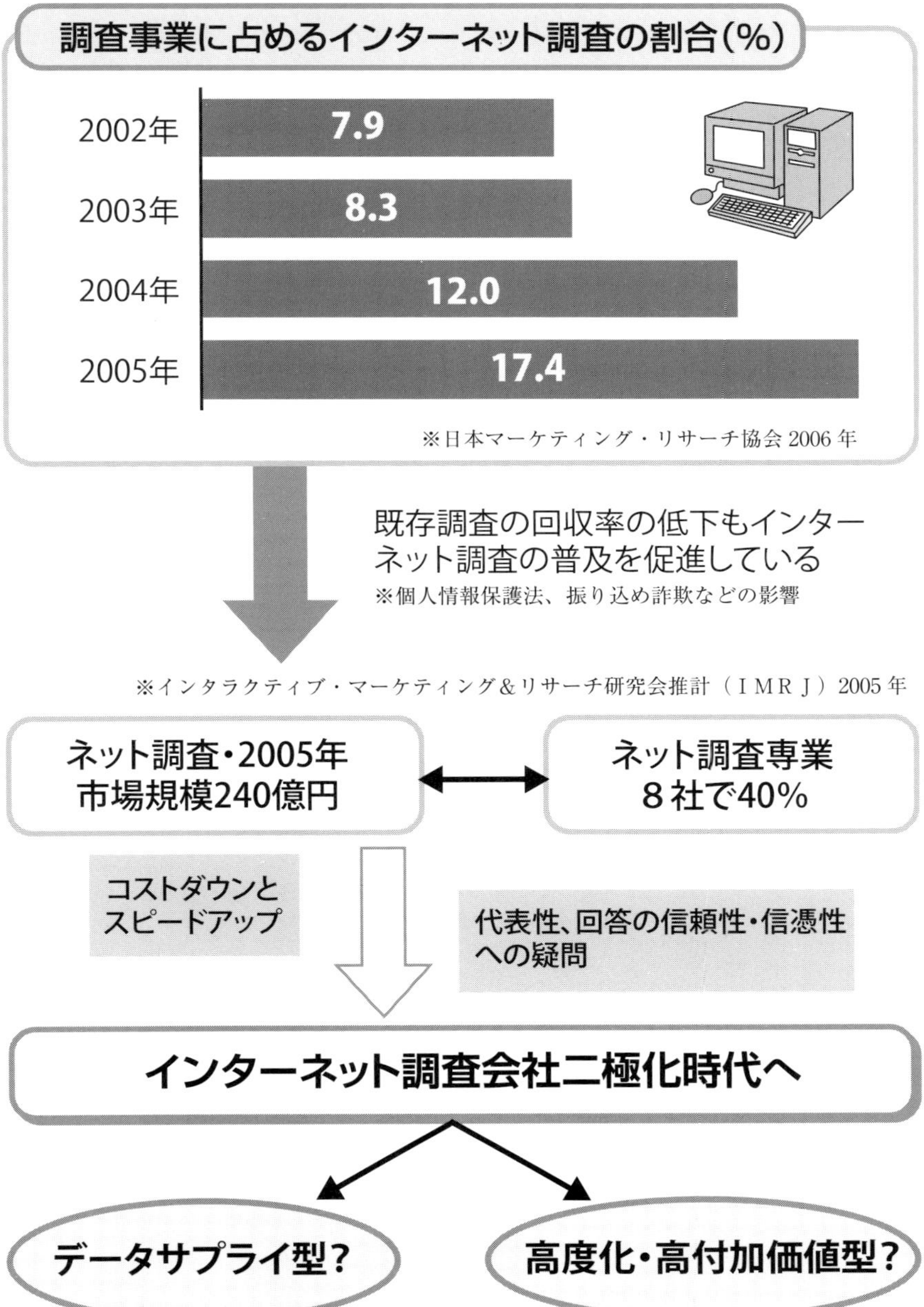

※インタラクティブ・マーケティング&リサーチ研究会推計（ＩＭＲＪ）2005 年

これまでも守秘義務の履行が原則

個人情報保護法と市場調査

法的規制、回収率の低下などから、周辺環境はさらに厳しさを増している。

●以前から守られてきた情報の守秘義務

市場調査は、企業や団体から依頼を受けて、個人や企業・団体に対して行なわれる情報収集活動です。市場調査会社は、依頼主に関する情報や調査対象者、特に一般消費者に対して、以前から厳しい守秘義務を負っていました。しかし、どちらかといえば仕事上の取引先である依頼主側に立ち、情報の漏洩防止に努めることに熱心であったと言えるでしょう。

しかし、ここにきてＩＴ社会の急速な進展と国際的な情報流通の拡大時代を迎え、プライバシーなど個人の権利利益が失われる危険性を防止する目的で「個人情報保護法」が施行されました（２００５年４月）。法令のポイントは、個人情報の利用目的の明確化や目的外使用の禁止、利用目的の事前通知、情報漏洩防止のための安全管理などです。市場調査会社には、調査を通じて個人情報が集まってきますが、より厳格な個人情報の集め方と徹底した情報管理が必要になりました。

●個人情報保護の徹底

市場調査に関して気になる点は、まず調査の事前段階で依頼先企業への確認事項があります。調査発注企業から、調査の目的以外に個人情報を使用しない旨、事前に承諾を取っておく必要があります。「アンケート調査」を謳いながら、住宅リフォーム工事などで訪問営業に使用するなどのトラブルが後を絶たず、そういった社会問題に歯止めをかける狙いもあります。

また、グループインタビューで、依頼先企業の担当者が出席者と直接販売活動などを通じて関係がある場合、観察者として参加することはできません。調査の後でも、インタビューの映像記録を、そのまま依頼先企業に渡すことはできません。必要な場合は、個人が識別できないようモザイク処理が必要です。また、訪問面接調査で利用されている住民基本台帳の閲覧が難しい自治体が増える傾向にあります。

個人情報保護法と市場調査

個人情報保護法のポイント（2005年４月施行）

1. 個人情報の利用目的を明確にすること、目的外の使用の禁止
2. 不正な手段で個人情報を入手しない
3. 利用の目的をあらかじめ本人に通知する
4. 管理個人情報の正確性の保持
5. 漏洩防止のための安全管理対策の徹底
6. 本人の同意なしに第三者に個人情報を提供しない
7. 本人からの開示、訂正、利用停止請求に応じる
8. 苦情への迅速な対応

市場調査の際のポイント

1. 調査の目的以外に個人情報を使用しない旨、調査依頼先から事前に承諾を取る
2. グループインタビューなどで、依頼先企業の担当者が出席者と直接販売活動などを通じて関係がある場合は、観察者として参加できない
3. グループインタビューの映像記録を依頼先企業に渡す場合は、モザイクなどで出席者が識別できない処理を行なう必要がある

ＩＴの進化は具体的にどこを変えたのか

パソコンによる集計分析技術の進化がもたらすもの

作業レベルを中心にした工程のシステム化、平準化が進んだ。

●ＩＴの進化は、労働集約型業務を変えた

ここ数年、パソコンの性能は飛躍的に向上し、コストが下がるというダウンサイジングが可能となりました。それに合わせて、パソコンで調査結果が簡単に集計できるソフトが、ネット上で紹介されています。無料のものや低額の料金で使用できるものなど、さまざまです。もちろん、以前から発売されている専門会社のソフトも、格段にスペックアップされてきています。当然、数量化理論やコンジョイント分析など、多変量解析の集計ソフトも品揃えされています。さらに、これまで手間がかかった自由回答の集計にも、パソコン上で処理できるソフトが開発されてきています。

ただ現状では、属性別・キーワード別並べ替えの域に止まっている感は否めませんが、優れたソフトが市販されるようになるのは時間の問題です。このように、パソコンを中心にしたＩＴの進化は、労働集約的側面の強かった集計分析業務を変えてきましたが、反面、新たな問題も起きています。

●「考えること」での競争時代の到来

市場調査会社関係者の座談会の記事で、「グラフも手書きの頃は集計表をにらみつけて、よし、ここをグラフにしてこれを言ってやろう、というのが最初にあった」、「今は、簡単にグラフができるから、とりあえず流してグラフを作ってしまえ、みたいなことをやって、考える能力が落ちている気がする」という発言に眼が止まりました。

市場調査会社でも、「分析は、分析ソフトにデータを入れて、はいでき上がり」といった風潮があるようです。自分の頭で考え抜いて、依頼先はいったい何を知りたいのか、その知りたいことを導き出すためには、どんな分析手法が必要でどんな手順があるのかをつかむ必要がありますが、便利さが一方では弊害を生んでいるようです。集計分析の機械化・システム化が進めば進むほど、誰が担当しても一定の水準

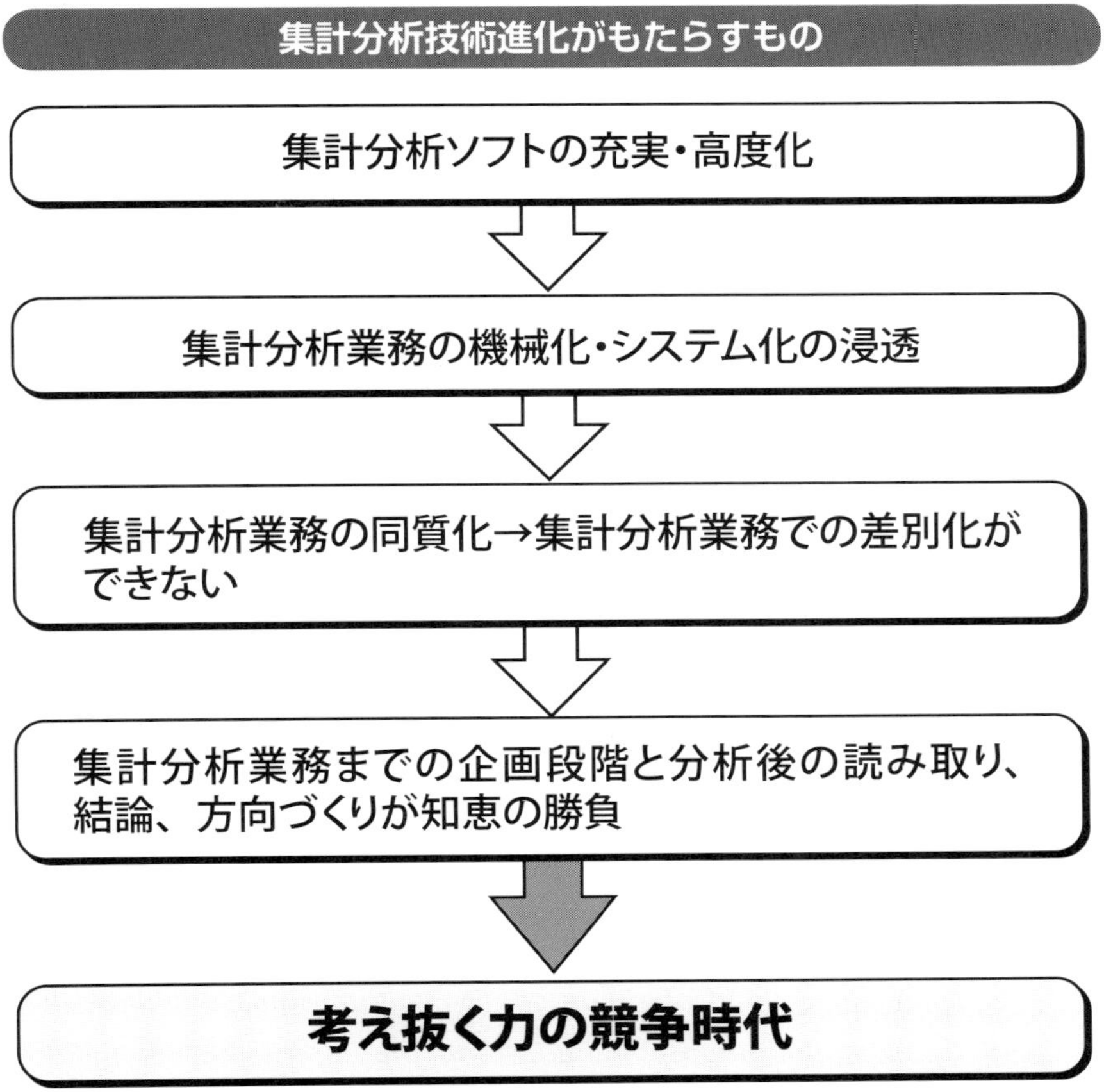
集計分析技術進化がもたらすもの
集計分析ソフトの充実・高度化
集計分析業務の機械化・システム化の浸透
集計分析業務の同質化→集計分析業務での差別化ができない
集計分析業務までの企画段階と分析後の読み取り、結論、方向づくりが知恵の勝負
考え抜く力の競争時代

を確保でき、いつでも代替できる工程となります。いわば、アルバイトでも、わずかな知識さえあればコントロールできることになります。仕事というより、作業と言ったほうが適切かもしれません。そういう時代だからこそ、システム化された集計分析までの前の段階でいかに考えて最適の手法、方法を設計できるか、集計分析後の段階でアウトプット結果を読み込んで、いかに最良の最終結論を出すか、全力投球することが大切です。

さらに、その先の問題解決のためにどう組み立てるか、依頼先の満足を得られる方向性をいかに提示できるか、が市場調査会社の勝負となります。集計分析技術の同質化が進む中で、優位性を保ち、依頼先から高い信頼を得るためには、考えることでしか競争に勝ち残ることはできないのかもしれません。

調査の前段階がポイントを握る

市場調査の成否は企画内容で決まる

企画書がエッセンスであり、技術・ノウハウの集積である。

●目的別の3つのタイプ

市場調査を目的別に分けると、①仮説検証型、②仮説発見型、③実態把握型の3つとなります。①仮説検証型とは、決まりきったことを確かめることではなく、企業の社内情報、業界・周辺情報、オープンデータなど、さまざまな情報から考えられる仮説を設定し、それらを検証するというものです。②仮説発見型は、考えられる多方面からの情報をベースにして、一定の仮説は設定するが、さらにその先の新たな仮説を発見したい、という目的で行なわれます。③実態把握型は、入手した情報によって概要や輪郭はわかってきたが不明な点が多く、可能な限り詳細をつかみたい、という場合に計画されます。企業が新規ルートや新事業を考える場合など、持っている情報が限られる場合が多いようです。

●充分に考え抜く

これらに共通しているのは、入手できる情報を徹底して集め、知り得た情報から考えられる仮説や推定内容を充分にまとめ上げることの重要性であり、いわば、ここが市場調査の基点ということです。情報を充分に読み取り、考え抜いた仮説や概要・輪郭にまで仕上げると、調査成功の第一歩をクリアしたことになります。ここで手を抜いて大事な視点を見逃してしまうと、後からいかに優れた調査企画を立てても取り返しはつきません。実査から、企画を超えるアウトプットは期待できないのです。設定した項目の領域以上の情報は出てくるはずがありません。

また、調査を企画するにあたって、調査目的を明確にすることも大切です。調査は、企画から回収・集計・報告書作成と、時間と工程が長くなって関与者が増えるほど、当初の目的を忘れて個別手段を目的と勘違いしがちです。

そのため、具体的で明確な目的を設定し、いつもそれを確認しながら作業を進めることが求められます。

考えることの重要性

調査が持つ宿命

- 企画段階での考える視点・視座しだいで、調査で明らかにできる領域・範囲が決まってしまう
- 調査対象から外した領域、業界、関与者のことはわからない
- 質問紙に盛り込んでいる項目を越える答えは出てこない

↓

調査項目の範囲でしか期待できない

↓

必要と思われる情報を、可能な限り徹底して集め、考えられる仮説や推定内容としてまとめる

↓

徹底して詰めた調査仮説と調査目的をさらに練り上げる

↓

1 仮説検証型調査

さまざまな情報から、考えられる仮説を設定し、検証する

2 仮説発見型調査

多方面から一応の仮説は組んだが、その先の新しい仮説を見つけたい

3 実態把握型調査

情報が乏しく、わずかな輪郭程度しかつかんでいないため詳細を知りたい

手法によって、得手不得手がある

市場調査にはどんな手法があるか

調査目的を満足させるため、最適の手法を選択することも能力である。

●市場調査には3つがある

市場調査は、対象への接触の仕方、アプローチ方法の違いなどから、①個人調査、②会場調査、③観察調査の3つに分けられます（左表参照）。最初から、個人を目指してアプローチする「①個人調査」、事前に会場を設け、人を呼び込んで調査を行なう「②会場調査」、対象を見ることで調査する「③観察調査」の3タイプです。

●インターネット調査が侵食する個人調査

①個人調査は調査の中心手法で、質問法とも呼ばれます。対象者の自宅や勤務先に出かけて、面接して調査を行なう訪問面接調査は、市場調査の原点ともいうべき方法ですが、住民基本台帳の閲覧を規制する自治体が増えています。留置調査は、質問量が多い場合や製品の使用後の評価を聞く際に用いられる手法で、食品や家庭用品のホームユーステストも含まれます。

個人調査には、さらに接触手段別に電話調査や郵送調査やＦＡＸ調査、インターネット調査などがあります。特にインターネット調査は、キーマンヒアリングを除く個人調査のほとんどの領域を侵食・代替しながら伸張しています。

②会場調査には、対象者を集めて、製品や映像の評価をいっせいに行なうギャング・サーベイと、対象者を会場に集めて座談会方式で発言させ、意見を記録するグループインタビューがあります。ＣＬＴは、会場に人を集めて評価を調査する点はギャング・サーベイと同じですが、調査は1対1で行なわれます。インターネットでグループインタビューを行なうしくみも試みられていますが、まだ課題が多くて本格化していません。

③観察調査は、買物客を装って行なう、ミステリーショッパー調査や通行客のファッションの傾向をつかむ定点観測がありますが、インターネットは情報のやり取りで利用されている程度です。

市場調査の手法

調査技法		概要
個人調査	訪問面接調査	調査員が対象者を直接訪問し、質問票にしたがって回答を記録する
	留置調査	質問票を対象者の手元に、一定期間留め置いて記入してもらい、その後訪問して回収する。ホームユーステストも留置調査のひとつ
	電話調査	電話を通じて質問を行ない、回答を調査員が手元の調査票に記入、もしくはキーボードでパソコンに入力する
	郵送調査	対象者に質問票を郵送し、回答も郵送で返送してもらう
	ＦＡＸ調査	対象者に質問票をＦＡＸで送り、回答もＦＡＸで返送してもらう
	インターネット調査	登録モニターに、ネット上の質問掲示板に書き込んでもらう。または、モニターから抽出された対象者に質問票のメールを送り回答してもらう
	街頭調査	通行客や買物客を対象に、その場で面接調査を行なう
	キーマンヒアリング調査	熟練した調査員が対象者を訪問し、面接調査を行なう。技術的なテーマや難しい質問内容などの場合に利用される
会場調査	ギャング・サーベイ	対象者をテストキッチンやイベント会場などに集めていっせいに調査する
	グループインタビュー	少人数の対象者を集めて座談会形式で発言してもらい、それらを記録する
	ＣＬＴ（セントラルロケーションテスト）	会場に対象者を集め、テストを実施する。詳細をつかむため、１対１の個別面接調査を行なう
観察調査	ミステリーショッパー調査	顧客を装いながら、相手に気づかれないように行なう買物調査
	定点観測	繁華街などで、定期的に若者のファッションなどを観察したり、持ち物調べを行なう

Column 1

「商品選択眼は日本が世界一」という神話

日本の生活者が商品を見る眼、選択する力は世界一と言われています。そのことが、優れた商品を生み出す原動力になってきたことは間違いありません。しかし最近、食品偽装問題が大きくクローズアップされてきています。

本書でも取り上げた調査結果によると、加工食品を、会社名やブランド名で選ぶ生活者は約70%。その理由の上位項目は「品質がよさそう」、「好みの味」、「昔から買っている」、「安全を重視していると思う」、「有名」、「素材がよさそう」、「老舗」といった、イメージや著名度に関する項目が目立ちます。

つまり、商品そのものの品質の評価よりも、商品の外見から判断できる会社名やブランド、パッケージデザインなどで選んでいることになります。

少し飛躍して想像をめぐらせると、「一度購入して気に入る→学習効果が蓄積する→商品選択の目安ができる→次回購入時、その目安を基準に商品選択を行なう→目安・基準にしたがって選択することが習慣化する」というプロセスが考えられます。

最近の食品偽装問題では、永年にわたって発覚しなかったものが大半です。つまり、利用した人たちが気がつかなかったということになります。それはつまり、品質そのものに問題がなかった、あるいは品質の違いがわからなかったということに他なりません。厳しい見方をすると、会社名やブランドに頼りすぎてしまう傾向が強まっているとも言えます。

考えてみれば、ファッションの海外高級ブランド大手メーカーの売上げは、日本が全体の約3分の1を占めています。主要なファッションメーカーは、日本の大都市の目抜き通りで直営店の出店を競い合っています。今後、さまざまな商品分野でのブランド化は避けられませんが、一方で自分自身の力で商品を見きわめる能力が衰えていくのではないかと危惧されます。

第 2 章

新商品開発
のための調査

必要性が増大する商品開発

企業活動と商品開発

顧客や市場のニーズによりマッチした商品を開発するために、新商品開発調査が求められる。

●商品開発はなぜ必要か

企業活動は、「顧客の保持と創造」が最大の課題と言えます。年々顧客の進化は加速し、市場には毎日のように新商品・新サービスが出現しています。既存のものは、よほどの優位性がないと代替され、市場から消えることを余儀なくされます。

たとえばコンビニは、売れ行き不振商品は約３週間で入れ替えます。企業は、たえず新しい顧客・市場獲得の努力が求められ、新商品・新サービスの絶え間ない導入が命題となっています。いったん市場から見離されると、かけたコストがむだになってしまいます。そこで、より顧客や市場の現状を踏まえ、最適商品を創るための対策として新商品開発調査が要請されているのです。

●商品開発調査の領域

商品開発のための調査は、大別すると３つの対象領域があります。

一番目は社内情報です。社内にストックされている営業・販売情報や個別営業担当者の情報を活用する方法です。ストックされている膨大な資料を探す手間さえ惜しまなければ、ほとんどコストはかかりません。その反面、注意しないと自社に都合のよい情報だけを集め、独りよがりになって顧客を見失うこともあります。膨大な情報の収集・分析には、データマイニングという手法が開発されています。

二番目は、流通関与者の卸やディーラー、顧客接点である小売店などの情報で、販売実績やＰＯＳデータなども含みます。活用しだいでは効果を発揮しますが、データが膨大すぎて、集計・分析に時間と手間がかかるため、利用している企業は多くありません。米国で、紙おむつの購入客はビールを買う人が多い、というモデルが発見され、売場展開に活用されたことがあります。

三番目は顧客・生活者の情報です。通常、新商品開発と言えば、この情報を指すことが多いようです。顧客の購

流通関与者と情報の種類

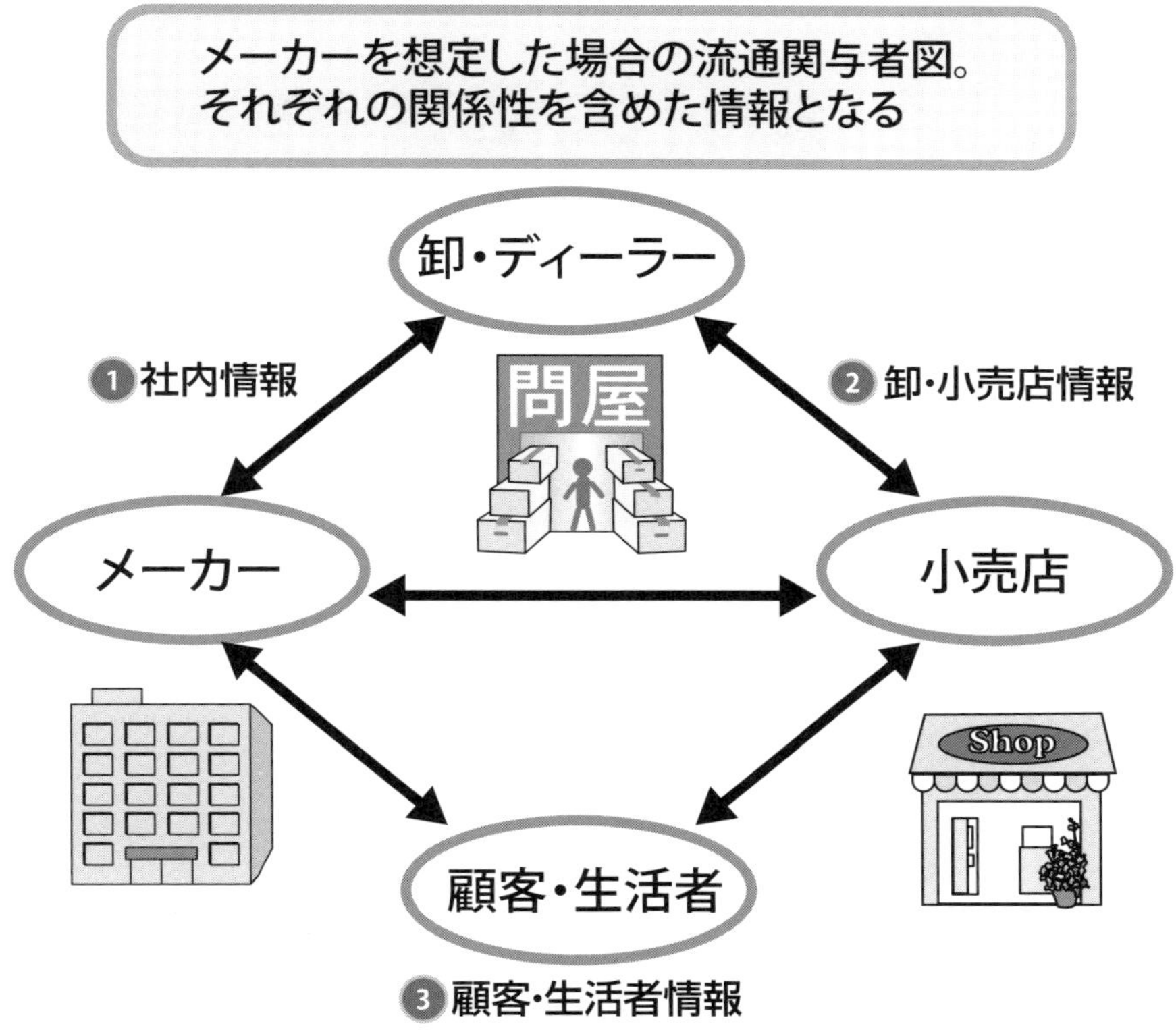

買や消費の実態、生活者の考え方や行動・モチベーションなどの現状把握の他、新商品開発のためのニーズの探索、アイデア発掘、さらにコンセプト・機能・ブランド・パッケージ・ネーミング評価など、数多くの領域や手法や技術があります。

　商品開発セクションは事業の存亡と企業の将来を左右するカギを握る、会社内で脚光を浴びる花形部門です。取組み体制や方針は企業によってさまざまですが、表に見えない基礎的な研究・開発に注力している企業ほど、息の長いヒット商品を生み出しています。ただし、発売時の商品そのままではなく、顧客ニーズの変化に合わせて商品の部分的な改良を絶えず行なっています。

　また、ニーズの拡がりに合わせて機能を細分化し、品揃えを拡げるなど、企業努力の賜物です。

見落とされがちな社内情報の活用

自社内情報の調査

身の回りの情報をいかに商品開発に生かすかがポイントとなる。

●自社内情報を有効利用している企業は少ない

自社内情報の調査には、①売上・営業情報、②消費者問合せ・クレーム情報、③個人的情報ネットワーク、などがあります。自社内に埋もれている情報や人的資産の活用ですから、費用がかからず手軽にできそうですが、事前に考え方やシステムを固めて取り組まないと、方向を見失ったり、手続きの煩雑さから途中で挫折してしまいがちです。

●売上・営業情報の調査

生活用品メーカーS社では、商品開発の基本情報として、自社の販売データを生活者ニーズ／コンセプト別に商品の使用場面に分けて集計・分析しています。商品コンセプト・機能それぞれごとに、玄関、ダイニングというように具体的な使用部位・使用場面をタテ軸に取り、ヨコ軸に半年、1年ごとの販売データを集約していきます。その場合、月単位ではなく、半年や年ごとといった中長期でまとめることがポイントです。時系列でトレンドを見ていくと、伸張傾向の分野や減少気味のゾーンが見えてきます。

さらに、該当市場の業界トレンド、市場情報と比較すると、目指すべき商品開発分野や有望なゾーンがクローズアップされてきます。日経新聞の市場占有率や業界地図、年初に経済誌で特集される業界予測、業界から出される年鑑など、比較参考するデータは数多く出揃っています。

あるメーカーが、コンセプトごとに販売実績を集計したところ、成長分野で自社商品の品揃えがないことに気がついたという話を聞きました。このようなことは、小ロット多品種型企業では起こりがちです。

●顧客からの問合せ・クレーム情報を商品開発に生かす

顧客からの問合せの内容を充分検討し、場合によっては、顧客に後日コンタクトを取って商品開発のアイデアにつなげることも情報の有効利用となり

自社内情報の収集ステップ

① 自社販売データのまとめ

1）販売情報を集計し、まとめる
- ・商品の機能・コンセプト別
- ・使用部位・場面別

2）半年、年単位で２～５年間程度

3）時系列で見ていく

※販売データ以外の情報も活用する

← 販売実績

← 問合せ・クレーム情報
知合いネットワーク

② トレンドの読み取り

1）機能・コンセプト別にトレンドをつかむ

2）衰退分野や伸張領域がわかってくる

③ 業界内情報のチェック

業界団体情報、業界新聞・雑誌情報、
取引先情報、周辺業界情報、関連業界情報

④ オープンデータで確認

図書館などでオープンデータをあたる
※日経・市場占有率、業界地図、経済誌の市場予測、業界年鑑など

⑤ 対象ゾーンを想定する

有望分野・領域を絞り込む

ます。その際、コンセプトや商品ベネフィットごとに見ていくことがポイントです。花王のエコーシステムが有名ですが、大手家電メーカーS社は、問合せや愛用者カードの追跡調査を商品開発の大きな柱にしています。

●個人的な情報ネットワークを生かす

　自分の身の回りに、ふだんから忌憚のない意見をもらえるような個人的なネットワークを築いておくことも大切です。社内だけではマイナス情報が入りにくく、現状が見えないことがよくあります。新商品についての率直な感想が、思わぬヒントになることがあります。

　社外の眼をうまく活用すると、自社の内部だけの独りよがりな考え方を方向修正できます。同じ組織に長く属していると、いつの間にか「灯台下暗し」的な見落としをしてしまうことが少なくありません。

協力を得られれば武器となる

流通関与者 —①卸・ディーラー調査

特定商品のトレンドをつかみ、想定分野の動向を知ることができる。

●特定ジャンルのトレンドや分野の動向を知る

商品開発関連で、卸やディーラーに対して調査を行なう場合の目的は、特定商品ジャンルのトレンドをつかんだり、想定分野の動向を知ることが中心となります。

●定点観測でトレンドをつかむ

文具メーカーのL社では、細分化する市場のトレンドを定点観測するために、卸店での定点観測を実施することになりました。定点観測は定点・定時・定項目が基本です。瞬間的なヒット商品の情報は、インターネットで容易に入手することができますが、トレンドを読み取っていくためには、定型情報を同一時点、同一地点で入手していくことが基本です。

それにはまず、定型情報のカテゴリー化がポイントになります。L社は主に書類の綴じ具と貼付具を製造販売しています。まず、トレンドをつかむための定型情報を、①基本機能商品、②エコ商品、③ユニバーサルデザイン商品、④新機能・新コンセプト商品と4つの領域でカテゴリー化しました。④の動向がもっとも知りたいことですから、具体的な商品名までチェックします。これら4つのカテゴリーの販売推移を3ヶ月、半年、1年単位で見ていきます。トレンドなので指数でもかまいません。貼付具についても、同じ要領で項目を設定します。

実際の調査に当たっては、親しい卸店に依頼する方法が手っ取り早いかもしれません。見ず知らずの企業に依頼する場合は、協力費を支払っているケースがほとんどです。

●想定分野の動向を知る

メーカーは自社商品の領域については熟知していますが、自社の分野から少し外れた分野については関心も薄くわからないというメーカーが少なくありません。新規分野で商品を考える場合には、卸店を通じて想定新規分野の動向を知ることも必要です。流通システム、取引条件、業界慣習などを確認

卸店を活用した情報収集

（1）卸店で定点観測

▶売れ筋トレンドをつかむための商品４領域の情報収集

1. 基本機能商品
2. エコ商品
3. ユニバーサルデザイン商品
4. 新機能・新コンセプト商品

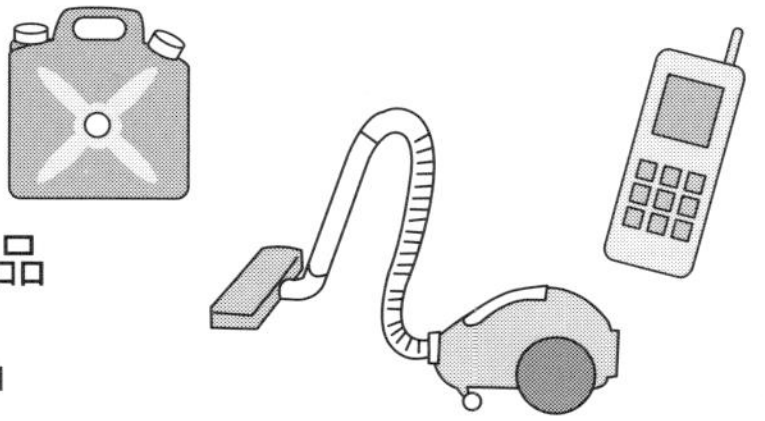

（2）卸店への訪問調査

▶売れ筋トレンドをつかむための売行きヒアリング調査

1. 全体傾向、チャネル別傾向
2. 商品ジャンル別・コンセプト別傾向
3. 成長分野、衰退分野、特徴的な分野
4. 特に気になる点、注意すべきことがら
5. 今後のトレンド予測他

し、開発計画に反映させます。似たような業界だからと思い込み、突っ走ってしまうと思わぬ失敗を招きます。ある家庭用雑貨メーカーは、台所用調理関連商品を開発するにあたり丹念に業界調査を実施し、導入を成功させました。昨今は流通再編が進行し、卸店の棲み分けも図られ、物流など日進月歩で変化してきているため、最新の動向を把握しておくことはなおさら大切です。卸を直接訪問し、ヒアリングする中で予想外の情報を聞くことができ、後で大いに参考になることが少なくありません。新規分野への参入を考えているなど、率直に説明すれば応じてくれる企業は多いはずです。

　こちらの誠意が通じて話が盛り上がり、協力関係強化への発展など、予想外の成果につながることも、あり得ない話ではありません。電話やネットだけではそうした機会は生まれません。

質的な情報をつかむ

流通関与者 ―②小売店調査

購買の最終基点＝売場研究を抜きにした商品開発は考えられない。

●購買の最終基点＝売場から商品開発を考える

商品開発を考えるための小売店調査には、さまざまなアプローチが考えられます。商品アイデア・コンセプトの探索や想定顧客・売場の絞込み、商品化に伴うパッケージの仕様・デザインコンセプト・ネーミング・価格設定などの概案づくり等、考えられる手法は限りなくあります。顧客接点は、売りの完結場所であり、限りなく拡大・変化し続けています。購買の最終基点＝売場研究を抜きにした商品開発は考えられません。

●売場観察を通じて商品アイデアを練る

頻繁に行なわれているのは、売場の観察による開発アイデアのヒント探しです。レトルト食品の世界に先鞭をつけた「ボンカレー」は、パックになったソーセージを見て発想が思い浮かんだと、開発担当者は語っています。問題意識を持って売場を見渡していると、商品や売場から触発されてアイデアが浮かび上がってきます。

●最適売場と陳列形態の想定

商品は、〈最終顧客に購買されること〉を前提に創られます。顧客接点である売場を考えない商品は無謀と言っていいでしょう。開発にあたり、どういった売場を想定するかは商品づくりの基本です。想定商品を導入するとしたらどのような売場が最適か、類似商品の売場などをくまなく観察して、事前に研究しておくのが観察調査です。

また、定番売場が通常のフェース陳列かフック陳列か、棚の高さはどの程度か、形状的にどれくらいの数量が陳列可能か、などをあらかじめ把握して、それらを満足する商品に仕上げることが前提です。

車塗料メーカーD社は、通常のフェース陳列を前提に商品化を行ないましたが、売場導入の際、店側の要請で急きょ台紙に貼り付け、フック陳列できるように改良するなどして事なきを得ました。

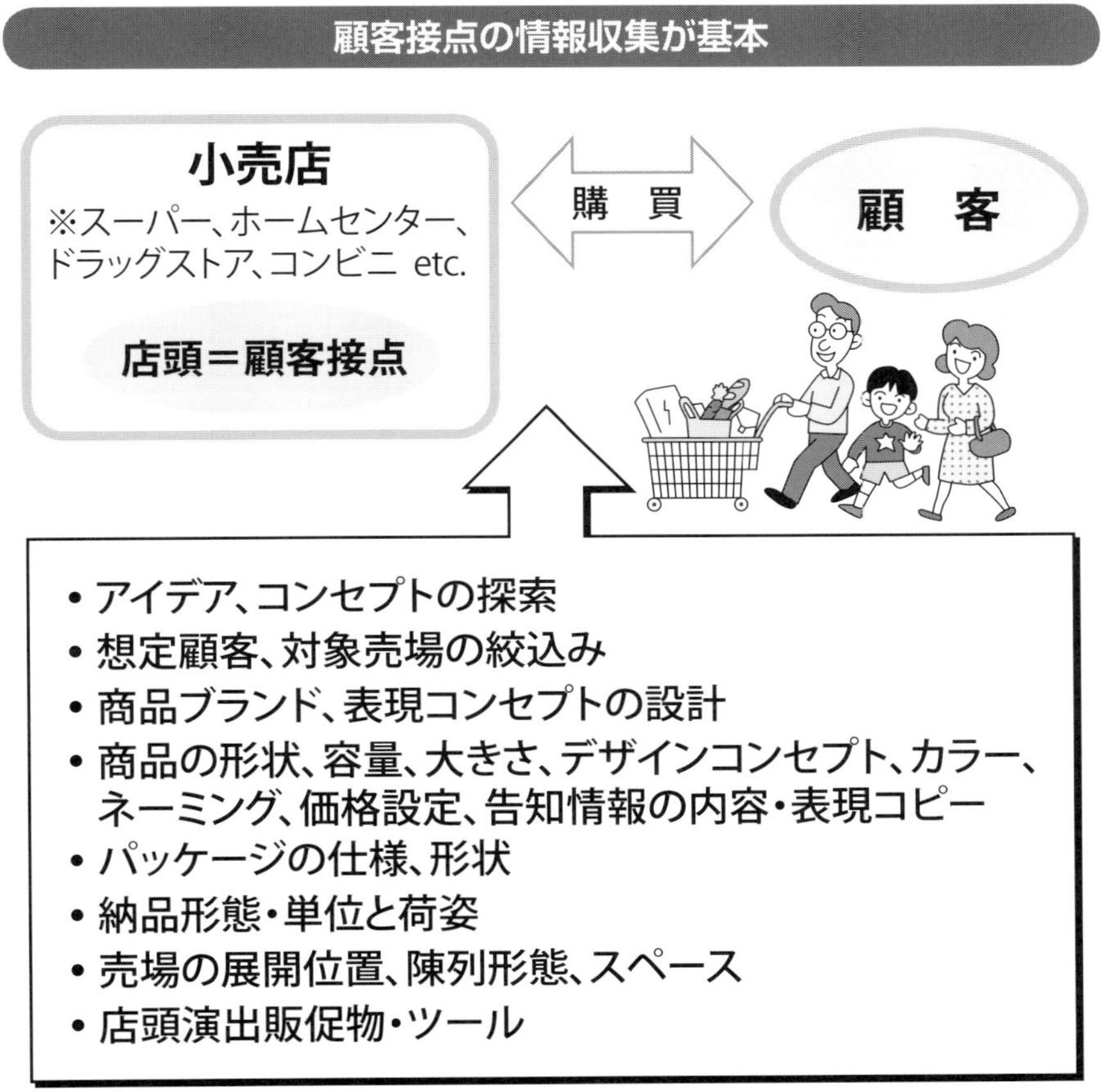

売場で並列陳列が想定される商品のコンセプト、ネーミング、パッケージデザイン、商品形状などを押さえることは、開発の方向を見定める情報として必須です。

●商品開発に不可欠な売場調査

より売場に近づけて臨場感のある回答をつかむために、売場什器を使って商品を並べ、典型的な売場パターンを再現して想定顧客層の評価調査を行なうことも必要になっています。ペーパー調査とグループインタビューを組み合わせて実施することが通常です。商品購入者との最終接点である売場の研究・調査の重要性は今後、よりいっそう増大していきます。

特に見落とされがちなのが売場に陳列した際の、周囲の商品との関係です。他社品に比べ、よく目立つことが要求されますが、こうしたことは実際の売場を再現しないと確認できません。

認識の構造がどうなっているかを知る

顧客の調査
—①購入実態調査

認識の構造の違いごとに対策が異なってくる。

●商品開発のための購入実態調査

さまざまな市場調査の中で、最も多く実施されているのが購入実態調査です。これは電話、インターネット、訪問面接、街頭など、幅広い手法が選択可能な調査です。対象者、時間、費用、統計的信頼性などを見ながら、最適なやり方を選択します。

●購入実態調査の設計

女性用日用雑貨メーカーが、想定分野の先行商品について実態把握を行なうことになりました。調査対象者は20代女性であることからネット調査も考えましたが、信頼性と統計的視点から電話調査を選択しました。

想定した質問項目は、（1）商品の認知、（2）ブランドの認知、（3）ブランドごとの認知経路、（4）ブランドごとの広告媒体認知、（5）商品の購入経験、（6）現在の使用ブランド、（7）商品の購入頻度、（8）商品の主な購入場所、（9）商品・ブランドの今後の使用意向、という内容で質問項目を設定しました。より正確な浸透度をつかむため、５％以下の誤差率を確保したいという考えから、回収サンプル数は５００としました。

●電話調査の実際

電話調査にあたっては、スクリプトやトークフローと呼ばれる、電話調査オペレーターの実査手順書を作成します。これは、電話で対象者とやり取りをするうえで、具体的な応対の詳細をフロー化したものです。

この手順書によって、誰が実査しても一定の水準で調査が進められ、回答の信頼性も確保できます。

電話調査は、ランダム・デジット・ダイヤリング（ＲＤＤ）で抽出された対象者で、20代女性が在宅している世帯で実施しました。

ＲＤＤとは、利用可能な電話番号から無作為抽出されたところへ電話調査する方法で、統計的にも精度が高いと言われています。

●調査結果読み取りのポイント

まず、商品認知率＝商品の浸透状況

ブランド比較の調査事例

商品○○の購入実態調査

1. 商品○○の認知状況
2. 商品○○のブランドごとの認知状況
3. ブランドごとの認知経路
4. ブランドごとの広告媒体認知状況
5. 商品の購入経験
6. 現在の使用ブランド
7. ……………… 8. ………………

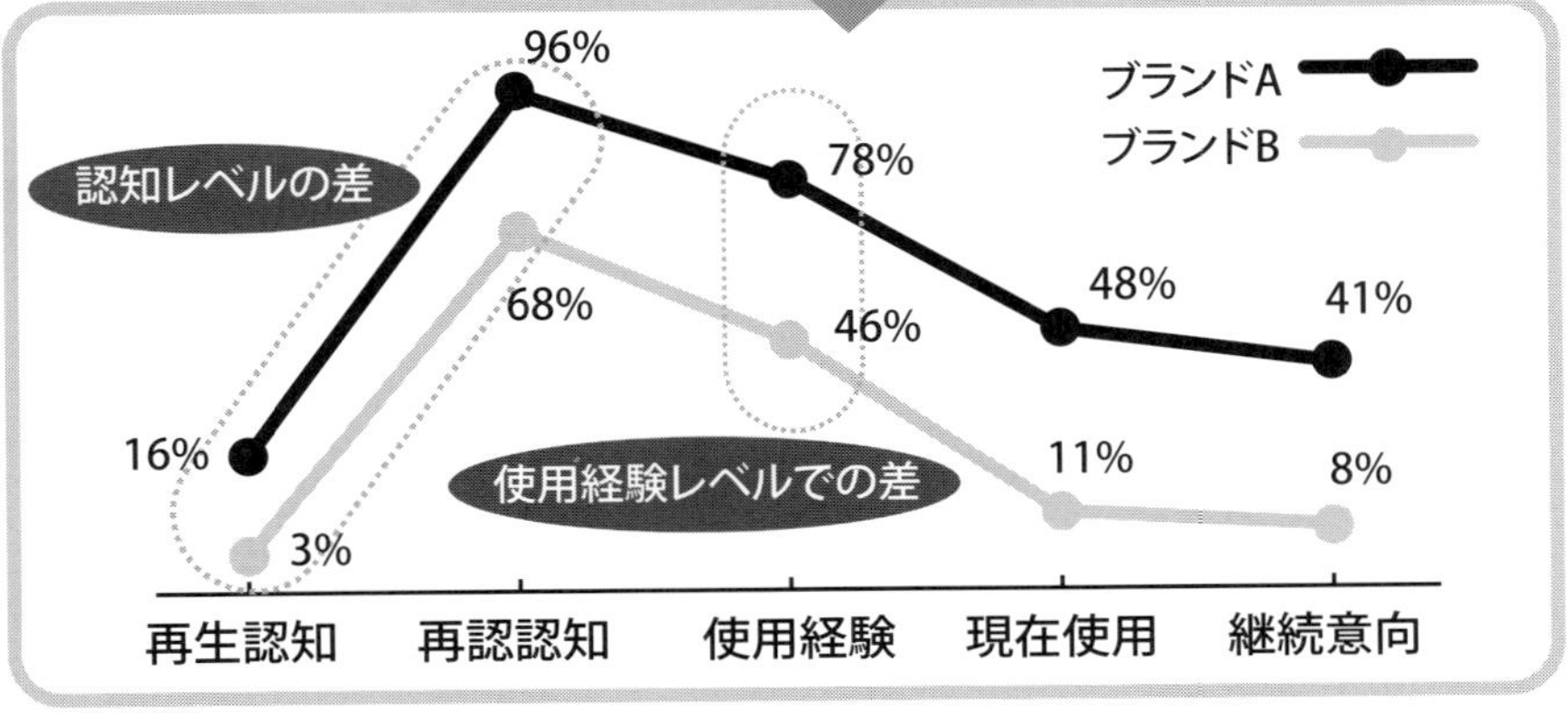

を見ることで、商品のライフサイクルを知ることができます。また認知率の数値で、商品認知＞ブランド認知になるのは当然ですが、その差がほとんどないのであれば、そのブランドの浸透は進んでいると判断できます。しかし、その差が大きい場合、そのブランドの浸透度は弱く、つけ入る余地は充分にあると考えられます。

またブランドごとの数値は、ブランドの認知＞現在使用ブランド＞今後使用意向ブランド、となりますが、歩留まりが高いほど安定したブランド、低いほど不安定なブランドと言うことができます。

認知率が高いわりに使用経験が低い場合は、商品の店頭化が遅れているなど、営業レベルでの問題、使用経験率のわりに現在使用や継続意向が低い場合は、商品レベルでの問題と、課題の所在の目安をつけることができます。

机上で考えた質問紙設計には限界がある

顧客の調査 —②使用実態調査

生活者の使用実態・言葉を踏まえた設計が顧客ニーズの核心に迫る。

●使用実態調査が必要な場合

商品の中には、実際の使い方、利用方法しだいで評価が変わりやすい商品もあります。それを把握するためには使用実態調査を行ないます。特に、新しい価値・機能を持つ商品の場合は、生活者の当該場面についてグループインタビュー（グルイン）を行ない、一連の流れをつかんだうえで、ポイントについて質問紙調査を行なう2段階調査がセオリーです。

●想定ユーザーへのグループインタビュー実施

気温の変化によって色が変わる塗料を開発中の特殊塗料メーカーD社が、車のデコレーション用として商品化できないかを検討することになりました。車にはさまざまな法的規制があり、改造の範囲が自ずから限られてきます。そこでD社は、ボディの装飾文字用に使えないかと考えました。まだ漠然とした段階ですが、可能性を探るのが目的です。

また、車の装飾マニアの実態をつかんでいないため、この際、その実態も併せて調査する予定です。まず、車の改造マニアを集めてグルインを実施する計画を立てました。

その結果、車の装飾マニアの人たちへのインタビュー調査から、ボディの装飾の目的・動機、施工方法、使用する用品とその理由など、車装飾マニアの利用実態の概要と、装飾用品への潜在的なニーズ・期待価値、開発想定イメージについての関心度、要望などをつかむことができました。

●量的な拡がりを確認するための質問紙調査

グルインによって判明した車の装飾マニアの行動概要をベースに、一連の流れを質問紙に落とし込んで実態把握する一方、開発想定イメージについてのポイントとコンセプトへの関心内容を整理して質問紙を作成します。ニーズを感じる層がどれぐらい存在するのか、量的な裏づけを取ることが目的ですから、誤差率を考慮してサンプル数

2段階調査の事例

（1）事前グループインタビュー
《評価の項目を把握・設定する狙い》

1. 生活者の当該商品分野・領域での一連の行動実態と考え方・動機など、全体像の把握
2. 現状当該分野の使用実態、評価、評価ポイント、不満点・不満事項
3. 当該分野に対する潜在的なニーズ・期待価値、期待したい機能や商品
4. 開発想定イメージについての関心度、検討意向

（2）本調査
《ニーズの量的把握が狙い》

1. 当該分野商品の使用実態
2. 想定商品のコンセプト評価とその理由、評価のポイント内容
3. 想定商品の使用場面・機会、動機とその理由、背景、動機
4. 想定商品への関心度、検討意向、購入意向度
5. 購入検討の価格条件
6. 購入時の利用店舗・売場

を設定します。ニーズの所在を確認するため、コンセプトの関心度、検討意向、購入意向度について、評価を多段階で取ります。

調査は机上で行なわれるため、安直に答える可能性もあります。そこで、質問を多段階で行なうことによって、より正確性を期すことが狙いです。質問を重ねる中で、微妙な態度の人は落ちていきます。

また、想定コンセプトの評価にあたって、より正確な回答が得られるよう、コンセプトを表現するツールの準備も不可欠となります。持ち運びを考慮し、図や写真パネルなどを、かさばらない大きさ、形状で準備します。可能であれば、部位の現物（車部品）を用意し、基本的な使用方法など実際の使用場面を再現して説明すると、回答の精度が高まります。肝心のところで手を抜かないことが鉄則です。

考え方や行動の背景を探る

顧客の調査 —③考え方・行動調査

めんどうだが、丁寧さや丹念な取り組みが求められる。

●購買・消費の背景にある考え方や行動を明らかにする

顧客の商品購買行動は、（1）顧客の性別・年代・職業などのデモグラフィック特性→（2）生活への考え方・行動→（3）購買行動・消費スタイル、という図式の仮説があります。その仮説に立って、「生活への考え方・行動」を明らかにして、購買行動・消費スタイルを支える根拠の手がかりを得ようという調査です。

●調査の設計

家庭用品のメーカーS社は、収納についての生活者の考え方をつかみ、今後の商品開発領域を確定することになりました。調査対象は、築2年以内の住宅に住む20歳～40歳代の主婦計３００人。集合住宅と戸建住宅、賃貸と持家を均等配分しました。

質問項目の柱は、（1）普段の消費生活への態度・考え方、（2）家庭内での整理についての考え方と実施方法、（3）家庭での整理状況と収納場所、収納方法、（4）収納用具の利用状況と満足度、（5）主要分野ごとの収納意識と今後の意向、といった内容です。ポイントは、収納を拡充した住宅が増加する中で、生活者タイプ別に収納意識や収納方法の違いや変化の内容を探ることにあります。

●調査結果の読み取り

調査結果の集計分析にあたり、生活者意識と整理への考え方の相関を明らかにするため、生活者の意識ごとにクロス集計・分析を行ない、有意差検定を実施しました。

その結果、消費生活の考え方と家庭での整理への取り組み方とは相関し、計画的に生活を過ごしたいという人ほど、家庭内でも整理をキチンとしたいという傾向が読み取れました。有意差検定とは、調査結果から読み取れる仮説が成り立つかどうかを統計的に判断することです。

また、住宅つくり付けの収納家具・収納場所が充分確保されていることに満足している反面、収納場所内の整理

購買行動プロセスと調査の関係性

購買行動仮説

1. デモグラフィック特性、性別、年代、職業その他
2. 生活への考え方・行動
3. 購買行動・消費スタイル

（1 → 2 → 3）

集合住宅と戸建住宅、持家と賃貸住宅では、考え方が異なるのではないか？

↓ 仮説に基づく調査

家庭内での整理・収納への考え方と行動についての調査

1. 消費生活への態度・考え方
2. 家庭内での整理についての考え方と実施方法
3. 家庭内での整理状況・収納状況と評価
4. ・・・・・・・・・・・・・・・・・・・・・・・・・・・・・・・・・・・・・・

や収納方法に困っていることが判明しました。特に、整理意識の高い人ほど困っている傾向にあるようです。つまり、生活の計画性を大事にする人↓家庭の整理意識が高い↓収納場所での整理に困っている、という仮説が証明されたということです。

この分析結果から、S社では生活の計画性を重視する人を対象に収納用品の商品開発を行なう方針を固め、開発商品プロジェクトを立ち上げました。最初は、開発アイデアの探索・発掘をテーマにあげ、生活者の個別生活場面のグルインからスタートさせることになりました。

できる限り実際の生活場面に即した意見を収集するため、主だった収納用具や収納用品、部位ごとのパネルやビデオなど、考えられる機材などを用意し、インタビューの進行に合わせた見せ方のシナリオを作成しました。

視野の広さや柔軟な視点がカギを握る

顧客の調査 ―④アイデア着想・ニーズ探索

グループインタビューでは司会者の技術・能力が試され、リスクも大きい。

●開発アイデア・ニーズ探索は商品開発の源泉

開発のアイデア探索は、商品開発のいわば入口にあたる部分です。「毎日のように新商品が出ているが、1年たって残っているのは百にひとつぐらい」（インスタントラーメン業界関係者）と語っているように、どの業界でも商品開発競争は激しさを増しています。ひとつを商品化するために百ぐらいのアイデアから絞り込みます。アイデア探索に用いられるのはグルインが中心ですが、インタビューの成否は、司会者の問題意識や進行運営能力によるところが大きく、場面設定の仕方や切り込み方、出席者の意見を引き出す技術が真価を発揮します。

●グループインタビューの設計

ベンチャー企業H社が、開発アイデア探索のためのグルインを実施することになりました。中高年世代の日常生活関連グッズのアイデアというテーマです。競争が激化している女性マーケットを避け、40～50歳代の男性をターゲットにしました。この中高年男性の生活場面を会社、通勤時、家庭内と3つに大別し、今回は家庭内に絞ってインタビューを実施します。

まず全体のストーリーを構想し、主要な箇所についてシナリオを作ります。映画のシーンのワンカットのように、「時間軸×場面×部位orもの」で具体的な場面を設定し、その場面ごとに聞いていくという方法です。「朝、出かける前に洗面所の鏡の前で、顔の手入れについて」というように具体的に設定します。必要以上に細かくなりすぎても、出てくる意見が個別になり拡がりが乏しくなります。少々奇抜な発想を引き出すことが大切です。ヒントは、活発な議論を引き出すためのキーワードをいくつかシナリオに盛り込んでおくことです。

司会者は、議事運営に意識が集中している際には、とっさに言葉が思い浮かびません。そこで、呼び水となる言葉を前もって準備しておくことが大切

「ニーズ探索」グループインタビューの基本フロー

1. **出席者の受付、確認**
2. **事前アンケート（属性中心）**
3. **趣旨説明と出席者の簡単な自己紹介**
4. **インタビューの進め方の案内と雰囲気づくり**
5. **ガイドに沿ってインタビュー実施**
6. **インタビュー終了、あいさつと謝礼を渡す**
   ※必要な場合、事後アンケート

インタビューガイド例

時間の目安	どこで（場面）	何を（コト）	なぜ（動機）	不便を感じる	不満に思う	もっとこうありたい	その他

です。出席者からアイデアを引き出すには、オーソドックスに不満点や不便に思っていることを聞き出す手法に加えて、潜在ニーズの発掘を行ないます。

たとえば、「もっと快適に・心地よくするためには、○○をどうしたいですか?」という質問をぶつけていきます。こうありたいと思っている願望から、逆にそれを阻害している要因を探っていくというやり方です。出てくる意見は、多ければ多いほどうまくいったと言えます。盛り上がりに欠けるインタビューでは、得られるものは少ないと考えて間違いありません。集めた意見は、言い回しや口調も極力そのまま生かして基礎データにします。気転がきく人ほど「自分の言葉に変えて記録しよう」としますが、ここでは「出席者のナマの表現」そのものが大切です。

コンセプト表現が調査結果を左右する

顧客の調査
―⑤コンセプト評価

評価してもらう内容をどう伝えていくかが大切。準備に手を抜いては失敗する。

●「会社事情優先の結論」が失敗の元

開発アイデアを社内でスクリーニングし、さらに商品化を進めるための候補案に絞り込むための段階です。企業の開発会議に参加した経験から述べると、通常、社内評価は会社の立場や上司・社長を意識した評価中心になり、顧客ニーズ後回しの議論に終始し、社内事情が最優先されがちです。

当然、顧客・生活者からズレた商品がうまくいくはずがありません。外部評価、特に想定される顧客の評価を取り入れることが前提です。

●評価のコンセプト数は10件までに留める

前述のベンチャー企業H社が、グルインから得られたアイデアを整理・集約して、絞り込んだコンセプト案を想定顧客に評価してもらうことになりました。40～50歳代の対象者を2グループに分けます。グループごとに、職業や所属属性がバラバラになるように出席メンバーを設定しました。似たような所属属性同士では、議論の盛り上がりや話の飛躍が乏しくなり、奇抜な発想を生み出しにくいからです。

評価はグルイン形式で行ないますが、対象のコンセプト案を10件に絞りました。インタビューは2時間と考えると、1件あたり10分、10件で１００分となり、予備時間を含めるとぎりぎりです。ケースごとに時間をかけ、広く深く意見を聞き出そうとすると、最低でも10分は必要です。件数が多くなると出席者間に混乱を招き、正確な判断が得られなくなります。議論が深まれば、派生的に新たな開発アイデアが出てくることもあります。機械的・流れ作業のように形にはまった項目で評価していくことは、誤った結論につながります。

●評価コンセプトは子供でも理解できる表現に

評価コンセプトについては、極力わかりやすい表現物を用意するのが好ましく、試作品やダミーを見せることが理想です。ＯＥＭ生産を基本とするＨ

コンセプトの定義

コンセプトとは

- その商品が持っている価値を、誰にでも理解できるように短い表現で表わした言葉
- 誰がどのように使用するのか、またどのような利点があるのか、簡単にわかりやすく要約したもの

商品（製品）の価値・効用

1. 基本価値・・・・・・その商品本来の機能・性能の価値
2. 感覚的価値・・・・人間の五感に訴えかける効果・価値。使用することで心地よさや楽しさ、快適感を感じる
3. 意味的価値・・・・本来の機能・性能以外の意味や象徴性の価値。イメージであり、他人の眼を意識しての装飾性。ブランドの価値も含まれる

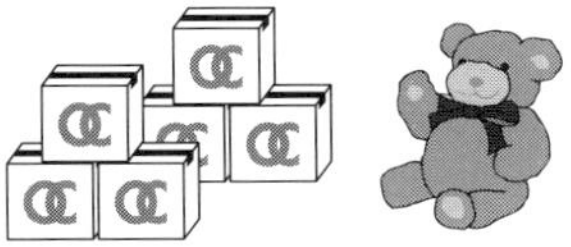

社では、試作品の用意が難しいため、コンセプトを表現した文章で評価を取ることにしました。目安として、10歳程度の子供でも理解できる内容とし、絵や図で補足しながら文章表現にも配慮しました。技術的な説明や機能についての内容は極力省き、コンセプトのベネフィット（便益）や効能を中心にしました。

　ベテラン社員や技術畑が長い人は、会社や業界にどっぷりと漬かっているため、一般の人には伝わらない業界用語を乱発しがちです。社内で充分にチェックして、どれだけ一般の人に伝わるかを検討することが大切です。直接業務と関わりのない社員や関係者に眼を通してもらったり、説明を聞いてもらって、内容が充分に伝わるか、理解してもらえるか事前に確かめておきます。ここでの思い込みや思い違いは致命的になります。

調査の仕組みの出来不出来がポイント

顧客の調査 ―⑥製品評価

偏りが出ないよう、プロセスの細部にまで注意を払うことが必要。

●製品評価は質問紙型、会場調査型の2タイプ

　新商品開発では、商品化直前の段階で評価を取ることも大切です。顧客接点での競争は激化の一途をたどり、顧客に受け入れてもらえる商品をいかにつくり込むかがメーカーの最大課題です。具体的な形状やパッケージデザイン、ネーミング、価格などを想定顧客に的確に評価してもらうことで、失敗のリスク回避の役割をはたします。

　製品評価の調査は質問紙型、グルイン形式のどちらでも可能です。量的な裏づけを取りたい場合は前者、質的な評価を得る場合には後者となります。

●ＣＬＴ・質問紙型調査で設計

　前述のベンチャー企業Ｈ社は、コンセプト評価からひとつのアイデアに絞り込み、市場導入後の需要予測を行なうことにしました。調査対象者に試作見本を見せて、ネーミング、パッケージデザイン、カラー、形状、サイズなどの評価を詳細に取るセントラル・ロケーション・テスト（ＣＬＴ）です。ＣＬＴは、集められた対象者一人ひとり個人面接で評価を取る方法で、少々込み入った質問も可能です。

　販売予測を行なうため、40～50歳代男性４００名と設定し、誤差率は最大でも±５％で収める計画です。実施会場は、ターミナル駅Ｓ駅近くに設け、調査員を配置してリクルートと会場への誘導を行ないます。

　ＣＬＴが実施可能な会場は限定されているため、調査慣れした人が集まりやすく、また立地上、特定の属性の人が多くなる傾向があるため、事前の対象者スクリーニングの徹底を図りました。

●質問紙の設計

　評価を量的につかむには、興味度・関心度、購入検討可能性、購入意向度など、多段階の質問を用意する必要があることは前に述べました。さらに必要なのは、購入意向価格です。どんな商品でも、安ければ安いほどよいというのが顧客の本音です。最初から必要

消費財・生産財メーカーの例：花王、日東電工

花王・商品開発の五原則

1. **社会的有用性の原則**
   社会にとって、今後とも真に有用なものであるか
2. **創造性の原則**
   自社の創造的な技術、技能、アイデアが盛り込まれているか
3. **パフォーマンスバイコストの原則**
   （P／C）でどの企業の商品よりも優れているか
4. **調査徹底の原則**
   あらゆる局面での消費者テストで、そのスクリーニングに耐えたか
5. **流通適合性の原則**
   流通の場でその商品に関わる情報を消費者に伝達する能力があるか

化学メーカー／日東電工のブランドステートメント

「変化の瞬間に　光る技術で　しなやかに」

・変化の瞬間	それはチャンスであり新たな成長への出発点です。世界中のあらゆる変化を誰よりも半歩先にキャッチし、お客様の近くでスピーディに対応します。そして私たち自身が変化する事によって、次の価値と夢を発現します
・光る技術	それは私たちの自信です。光るテクノロジー、光るソリューション、光る発想、そしてそれらを支える光るヒトたち。たくさんの光を結集して未来を照らすことによって、未知の驚きと感動を創造します
・しなやかであること	それは私たちの姿勢です。しなやかな強さでどんな場面でも最高の満足を提供します。いくつもの可能性を巧みに組み合わせ、キラッと輝く「これだ」をカタチにしていきます

（上）『新しいマーケティングの実際』（プレジデント社・佐川幸三郎著）（下）日東電工ホームページ（http://nitto.co.jp）より

以上に安い価格を提示すると参考になりません。

そこで、多段階で質問を用意して、できる限り正確性を期した質問構成が求められます。自由に価格を回答してもらう、支出できる最大の価格を答えてもらう、提示する価格で検討・購入するかどうかを判断してもらう、というようにレベルを変えて反応を見るのもひとつの手法です。注意が必要なのは、調査では、どうしても高めの価格が出現しがちです。人からよく思われたいという人間本来の欲求の現われかもしれませんが、気をつけるべきです。

コンセプト評価調査結果の数字を、そのまま需要予測に転用した某企業の導入計画を見たことがありますが、その商品は見事に失敗しました。費用と手間のために手を抜くと、より大きなリスクを負ってしまいます。

Column 2

「ミシュランガイド・格付け」は ミステリーショッパーの草分け!?

ミシュランガイド東京版が発売されました。ミシュランガイドは、フランスのタイヤメーカーであるミシュランが1900年にはじめたもので、今のような格付けは70年前からスタートしています。85名の調査員が世界中にいて、全員がミシュランの社員です。調査は、オープンに行なう調査と覆面調査を組み合わせて行なう方式をとっています。今回の東京版では、日本人2名とヨーロッパ人3名が2006年5月から調査を実施し、今回の発売にいたったというわけです。その仕組みといいやり方といい、ミステリーショッパー調査そのものと言ってもいいでしょう。具体的な評価の基準は公表されていませんが、「味覚」が中心になっていることは間違いありません。アジアで初めてということもあって、さまざまな波紋を呼んでいます。特に、和食についての格付けの評価に議論が湧き上がっています。

味覚というものは本来保守的な感覚で、成人前までに最も長く育った土地での気候、風土、食習慣などが基層部分を形成しています。日本の伝統的な食品である味噌、醤油、豆腐などは日本全国に地場の銘柄が数多くあり、他の加工食品に比べて寡占化が進んでいないことからも、それがわかります。

以前、ある著名なシェフが言った言葉が印象的でした。味覚というものは、味そのものの占める割合は30～40%ぐらいにすぎず、後は盛り付け方・演出、その時の雰囲気や気分、同席者への感情、健康状態などを総合して判断するものである、ということでした。

本書のミステリーショッパー調査の項でも述べましたが、事実の評価は容易ですが、おいしさなどの感覚の評価は難しいということです。ましてや、保守的で風土や地域性が強い味覚についての評価は冒険を伴います。ミシュランとしても、当然それを承知で行なっているものと思われますが、今後しばらく、外食レストラン業界を中心に議論が白熱することは間違いないでしょう。

第 3 章

販売ルート探索・提案営業企画のための調査

思いつき、思い込みだけではないアプローチ

ルート探索・提案営業にどう使うか

商品特性をよく見きわめ、調査を踏まえた適正ルート・チャネルの選択が求められている。

●調査にもとづく最適ルートの探索

企業は、「最小限のコストで、最大限の利益を生み出す」ことが課題ですが、そのために創り出された商品を、最終消費者・ユーザーまで、どのような手段・経路を通じて届けるか設計・構築することが販売ルート・チャネル政策と言えます。

販売ルートの構築は、過去からの経緯や商品から漠然と思い浮かぶ関連分野、取引先の紹介、広告宣伝など既存商品の延長線で拡がって今日に至っているケースが多く、最初から計画的に進めてきたところは多くありません。しかし、競争激化の今日はいったん販売先を間違えると、後発メーカーに先を越されて取り返しのつかないリスクを負いかねないため、効率的で的確な構築が要求されています。

既存取引先の売上は年ごとに目減りし、取引先自体も少なくなるのが通常です。何もせず、守りだけでは売上の現状維持すらできません。絶えず、新ルートの開拓を図ることが求められます。営業支援ソフトウェア・ソフトブレーンの宋社長は会社設立後半年間、どこに売り込んだらいいかだけを調査研究していたと聞きました。商品特性をよく見きわめ、調査を踏まえた適正ルート・チャネルの選択が求められています。

●競争激化時代だからこその提案

街中には店や商品が満ち溢れています。消費財だけでなく中間財や生産財でも、よほどの優位性がある製品以外は競争が当たり前です。「求められているのはモノではなく、コトである」という前提に立てば、単なるモノだけの営業では限界があることは眼に見えています。多くの企業でＯＡ機器は既に完備されているにもかかわらず、ＯＡ機器の営業マンは飛び込み訪問を繰り返しています。本当に役に立つのか、ニーズを満足させるのかという問題解決を考えているとはとても思えません。

商品特性を踏まえて、相手企業の事

新ルート・チャネル探索要因と調査の関係

新ルート・チャネルが必要とされる背景

1. 既存取引先での販売数量の目減り
2. 既存取引先数の減少
3. 会社の売上拡大のため、既存市場の領域拡大・深耕が必要
4. 商品機能付加による用途拡大・周辺市場への対応
5. 新商品の開発・商品化

新ルート・チャネル探索の方法

1. 対象市場の想定方法
2. オープンデータの活用
3. 展示会・会場調査
4. 競合先・想定先への取材
5. 郵送・ネット調査
6. 展示会アンケート調査
7. テスト販売モニターアンケート
8. 用途開発調査（生産財・中間財）

9. 提案営業企画のための調査

業プロセスにどう役に立つのか充分調査研究したうえで実際的な提案を行なうことが基本です。

●新ルート・チャネルの探索手法

新ルート・チャネルの探索には次のような手法があげられます。進め方のポイントを整理してみましょう。（1）オープンデータの活用、（2）展示会・会場調査、（3）競合先・想定先への取材、（4）郵送・ネット調査、（5）展示会アンケート調査、（6）テスト販売モニターアンケート、（7）用途開発調査（生産財・中間財）などです。

マーケティングを突き詰めると、「何を、どの対象に、どういう手段・方法で」ということです。ここでの新ルート・チャネルは、「どの対象に」に該当します。対象者別に最適手段を選択することこそマーケティングの真髄と言えます。

変化する顧客接点を見きわめる

対象市場の想定をどうやるか

商品特性を見きわめて、従来のルートにこだわらないチャネル戦略を検討することが大切。

●拡大する顧客接点

流通の進化によって、顧客接点が限りなく拡大し続ける中、商品の作り手であるメーカーの立場からすると、どこで売るか、どのチャネルを起用するか、これまでになく難しい問題に直面しています。顧客接点の変化は、既存品にも影響を与えています。インスタントの冷凍麺は当初、食品スーパー向けに開発されたものですが、今はコンビニの定番商品になっています。販売ルート選択を誤ったばかりに消えてしまった商品は数知れません。

大手化学会社H社は、ダイエット甘味料の導入で大型スーパー中心に展開しましたが、見事に撤退しました。失敗事例は表に出てこないためほとんど知られていませんが、失敗商品は数多く存在します。

●変化する顧客接点を踏まえた対象市場の設定

生活用品メーカーS社は、既存の小物収納ケースに手を加え、薬収納ケースとして市場導入を計画し、その販売ルート・チャネルを構築することになりました。S社の従来の販売ルートは大型スーパー、百貨店、東急ハンズやロフトなどの大型雑貨店、ホームセンター、さらに街の日用雑貨店などです。今回は、薬収納ケースという商品特性を見きわめて従来のルートにこだわらないチャネル戦略を検討することにしました。

新商品の用途場面や応用分野について、社外メンバーを加えてブレーンストーミングを行ない、その結果から従来からの小物収納ルート以外に「薬・医療」「旅行」という2つの分野を設定しました。これまでは、どう考えても自社では無理という意識が先立って、斬新・奇抜なアイデアが出ない雰囲気が蔓延していましたが、社外の人間を加えたことで、社内の枠を超えた発想が生まれ、部外者の発言に刺激されて思いのほか収穫がありました。

●対象分野の詳細検討

ひと口に薬・医療ルートと言って

量販店の統計概要

業態分類	事業所数	年間商品販売額（百万円）	売場面積（㎡）
合　計	1,238,049	133,278,631	144,128,517
1．百貨店	308	8,002,348	6,472,113
（1）大型百貨店	276	7,668,578	6,454,559
（2）その他の百貨店	32	333,770	17,554
2．総合スーパー	1,675	8,406,380	15,191,303
（1）大型総合スーパー	1,496	7,949,605	14,660,549
（2）中型総合スーパー	179	456,775	530,754
3．専門スーパー	36,220	24,101,939	37,402,230
（1）衣料品スーパー	5,991	1,544,556	4,162,872
（2）食料品スーパー	18,485	17,046,994	18,246,413
（3）住関連スーパー	11,744	5,510,389	14,992,945
うちホームセンター	4,764	3,141,257	9,531,495
4．コンビニエンスストア	42,738	6,922,202	4,715,252
うち終日営業店	34,453	6,079,435	3,934,459
5．ドラッグストア	13,095	2,587,834	3,676,476
6．その他のスーパー	56,211	5,480,581	7,090,125
うち各種商品取扱店	782	227,569	367,371
7．専門店	726,825	49,970,253	42,790,111
（1）衣料品専門店	95,497	3,972,502	6,537,593
（2）食料品専門店	190,788	7,023,157	6,409,871
（3）住関連専門店	440,540	38,974,594	29,842,647

＊資料：商業統計から（2004年結果）

も、薬剤チャネルと医療機器・医療用品チャネルがあり、介護機器・介護用品ルートも無視できなくなってきています。旅行用品は以前、売場が限られていましたが、最近では大型のバラエティショップや家電店、ドラッグストア、はては百円ショップに至るまで品揃えしています。S社では、医療用品・介護用品のチャネルをメインに置き、専任の営業員を配置して、問屋・卸の開拓からスタートさせました。従来の小物収納ルートは、これまでの生活用品ルートの中で収納小物に強い卸、特に大型バラエティショップに太いパイプを持つところに絞りました。もちろん卸まかせではなく、ショップへの直接フォローを重点化して売場展開の企画提案まで手がけています。また、既存商品の金型を利用して、バラエティショップのマニア向け商品の拡大も検討しています。

今ある情報の有効活用を図る

オープンデータによる情報収集法

情報収集は、ステップを踏んで行なうことが大切。

●インターネットの活用

オープンデータ収集の手がかりとして、インターネットの使用が考えられます。その役割を大別すると、①情報探索の手段―情報源のありかを探す、②情報そのものを得る―インターネット上の情報を利用する、の２つです。

●情報源のありかを探す

インターネットを通じて情報の入手先を探すために検索する対象先は、①官公庁、②図書館、③ビジネス関連資料室、④業界団体・業界新聞社、⑤関連書籍・出版物、などがあります。

●官公庁資料を探す

食品メーカーＫ社は冷凍惣菜の商品化に取り組む計画を立て、冷凍食品市場を研究することになりました。プロジェクト担当者は、まず冷凍食品の供給と需要の実態を把握することからはじめました。

総務省統計局の家計調査をインターネットで検索すると、冷凍調理食品として、コロッケ、蒲焼などが一括して掲載されています。これで冷凍食品全体の需要はつかむことはできましたが、アイテム別の集計はされていないことがわかりました。

●業界団体をチェック

ネットで検索した日本冷凍食品協会のサイトを見ると、冷凍食品統計データというコンテンツがあり、アイテム別生産量・金額、さらに輸入高調査結果もまとめられています。

Ｋ社はＯＥＭ供給も検討中で、売り先であるメーカー名を知る必要もあります。リンク先から会員名簿が見つかり、８００社あまりの会員企業名が判明しました。

次のステップとしては、業界動向や大手メーカーの経営概要をつかむことです。そこで、ネットでビジネス関連資料を取り揃えている図書館を探し出しました。

●図書館で資料を探す

図書館では、「雑誌新聞総かたろぐ」から、関連があると思われる業界新聞や雑誌社をピックアップしました。

インターネット上の情報検索サイト例

総務省のサイトから

政府統計資料

首相官邸

・統計資料-政府発表の統計資料

・白書(各省年次報告書)-各省発表の白書(年次報告書)の一覧

内閣府

・統計のページ-景気動向指数、機械受注統計調査報告、法人企業動向調査、消費動向調査、単身世帯消費動向調査、景気ウォッチャー調査など

・SNA関連ページ-国民経済計算、GDPなど

・今週の指標-最近公表された指標の解説や、注目される経済トピックス

・経済財政政策関係公表資料

・月例経済報告関係資料

・GDE(GDP)需要項目別時系列表

総務省統計局

・国勢調査

・人口推計

・住民基本台帳人口移動報告

・労働力調査	・住宅・土地統計調査
・就業構造基本調査	・科学技術研究調査
・就業希望状況調査	・社会生活基本調査
・産業連関表	・社会・人口統計体系
・事業所・企業統計調査	・地域メッシュ統計
・サービス業基本調査	・世界の統計
・個人企業経済調査	・日本統計年鑑
・小売物価統計調査	・日本の統計
・消費者物価指数(CPI)	・ポケット統計情報
・全国物価統計調査	・日本統計月報
・家計調査	・統計でみる都道府県・市区町村
・全国消費実態調査	・IT関連統計資料集

図書館協会のサイトから

日本の図書館・図書館関係機関

公共図書館

●公立図書館　全国の自治体(都道府県および市区町村)の図書館

●(私立図書館)

〔参考〕公共図書館Webサイトのサービス

図書館協議会

大学図書館

●大学図書館(短大・高専・大学校・共同利用機関含む)

国立の図書館・機関

●国立国会図書館

●国立情報学研究所

専門図書館(作成中)

関係団体

●日本の図書館関連団体

世界の図書館関連団体

●図書館関連の主な国際的団体

●世界の主要国図書館協会等

また大手の経営概要を知るため、東京商工リサーチや帝国データバンクの企業要覧で主要企業について調べた結果、おぼろげながら企業像が浮かんできました。

さらに図書館の統計資料をチェックすると、食品流通統計年鑑や食生活データ総合統計年報という資料があり、参考にできそうです。

引き続き、証券広報室や業界新聞・雑誌社を回り関連資料を入手して、市場構造や主要企業の概要をまとめることになりました。

念のため、図書館の窓口で問い合わせてみます。公共の大型図書館は以前に比べ大幅に対応が改善されており、ビジネス分野に力を入れています。資料の所在なども徹底的に調べてくれるようになっています。業界新聞や業界雑誌も貴重です。

展示会は絶好の情報収集場所

展示会・会場調査

好奇心と事前の問題意識が思わぬ成果をもたらす。

●展示会へ出かけてみる

関東地区では、東京ビッグサイトや幕張で頻繁に各種展示会が催されています。これら展示会は、開催テーマに沿った関連企業や団体が参加しているため、絶好の情報収集場所です。展示会には、メーカー、卸・商社、関連IT企業、業界団体・業界新聞・雑誌社などが一堂に会しています。業界動向、売り先探索にあたって、このような機会を見逃す手はありません。

●展示会を探し出す

業務用厨房殺菌装置を開発中のL社は、まず展示会の情報収集からはじめました。東京ビッグサイトやインテックス大阪のホームページからイベントスケジュールをクリックすると、年間イベントスケジュールが閲覧できます。イベントの中から、「ジャパンショップ」と「厨房設備機器展」を選び出しました。さらに、主催者団体のサイトへリンクしていくと、出展企業・団体が掲載されていて大いに参考になります。来場者の分析が掲載されていることもあり、チェックは欠かせません。

●展示会場で調査する

そこで早速、ジャパンショップに出向いて情報収集にあたることになりました。会場では、まず当面競合が考えられるメーカーのブースをひと通り見て回り、担当者に商品の質問に加えて、販売先などもさり気なく聞き出しました。

次は、関連すると思われる卸・商社のブースをチェックし、会社ごとの取扱メーカーを確認していきます。各ブースを回りながら、注力している商品やメーカーの特徴などを聞き出していきます。会場には、業界の団体や新聞社・雑誌社なども出展しています。役に立つ情報はないか丹念にあたりながら、市場の動向などをそれとなく切り出して率直な意見を聞いてみました。カタログ類の収集も抜かりなく行なうと、掲載されている導入事例などが参考になりそうです。観察するブース

展示会を活用した情報収集ステップ

開発中の業界の動向を探り、売り先を探したい

1. 関連すると思われる業界をひと通りピックアップしてみる　※図書館などの活用
2. 関連すると思われる業界の展示会、イベントを探し出す　※インターネットなどの活用
3. 展示会会場へ出向く

4. 目ぼしいメーカーやブースをまずチェックする
   - 出展企業が多いと、一度で回りきれないこともある
5. チェックしたブースで、ヒアリングしてみる
   - 唐突過ぎる質問は警戒され、情報入手が困難になる
6. カタログなどの資料を入手する
   - 些細なものでも後で参考にできる場合がある
7. 業界団体、業界新聞などのブースものぞいてみる
   - 業界名簿やリスト、業界動向資料を置いてあることも多い

8. ヒアリング結果や入手資料からまとめてみる

は、事前に目安をつけておいて潰していきます。回りながら、新たに目ぼしい企業を発見したら飛び込んでみます。好奇心が発想の源です。後日、聞き出した情報や資料をまとめていくと、しだいに主要メーカー別の流通経路や導入先の概要が判明してきました。

●開発アイデアの宝庫である展示会

訪れたジャパンショップは、店舗に関する幅広い分野の一大展示会ですから、後々の開発アイデアに役立ちそうなヒントが数多く埋もれています。L社が展示会に注目したのは、そういった動機も理由のひとつでした。

特に出展企業は、今後成長分野と考える領域について多くのスペースを割いているため、おのずとその企業が想定している方向も見えてきます。それらの中に目指すべき分野のヒントも隠されています。

正攻法でやってみる

競合先・想定先に対する取材

具体的に質問し、相手の反応や言葉のニュアンスなどから真意・背景を読み込んで判断していく。

●サービスや中間財・生産財の評価

想定分野や商品コンセプトのイメージが固まってきたら、次は評価や売り先です。しかし、モノではないサービスや中間財、生産財の場合、人を集めて評価をしてもらうことは、物理的に難しい側面があります。

そこで、想定している顧客先へ構想内容を直接ぶつけて反応を探るという手法も可能です。情報が漏れる可能性があるため充分な配慮が必要ですが、一歩踏み込んだ結論が得られるでしょう。

●取材の準備と実施

大手企業傘下のＫ社は、中高年の再就職支援事業への参入にあたり、業界の上位企業６社への取材を企画しました。取材の趣旨は、参入検討のための市場動向の把握です。場合によっては業務提携なども考えると伝え、相手に少しでも関心を抱かせるような工夫も怠りませんでした。

アポイントが取れたら、事前に相手企業の情報を収集し、一定の知識を得ておきます。何も知らずに面接に臨むと取材がうまくいかない可能性が高く、相手に対して失礼でもあります。事前知識があると、会話が弾んで思わぬ情報を得ることができ、より深い質問をぶつけることもできます。

新興企業の社長や担当部長への取材の結果、市場の成長性は大きいが、顧客獲得が難しく、人脈やセミナー、個別企業への提案営業の積み重ねが基本である、ということがつかめました。

仮説にあった、顧客企業獲得のネットワークは特に存在しないということです。ただ、先行企業の多くは人材派遣や人材紹介、人材バンクなどの事業も展開しており、取引企業とのつながりや人材事業のソフトウェア・体制を有効に活用できていることが大きいと判断しました。

●取材は率直な姿勢で臨む

取材にあたっては、可能な限り想定している商品・サービスの概要、問題点などを率直に説明して進めます。変

東京都立図書館サイト・業界情報コーナー

全般

『帝国データバンク会社年鑑』　年刊　帝国データバンク　DR/335.0/5048/

東日本と西日本の2分冊。約14万社を収録（2007）。

『東商信用録 関東版』　年刊　東京商工リサ-チ　DR/335.0/5041/

全国を8ブロック全10巻にまとめ、優良・有力企業27万社余の情報を収録する会社録だが、関東版のほか中部版、近畿・北陸版のみ所蔵。

『TSR企業情報ファイル:CD・Eyes 50』　半年刊　東京商工リサーチ　PR/335.0/5187/

全国50万社余の企業情報を収録。“営業種目”“資本金”等項目のほとんどで検索が可能＜CD－ROM＞。

『組織図系統図便覧 全上場会社版』　年刊　ダイヤモンド社　R/335.0/5045/

全上場企業を網羅。組織図と事業所の住所一覧を掲載。

『日本の企業グループ』　年刊　東洋経済新報社　R/335.5/5179/

『週刊東洋経済』臨時増刊号。親会社（上場、未上場会社）2,892社のグループのもとに関連会社約30,000社のデータを収録（2006）。

『CSR企業総覧』　年刊　東洋経済新報社　R/335.1/5280/

各企業のCSR（企業の社会的責任）基本対応、ガバナンス、雇用・人材活用、消費者・取引先対応、環境の各項目に関するデータ。

『Japan trade directory』　年刊　World Economic Information Services
DRF/678.0/J35/

貿易取引を希望する日本企業を収録する。輸出入製品・サービス別企業名リスト編、会社録・関連団体編、各県案内編などからなる。

マーケティング

『ＣＲＭ年鑑』　年刊　アイ・エム・プレス　D/675.0/5402/

「総論編」「事例編」「参考資料編」に分かれた、ＣＲＭ（カスタマー・リレーションシップ・マネジメント）の現状をとらえるための情報源。

ランキング

『全国企業あれこれランキング』　年刊　帝国データバンク　DR/335.0/5048/

「帝国データバンク会社年鑑」の付録。売上高、法人申告所得、都道府県別、業種別のランキング、上位100社の掲載あり。

に隠し立てをすると、相手に不快感を与え、気まずい雰囲気が生まれて先に進みません。相手は、明確な回答を渋るのが普通ですが、前後の文脈から判断して、相手の真意を読み取ることがポイントです。

少々畳みかけて、「当社の可能性はどうでしょうか」「そうなると、販売先は大型スーパーやホームセンターということになりますか」と踏み込んで具体的に質問し、反応の詳細やニュアンスなどから相手の真意・背景を読み込んで判断していくことがポイントです。

こうしたやり取りは、直接顔を合わせているからこそ可能です。電話なら、いきなり電話をかけてきて、とんでもないことを聞く、と断られるのが落ちでしょう。相手の表情や態度、言葉遣いなどに気をつけて細心の注意を払うべきです。

商品力と対象者の選択方法がカギ

郵送・インターネット調査

顧客に対して、二重三重にコミュニケーションをしくみ化することがポイント。

●キーは商品力と対象者の選択方法

想定購入先に対する郵送型やインターネットアンケートで商品評価・購入意向を把握したうえで、販売ルートを構築していく方法もあります。ただし、評価してもらう商品やサービスの概要が、送付資料だけで説明できるケースに限られます。

説明が難しい場合は、訪問アポイントのきっかけづくりと考えたほうがよいでしょう。

郵送アンケートは回収率が低下する傾向がありますが、化粧品やサプリメントなどＢtoＣの商品では数多くの企業が展開しています。商品力と対象者の選択方法がキーと言えます。

●郵送リストの作成手順と送付

ベンチャー企業Ｆ社では、工場用清掃用品の顧客開拓手法のひとつとして、定期的に郵送アンケートを実施しています。送付先リストの作成手順は、

①まず、自社商品購入先の上位50社の業種分類を行ないます。できる限り細かく具体的に分類し、どのような業種で自社商品が多く使用されているかを把握して攻略対象業種とします。次に、東京商工リサーチ、帝国データバンクの企業要覧から攻略対象業種企業を選び出します。その際、全国47都道府県の優先順位を決め、都道府県単位でしらみつぶしにリストアップしていきます。

②さらに、リストアップされた企業のホームページ検索を行ない、工場の所在地などを確認します。ＨＰがない企業は、規模や与信上の問題から対象外に落とします。

③判明した工場に対して、商品のサンプルとアンケートを郵送し、アンケート回答をＦＡＸ返信してもらうしくみです。工場の担当者がわかれば宛名に記載し、サンプル・アンケート送付の案内と協力のお願いを別途メールしています。また郵送物には、当然ＦＡＸによる発注用紙も同封しています。

●郵送後のフォローとしくみ化

送付後１週間ぐらいを目安にアンケ

既存資料を活用した新顧客開拓の実施フロー

1. **攻略対象業種の選定**
2. **対象先リストの入手**
   ※図書館などの活用。企業リスト販売の会社もある
3. **調査対象、質問紙、コンタクト方法や回数など調査設計・調査企画のプランづくり**
4. **事前案内とお願いのＥメール（電話も併用すると効果的）**
5. **サンプル、アンケートなどの送付**
6. **電話による到着確認と協力のお願い**
7. **目標回収数を下回っている場合の対応策**

ートの回収状況をチェックし、未回収先へリサーチ担当が電話をかけてアンケートの到着確認とサンプルの使用促進を行ないます。アンケート回収先でも、必要があれば電話をかけ、商品改良の情報として役立てています。対象先を絞り込み、郵送とインターネット、さらに電話を組み合わせて顧客を獲得する手法は少々面倒ですが、しくみとしてシステム化すれば大きな成果を発揮します。

特に、生産財や中間財で有効です。郵送だけとかインターネットだけで試みる企業は多いと思われますが、単発ではなかなかうまくいきません。顧客に対して、二重三重にコミュニケーションをしくみ化することがポイントです。コミュニケーションは思った以上に伝わらないものです。面倒臭がらず、念には念を入れることが成功のカギです。

出展する展示会の選択がポイント

展示会会場アンケートによる対象先発掘法

検討意向の強い順に優先度をつけて企業をリストアップ。電話と直接訪問による販売ルートづくりを行なう。

●展示会来場者から売り先を知る

試作品はでき上がったものの、売り先がまったく想定できないというケースがあります。そういった場合は展示会に出展し、会場で来場者向けのアンケートを行なって売り先を発掘していく手法も有効です。

その際、出展する展示会の選択がポイントであり、事前に充分な情報収集を行なって最適なテーマの展示会・イベントを選ぶことが大切です。

●最適な展示会の選択

ベンチャー企業のＳ社は、新型サイン看板を開発しましたが、どのような売り先がいいのか見当がつきません。

そこで、看板広告関連の展示会に出展し、来場者アンケートを行なって販売ルートづくりの基礎データを得ることを計画しました。調べてみると、全日本屋外広告業団体連合会が開催しているサイン＆ディスプレイショーというイベントが最適という結論に至りました。早速、参加申し込みを行ない、ブースを確保して試作品のコンセプト表現や提案内容などの詳細を詰めます。出展計画と同時並行で会場アンケートのプランづくりを進めました。

●会場アンケートの準備

商品への関心度・評価、取扱意向度・検討度、望ましいと思われる商品供給ルート、購入意向価格などの質問を網羅した用紙を準備し、回答者への粗品も用意しました。

会場では、アンケートに専念できるよう、商品案内とは別にリサーチ担当２名を配置し、アンケートの記入スペースも設けます。アンケートの記入を任意に行なうやり方もありますが、回収率が大きく違ってきます。今回のようにアンケートの回収が目的であれば、専任を置いて回収に力を注ぐべきでしょう。展示会当日、ブース来場者の半分以上の方からアンケートを回収することができ、３日間で約１０００名を確保しました。

●ポイントは後フォロー

展示会終了後、来場者アンケートの

展示会を活用した新顧客開拓の概要

1. 最適なテーマ・展示会の選択
2. 展示会への出展計画づくり
3. ブース来場者へのアンケート実施企画
4. 回収アンケートの集計・分析
5. 分析結果から直接訪問を計画

※例）展示会アンケートの想定基本項目（必要に応じて取捨選択）

１．展示会来場の目的
２．見た中で最も関心を持った企業、ブース
３．これまでの自社のイメージ、認知状況
４．自社ブースの評価 ※総合評価、個別評価
５．自社ブースで注目点
６．商品○○への関心度、評価と評価ポイント
７．商品○○の最適販売ルート・販売業界
８．商品○○の取扱意向、検討意向とその際の条件等
９．営業フォローへの意向度
１０．営業フォローの際の折衝窓口と担当者
１１．展示ブース弊社担当者の評価と評価ポイント
１２．弊社展示会についての改善点、要望事項（どんなことでも）
１３．御社の企業タイプ、所属セクションと業務内容
１４．会社名など、記入者の属性
１５．個人情報等についての注意点

集計を行ない、回答者タイプ別に商品評価や関心度など、項目ごとの数値や望ましいルート、購入意向価格などを見ていきました。タイプ別の受容性や検討度などから、市場参入の可能性とそれを可能にするための商品の条件、改善ポイントなどがつかめました。

また、検討意向の強い順に優先度をつけて企業をリストアップし、事後フォローを行なうことになりました。具体的には、上位１００社に対する電話と直接訪問による販売ルートづくりです。

まず、電話フォローと訪問の日程をスケジュール化し、目標を設定します。電話フォローの目標は直接訪問の了解取付け数、訪問の目標は、取引検討意向数などの数値で設定します。数値化できない目標は、感覚的な評価になりがちで客観性に乏しくなります。数値目標を設定することが大切です。

商品に絶対の自信を持つのであれば有効

テスト販売モニターアンケート

使用者の体験に基づくアンケートを繰り返し行なうことで、商品価値をより優れたものに高めていくことが目的。

●モニターアンケートの目的

テスト販売は、化粧品や空気清浄機、掃除用品のように商品自体は成熟期にあるものの、既存品と比べて際立った特徴を持った新商品の導入時などに用いられる方法で、中間財や生産財では頻繁に実施されています。基礎化粧品などでよく見かける、お試しセットプレゼントもテスト販売・モニター販売のひとつです。

競争が激化している今日では、競合他社の後追いを招きやすい手法かもしれませんが、商品に絶対の自信を持つのであれば有効な方法です。

●テスト販売の実施ステップ

前述のベンチャー企業Ｆ社は、工場用清掃用品のテスト販売を実施する計画を立てました。商品は食品の洗浄殺菌液製造機器です。生野菜の洗浄に効果を発揮し、既存機器に比べて食品を傷めることなく、しかも高い殺菌効果を持っており、同タイプの商品はありません。

そこで、ジャパンショップに出展していた食品会社に着目し、生野菜を扱っていると考えられる企業をリストアップして、それらの企業に対して「商品のテスト導入作戦」をスタートしました。

まず電話で、簡単な商品紹介と直接訪問の可否を確認し、了解が取れた企業にお願い状を送付しました。

ＤＭ送付後、２回目の電話をかけて訪問のアポイントを取り付けます。直接訪問でテスト導入をＯＫした企業や工場に対して、導入時、導入後何回かに分けてアンケートを実施し、満足度の評価や使用時の個別の問題点などを明らかにしていきます。特に、中間財・生産財の場合は企業による使用条件が大きく異なることが多く、このアンケートは商品改良のヒントとしてたいへん有効です。

商品のテスト使用期間が完了し、最終的に導入の可否とその時の条件を詰めて導入・販売促進する一方、アンケート結果をもとにさらなる商品の改良

ある食品メーカーの商品モニターアンケート事例

※事例に一部加筆修正

Q１．あなたはふだん、どのくらいの頻度でお茶漬けを食べていますか。

１．毎日　２．２～３日に１回ぐらい　３．週に１回ぐらい　４．月に２～３回　５．月１回以下

Q２．あなたはふだん、どのようなタイプのお茶漬けを購入されていますか。

１．１回分ずつ個袋に入り、まとめてパックされたタイプ　２．ビンやプラスチックの容器に入ったもの
３．大き目のパックで何回も使えるタイプ　４．その他（具体的に→　　　）

Q２－SQ１．その理由を教えてください。

（具体的に）

Q３．商品を購入する際、気にしているポイントはどういうことでしょうか。

１．会社やブランド　２．原材料　３．好みの味　４．賞味期限　５．値段
６．その他（具体的に　　　）

Q４．好きな味や具材を２つ挙げて下さい。（例：さけ、梅、わさびなど）

１．　　　２．

Q５．お茶漬けの具材として○○を使用しましたが、お茶漬けと○○の相性はどう思われますか？

（具体的に）

Q６．本品の味はどう思われますか？

１．おいしい　２．ややおいしい　３．どちらともいえない　４．あまりおいしくない　５．おいしくない

Q７．本品は１袋２０gで２杯分です。内容量についてどう思われますか？

に努め、使用者の満足度を上げるべく注力します。

　つまり、現場での使用者の体験に基づくアンケートを繰り返し行なうことで、商品価値をより優れたものに高めていくことが「テスト販売モニターアンケート」の狙いと言えます。期間限定無料お試しキャンペーンをよく見かけますが、期間終了時の「売らんかな」の姿勢だけが目立ち、嫌気が差すことが少なくありません。利用者の使用評価を詳細にチェックするケースにお目にかかったことはなく、売上優先で、利用者本位とはほど遠いようです。

　こうしたプッシュ型のマーケティングに限界があることは眼に見えており、アンケートを利用した使用者の使用感・使用評価、満足度に視点を置いたマーケティングがそろそろ普及してもよいのではないでしょうか。

調査対象領域をどう設定するか

用途開発調査（生産財・中間財）

想定分野で、現状使用されている商品や部品の性能・機能・価格などを把握し、それに対してどの程度優位性が保てるかを判断する。

●用途開発調査の目的

用途開発調査は、既存商品や技術の応用展開が可能な分野・領域の探索などができます。想定分野で、現状使用されている商品・部品・部材の性能・機能・価格などを把握し、それに対してどの程度優位性が保てるか、それらに代替できる可能性はどの程度なのかを判断するための情報を得ることが目的です。

●対象分野・領域の設定

特殊塗料メーカーD社は現在、車タイヤ用として販売しているゴム用塗料の拡販を考え、販売可能な用途・分野の研究を行ない、現状の商品に蓄光機能を持たせることにしました。対象領域の検討を進めていく中で、自転車タイヤ、ダイビング用ウエットスーツ、工事現場用雨ガッパ、幼児用レインシューズなどの分野を第一次候補先としてピックアップしました。この4つの分野ごとに売上上位5社、計20社を選んで直接訪問し、用途開発調査を実施します。

●アンケートの設計と訪問計画

訪問時に行なうヒアリングは、人によってバラツキが出ないように質問項目を決めてアンケートを実施します。

項目の柱は、①既存素材の基本要求・要件、②既存素材個別の物性・特性・機能のスペック概要、仕入コストの概算、③代替品に要求される基本条件、④代替品に要求される個別要件とコスト、⑤代替を可能にする条件、といった内容です。面接対象は開発担当の技術者ですが、必要以上に技術の細部に入り込まないよう、誰が聞いても理解可能な質問と回答になるように心がけて設計しました。個別の技術細部にとらわれすぎると、類型化・パターン化が難しくなり、個別の企業だけにしか対応できなくなる可能性があり、市場での対応が難しくなるからです。

また、調査を実施する人員は技術者を避けて営業担当者を充て、回答内容がディテール中心にならないよう配慮しました。技術者は必要になった場

用途開発調査のステップ例

対象となる用途・分野の設定

↓

4つの用途・分野を設定

↓

分野ごとに、売上上位5社、計20社を抽出

↓

20社に対する訪問調査の実施

↓

質問の基本項目

1. 既存素材の基本要求・要件
2. 既存素材個別の物性・特性・機能のスペック概要、仕入コストの概算
3. 代替品に要求される基本条件
4. 代替品に要求される個別要件とコスト
5. 代替を可能にするための条件

合、後日再訪問する予定です。

●分野・領域の絞り込み

訪問ヒアリング調査がすべて完了し、回答結果をまとめました。その結果、自転車タイヤ、ダイビング用ウエットスーツ分野で有望と判断を下しました。機能面では、どの分野も受容性が高かったのですが、コスト面からこの2つに絞り込まれました。いずれも、高付加価値アイテムの新機能としての採用が有望視され、技術面、コスト面の詰めはこれからの予定です。

まずは、自転車タイヤ、ダイビング用ウエットスーツの代表商品を入手し、物性上の特性分析を行ないます。既存素材の上に塗るという商品の性格上、ベースとなる素材の細かい特徴や親和性などを把握する必要があるからです。

独りよがりな技術だけでは、商品として成り立ちません。

相手の立場やビジネスを充分に考えた調査

提案営業企画のための調査

得られた情報をどう翻訳し、目的につなげていくかがカギとなる。

●踏み込んだ企画書作成のための調査

パソコンの普及によって、一見見栄えのよい企画書が幅をきかせています。しかし詳細に見ていくと、一方的な思い込みや、ただ商品スペックを羅列しただけなど、中身の薄い書類が少なくありません。

提案営業では、モノやサービスの採用によって、相手がどれだけメリット・効用を得られるか、相手の立場やビジネスを充分に考えたプランを提示することが大切です。顧客が欲しいのはモノそのものではなく、そのモノを使って得られる効用や便利性・快適性だからです。そのためには、相手に一歩踏み込んだ提案企画書作成のための調査が役立ちます。

●大型スーパー本部向け提案

提案書作成のために調査を行なうことは、大規模なプロジェクトなどに限られ、通常はコスト面から難しいでしょう。生鮮食品メーカーK社では、新商品市場導入のため、大型スーパー本部向けの提案を行なうことになりました。費用や時間的な制約から、オープンデータを集め、それらを元に提案書を作成します。本部バイヤーは現状に満足し、新規メーカーとの取引に消極的と聞いているため、何とか突破口を探す必要があります。

●提案の背景データ

朝日新聞の調査で、「加工食品の購買行動」という調査結果を探し出しました。加工食品の選び方として、会社名・ブランドで選ぶ人は69％。その理由は、①品質管理がよさそう48・4％、②好みの味40・4％、③昔から買っている36・1％、④安全を重視していると思う36・1％、⑤有名27・0％、⑥素材がよさそう27・0％、⑦老舗20・5％、⑧利用する店にある13・7％、⑨過去に事件を起こしていない11・1％（複数回答）などが挙げられています。

データを検討すると、②③⑤⑦の項目はブランドの固定派と考えられますが、①④⑥はイメージ的要素が強く、

加工食品の購買行動

商品購入時、会社・ブランドで選ぶ人の理由、複数回答（%）

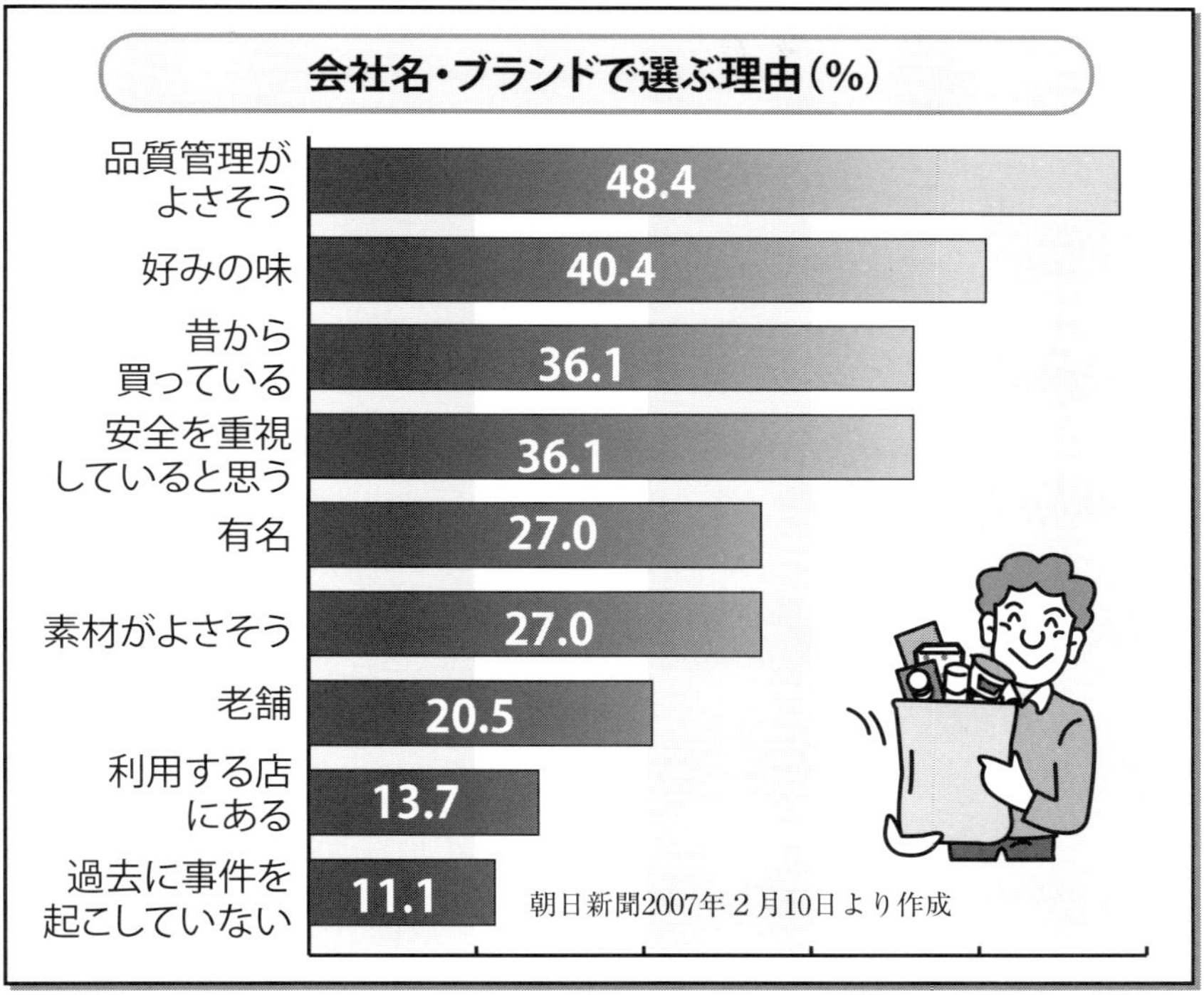

朝日新聞2007年２月10日より作成

思ったほど現状ブランドは強くないことがわかりました。また、⑧⑨のように、ブランドと関係の薄い理由も一定の数値です。

K社では、調査結果を背景データとして採用し、新商品の売場導入提案書として、「生鮮食品メーカーのノウハウを生かした新商品と売場づくりによる、お客様の集客と購買促進を図る」というテーマにまとめ上げました。生鮮食品で培われたモノづくり技術と、加工食品売場になかった生鮮食品風売場づくりを提案する企画です。

また、担当バイヤーの立場を考え、売場注目率を高め、回遊性を上げることでの客単価アップに貢献できる点を強調しました。

提案の結果、データに基づいた売場づくりの斬新さが受けて、スポット企画商品として売場導入されることになりました。

Column 3

情報機器を使いこなしているか?

小売店舗への情報機器の普及は飛躍的に進んでおり、量販店でPOSレジを使用していないところはほとんどありません。居酒屋チェーンでもタッチパネルで注文し、会計は自動的に計算されるところが増えてきています。店常設型の来店アンケートも、設置店が以前に比べて増えてきているように感じます。

しかし、集めた情報をどう活用しているかについては疑問です。ハード(情報収集)は進んでも、ソフト(使いこなす)については、どうもなおざりにされていると思わざるを得ません。たとえば、POSは単なる計算機という役割ではなく、集めた情報を集計・分析して品揃えや売り方を考えるデータとして役立つという効用があったはずです。しかし現状では、せいぜいPOS情報のアウトプットレベルに留まっているところが多いようです。せっかくの高額機器も、これでは宝の持ち腐れです。

ずいぶん以前の話ですが、京都に夫婦2人で経営している小さな薬局がありました。接客は奥さんが1人で行ない、ご主人はいつも事務室で作業です。この店では、毎月半ばにDMを出していました。ただし、お客様を6つのタイプに分け、そのお宅の家族構成に応じてDMの内容を変えるというやり方です。前月の購入実績をベースに、乳幼児がいるご家庭には離乳食や幼児用商品のサンプルやパンフ、高齢者がいるご家庭には高齢者向け健康食品のサンプルやパンフというように、顧客タイプ別のDMを毎月送り続けていました。もちろん、前月実績の高い方には特別サービスも用意しています。これら一連の作業を、基本的には手作業でやっていたということに驚かされました。

今はPOSレジやパソコンがありますから、使い方しだいではいくらでも経営に活用できる場面があると思いますが、どうも使いこなすことが苦手なようです。来店者アンケートも、いったいどの程度利用しているか、ついつい悲観的になってしまいます。

第 4 章

競争力調査

勝ち負けをどこで判断するか

競争局面の整理

競争力評価調査とは、競争のさまざまな局面に焦点をあて、その対策を検討するための手段。

●マーケティングは競争が前提

マーケティングは、「顧客の好意と購買と満足度をめぐる企業間競争の考え方と技術」です。会社は、企業間競争に打ち勝っていくことが基本命題ですが、競争のさまざまな局面に焦点をあて、その対策を検討するための手段が競争力評価調査です。

企業活動の機能・ファクターを競争場面ごとに見ていくと、①商品力、②営業力、③販促力、④広告力、⑤情報システム力、⑥流通力、⑦物流力、ということができます。

●競争力評価の中心となる商品力

企業の売上・収益の源泉は商品（サービス）に集約されます。競争力評価はこの商品レベルで、勝ち負けとその要因を検証・確認することが目的です。

特に、ブランドをめぐる競争が最もめまぐるしく、調査もそこにポイントを絞って行なうことが多くなります。ブランドとは、「ある売り手の商品・サービスを他の売り手の商品・サービスと区別するための名称、デザイン、シンボル、およびそれらの組み合わせ」です。経済情勢や社会構造の変化に伴い、生活者の意識、価値観、ライフスタイルなどの変貌や長期的な企業活動が集積された結果として確立されたものがブランドです。

ブランドを支えている基層や背景は幅広く、しかも奥が深く、経済学や社会学、心理学、人類学などの分野が関わってきます。そのため未知の領域が多く、調査も多岐にわたってさまざまな試みがなされているフィールドでもあります。

●競争力をハードとソフトで考える

商品に関わる問題をハードとソフトに分けて考えると、ハードは商品そのものに関する部分です。その他の営業、販促、広告、情報システム、流通、物流など、商品を生活者に届けるための企業活動に関わる要素は、ソフトということができます。調査の分類で言えば、直接的にハードである商

マーケティング活動と商品の関係

品・ブランドそのものを問題にして競争関係の解明を試みる商品の競争力評価調査と、営業などの企業活動の諸領域＝ソフト部分を明らかにする営業力評価や販促力評価などの調査に大別されます。

この両者は、対象となる個々の商品＝ブランドに即して組み合わせて設計されることが通常ですが、わかりやすく整理するために、本章では分けて考えてみます。

新商品の売上が思わしくないことで、企業内で議論が白熱することは日常で、その際、商品企画や生産など商品に関わる部門と販売・営業関連部門が対立する図式は、よくある光景です。問題は、さまざまな要素がからまって、結果として現れることが多いのですが、前述のように商品をハードとソフトに区別して冷静に整理すると問題点が明確になってきます。

商品そのものに絞って評価する

商品の競争力評価①

実際の売場に極力近づけて、商品をできる限り「はだか」の状態にして、評価してもらうことがポイント。

●商品そのものを評価する

純然と商品そのものを評価することは、なかなか難しい側面があります。

それは、商品はパッケージやブランド名を冠して初めて商品と言えるのであって、それらがないものは、製品とも言うべき「モノ」です。しかしパッケージには、商品名以外にブランド名や企業名などが記載されるため、商品以外の要素を含めて認識される可能性が大です。そこで商品力を評価するにあたっては、できる限り「はだか」の状態で商品を提示しなければなりません。

生活用品メーカーのS社は、ハンガーの商品競争力を確認するために、20～40歳代の女性を対象にグループインタビューを計画しました。自社主力ブランド及び競合していると考えられる数社の該当ブランドを用意し、パッケージはもちろん、商品に刻印されているメーカー、ブランド名の記号を削り落とし、一見どこのメーカーか識別できないように工夫しました。

●使用実態とブランド志向度把握

調査項目は、ハンガー購入時の商品比較の方法と選び方、最終購入決定時のポイントに絞りました。インタビュー会場に、陳列什器を持ち込み、ホームセンターで通常見かけるハンガーの定番売場を再現しました。

参加者には、事前にアンケートを行ない、ハンガーの使用実態、購入動機・きっかけなどの項目に加えて、一般的なブランドへの考え方や生活用品でのブランド志向状況を把握しました。ブランド志向の強い人が、生活用品やハンガーでもブランドを意識しているのかどうかを知るためです。

●インタビューの実態

インタビューは、生活者の買物行動のプロセス仮説に沿って進めていきます。実際の買物をイメージしてもらい、手に取る商品を選ぶ場合のポイント、その際のチェック事項、商品を比較検討する際の重視点、といった事柄について詳細に聞き出していきまし

購買行動のプロセス仮説（例）（一般的な商品）

1. 店舗訪問時、特定商品・特定分野の購買予定の有無（事前）
2. 購買予定商品ありの場合、その動機・理由
3. 当該売場立寄りのきっかけ・動機、理由
4. 特定商品に注目する際の注目ポイント、注目理由、ＰＯＰの効果
5. 特定商品を手に取る際の注意点、観察事項、チェック事項
6. 特定商品を購買検討まで至る際の条件、理由、きっかけ
7. 比較検討の有無と理由、条件、比較検討ポイント
8. 最終購買決定する際の重視点、決定要因

た。

最後に、最終的に購入を決める際、最も決め手になることは何かという点を深く掘り下げました。

その結果、ハンガーの購入選択にはブランドの関連は薄いものの、ブランド志向の強い人は、ハンガーを機能よりもカラーやデザインで選ぶ傾向がある一方、ブランド志向ではない人は、ハンガーを機能重視で選んでいること、などが判明しました。また、Ｓ社のハンガーはデザインで競合他社に差をつけられていることもわかりました。

今後の方向性として、商品全体のデザイン戦略の見直しを行ない、さらにブランド志向が強い人向け商品と機能重視の人向け商品に分けて商品ラインを設定し、それぞれの特性に応じたモノづくりを目指すことになりました。

実際の店頭に並べて商品を評価する

商品の競争力評価②

事前の設定・準備に手間はかかるが精度は高い。

●商品の構成要素

商品は、商品そのものの機能以外にパーケージデザインやパーケージに表示されているネーミング、記載されているコンセプトメッセージなども大きな要素となります。これらは切り離すことが難しいのですが、区別して評価をとることも可能です。

●パッケージ評価のための店頭調査

トイレタリーメーカーのH社は、台所用品の市場導入にあたり、パッケージの競争力をつかむためにテスト的に店頭に並べ、導入初期の売行き動向を探ることになりました。パッケージ案が2案あり、どうしても最終結論が出せなかったことが大きな理由です。一案は、全体に落ち着いた色調、タテ表示で、コンセプトメッセージが長いもの、もう一案は明るい色調、ヨコ表示で短いコンセプトメッセージのものです。

調査は、H社が懇意にしている卸の根回しで静岡県内の中堅スーパーから、立地や規模が偏らないように40店を選び、1ヶ月間のテストマーケティングで行なうことになりました。

●テストマーケティングの実際

売場展開にあたっては、極力通常の状態で把握するために、特設コーナーではなく定番売場で競合品と並べて陳列し、販促ツールも付けません。調査の性格上、H社が調査主体であることを売場でオープンにしてあります。

店頭導入2週間後、専門の調査員が各店舗を訪問し、導入後の売行き状況をヒアリング調査しました。売場の陳列状態や売行き数量に加え、顧客の購入状況をチェックしました。売場訪問では、店舗の裏側にある商品搬入口を利用します。通常のルート営業のように、受付でH社から来た旨を伝え、入店手続き後、社員通路を通って売場へと向かいます。ヒアリングの主対象としたのは、売場担当のパート従業員です。通常スーパーでは、社員は2～3年で転勤していくため、実際に売場を熟知しコントロールしているのは、社

テストマーケティングの概要

テストマーケティングの定義	新商品の全国展開など、本格的な市場導入の前に、限定したエリアで、商品をテスト的に導入して、マーケティング施策の有効性等を確認すること
テストマーケティングの実施状況	所得などの民力水準が全国平均に近いこと、商圏的に独立し、媒体が他地域からの影響を受けにくいことなどから、静岡、広島、札幌などが選ばれることが多い。コンビニのレジ前・特設売場で新商品をテスト販売しているのを見かけることもある
テストマーケティングの動向	テストマーケティングは本来、食品や日用品など、大量販売を前提とした商品ブランドのマーケティング・シミュレーションのしくみだが、最近定義や運用が違ってきている。会場テストやホームユーステストをテストマーケティングと称するマーケティング会社があったり、ネット広告や地域ミニコミ誌へのトライアル出稿をテストマーケティングと呼称する例などもある。マーケティングという言葉がトレンド化したことの影響と思われる

員ではなくパートの従業員です。売場担当者の了解を得て陳列写真を押さえ、必要事項をチェックし、担当者に質問を行ないました。メーカーの個店訪問活動とほぼ同じスタイルです。

注意点は、H社の社員という立場で訪問していることを常に忘れないことです。お客様が通りかかると、「いらっしゃいませ」などの言葉をかけます。行動の一挙一動がH社の評価につながるため、充分な配慮が欠かせません。調査の結果、明るい色調・ヨコ表示タイプの売行きがよく、競合品にも引けを取らない評価で有望という結論を得ました。

もちろん、協力してくれたスーパーには、調査結果の概要を報告し、今後の拡販に向けて、よりいっそうの協力をお願いしました。一度培った関係性を大切にすることもマーケティングの基本です。

お客様の評価を率直に知る試み

店舗の競争力評価

調査によって店舗の実態をきめ細かくチェックして、競争力を把握する。

●商品としての店舗を考える

流通業にとって、店舗は商品を陳列して販売する施設ですが、顧客の立場で考えると、店舗そのものも商品と言うことができます。

見方を変えると、施設、扱い商品、売場はハードにあたり、各種サービス、従業員、運営システムなどがソフトとなります。

競争激化の一途をたどる顧客接点ですが、調査によって店舗の実態をきめ細かくチェックして、競争力を把握する試みの事例は多くありません。

●想定商圏の設定

大都市郊外のベッドタウンに十数店舗、食品スーパーを展開するＹチェーンは、ここ1年売上不振が続くＤ店の見直しのため、郵送型の商圏調査を計画しました。

調査を行なう商圏範囲は、１分間に70m歩くと考えて徒歩15分程度とします。Ｄ店から１０００ｍ前後、自転車やバイクの利用を考えても１５００ｍ程度となります。地図を見ながら、主要な道路で区切られるブロックごとに想定商圏をマークしていきます。

想定商圏を大きく５つのエリアに分け、それぞれのエリアごとに世帯数を算出すると、１万２５３０世帯となりました。

統計的信頼性から見て、目標回収数を４００件と設定、回収率を５％と想定して逆算すると、８０００世帯が郵送対象となります。これを各エリアに比例配分し、該当世帯へアンケートを郵送しました。

通常、郵送型アンケートの回収率は０・５％とか１％と言われていますが、調査の実施主体をスーパーＤ店であることを明記して、日頃のご愛顧の御礼を兼ね、「より、ご満足いただける店づくりのための買物調査」という趣旨の徹底を図ることで、少々高い回収率を想定しています。質問は、食品・日用雑貨20品目について、自店と想定競合店10店の利用頻度を柱にした項目を設定しました。

神奈川県平塚市の買物調査事例

1. 調査主体：平塚市経済部商業観光課
2. テーマタイトル：平成17年度商業アンケート調査
3. 調査設計、1）対象者：平塚市在住の16歳〜70歳までの女性2,000人
　2）サンプル抽出方法：住民基本台帳から単純無作為抽出
　3）調査方法：郵送法（郵送による配布及び回収、督促状１回）
　4）調査期間：平成18年2月
4. 回収状況：有効回収票数1,274票（対象者数2,000）、有効回収率 63.7%
5. 回収結果（一部）

店舗選択理由（3つ選択）

	割合（%）	サンプル数（人）
合　計	100	1,274
品揃えが豊富	46.8	596
近いから	45.3	577
値段が安い	40.4	515
品質・鮮度がよい	35.6	454
駐車場がある	31.6	403
センスのよいものがある	24.1	307
ポイントサービスがある	20.6	263
１ヶ所で間に合う	16.2	207
交通の便がよい	10.7	136
店に信用がある	7.8	100
接客サービスがよい	4.4	56
スタンプサービスがある	2.7	34
顔なじみだから	1.5	19
その他・無回答	1.3	17

●調査結果の読み取り

最終回収率は４・７％で、当初の目標を下回りましたが、回収総数３５０件を超え、統計的処理には堪えられそうです。

集計の結果、半年前に改装オープンした生鮮市場Ｗに多くの顧客が流れています。Ｄ店の柱である生鮮三品での流出が大きいようです。生鮮市場Ｗは、店から１５００ｍ離れていますが、改装後、産地直送の生鮮食品を柱に、従来の市場とスーパーを融合させた新しい形態で店づくりを行ない、育児施設や駐輪場、タイヤの自動空気入れ機を設置するなど、地域の人たちを考えた店舗が多くの顧客を引きつけているようです。

Ｄ店では調査結果をもとに、店のリニューアルプランづくりに着手することになりました。

購買接点＝自販機の購入者調査

自動販売機での競争力評価

設定や運営に手間はかかるが、実践的な対策につなげられる。

●市場背景と調査企画の動機

日本の自動販売機市場は、世界でも類がないほど巨大な市場で、全国で約４２７万台が設置されており、そのうち飲料に関するものは約２６６万台と6割を占めています（06年末・工業会）。売り物である飲料のメーカーは、絶え間ない商品開発と最適な展開場所の確保にしのぎを削っています。自販機チャネルに力を入れている大手食品メーカーF社では、1年前から20～30歳代をターゲットに、自販機市場中心に新健康飲料を導入しましたが、半年前に競合メーカーが同様のコンセプトの商品を発売、その影響からか売上の伸びにかげりが出てきました。そこで、自販機市場での競争力を確認して、今後の対策のための課題を見出したいと考えています。可能な限り、多くの顧客が集まる顧客接点で、ブランドごとの購買実態をつかみ、課題発見の手がかりにするのが目的です。

●調査のしくみ

調査のしくみは、調査地点に調査員を配置し、毎月1回12～14時間、自販機の個別アイテムごとに、購入商品と購入者の属性概要をつかむ、というもの。対象エリアは東京と大阪に絞り、異なるメーカーの自販機を同時に8台以上設置している主要ターミナル近くのロケーションで、それぞれ10ヶ所を設定しました。候補場所探しは困難をきわめましたが、候補先としてそれぞれ20ヶ所をリストアップし、F社がベンダーを通して、自販機オーナーへの事情説明と協力要請を行ないました。

この調査は、現場に張り付いて実査を行なうため、設置場所の所有者の協力が得られないと難しく、あえて実施企業名を明かしてお願いをしました。協力を断るところも多く苦労しましたが、何とか目標数を確保することができました。

チェック項目は、時間別、自販機別、ボタン別、購入アイテムと数量、外見から判断した購入者の年代、性別、職業、といった内容でした。

競争力評価・調査設計例（一部）

（事例）顧客接点調査―日用品の場合

1. 実査最適チェーン、店舗の選択
2. 実査対象店舗への根回しと説得
3. 対象売場への調査員の派遣
4. 対象売場で、該当商品購入者への面接調査の実施
5. 売場調査実施後、後日面接調査実施者へのフォロー調査（電話）

競争の局面は、購買動機や顧客接点ごとに考える

動　機	購買行動	典型商品	中　心　接　点
補充	なくなったから買う	洗剤、ビール	ディスカウンター、ホームセンター、ドラッグチェーン、Web
選択	どれにしようか	野菜、ワイン	食品スーパー、専門店
ジャスト	いますぐ消費	おにぎり、雑誌、缶飲料	コンビニエンスストア、キオスク
サービス	モノでなくサービス	食事、リモデル	レストラン、リモデルショップ

注）『“売る力”を２倍にする「戦略ガイド」』（水口健次・日経文庫）より作成

●調査結果からの方向づけ

３ヶ月間調査した結果、F社が当初ターゲットとして考えていた若い年代の購入者が予想以上に少なく、40～50歳代の購入者が多いということがわかりました。

それに比べて競合ブランドは、最初から40歳代に焦点を絞ってプロモーションを展開しています。そこでF社は、ターゲットや広告、販促などの戦略をもう一度見直し、ブランドの再構築に着手することにしました。

当初からの若い世代をターゲットに強化するか、それとも競合があるものの一定の需要を獲得している40～50歳代を強化するべきか議論は二分されましたが、当初からの方針である若い世代向けのコミュニケーション戦略がまだ不充分であるとして、広告など告知媒体や販促策を練り直すことにしました。

Section 6

「眼に見えにくい」営業力を評価する

営業の競争力評価

実際の現場担当者の評価をつかみ、対応策を検討する。

●メーカーの顧客接点強化

営業は、企業活動コストの回収が最大の役割です。メーカーで言えば、研究開発から製造、販促、物流、情報システム、それに営業活動に関わる諸費用を、社会の価値として交換する役目を担っています。モノの流れは、メーカー→卸→小売店というのが通常ですが、顧客接点をめぐる競争激化で、メーカーは小売店への直接訪問をよりいっそう強化しています。

食品メーカーU社では、立て続けに新商品の市場導入を図っていますが、小売店店頭への導入が進んでいません。そこで、特に店頭導入の遅れが目立つ中小食品スーパー本部と店舗への営業力評価調査を実施する企画を立案しました。

●調査企画の背景

U社ではこれまで、全国チェーンや地域有力チェーンについては、卸の本部折衝への参画などの営業強化を進めてきました。また地域の中小チェーンについては、卸の営業にまかせて自社フォローを避けていました。しかし最近、ある競合メーカーが地域の中小チェーンへのフォローを強めています。外資系の店頭販促会社を起用して個店巡回を強化し、巡回結果を踏まえた本部提案を行ない、功を奏しているようです。競合先の活動に対するチェーン本部の評価や意向をつかみ、今後の施策を検討するうえでの参考データとするのが調査の目的です。

●調査の概要

今回、テストケースとして、首都圏でも目の行き届きにくい埼玉県を選び、3~9店を展開する食品スーパー23チェーンを調査の対象としました。これがうまくいけば、首都圏全域に広げていく予定です。調査は本部と傘下の店舗各3店を選び、それぞれ直接面接調査で行ないます。項目は、自社、競合メーカー営業員の訪問頻度、訪問内容とその評価、折衝力と好感度評価、企画提案内容評価などです。

●アポイントの取り方

営業力評価の調査項目（案）

1 基本営業活動

・訪問頻度　・訪問内容　・店頭フォロー　・折衝力　・売込み力
・営業員イメージ

2 提案営業

・商品説明力　・販売計画提案力　・売場及び売場構成提案力
・他店事例提案力　・業界情報提案力　・問題解決提案力
・提案企画作成力　・担当者の人柄　・マインド

3 組織営業

・個店フォロー員との連携　・マネジャーや役職者との同行
・技術スタッフの訪問　・卸との連動

4 取引条件など

・掛け率　・販促費　・デリバリー　・催事企画など　・返品

5 卸・ディーラー

（略）

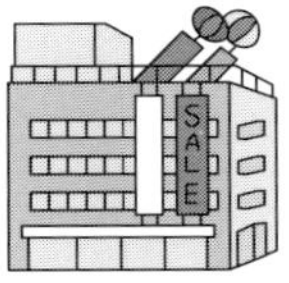

本部バイヤーは多忙をきわめています。通常のアポイントの取り方では、まず会ってはくれません。まず文書でお願い状をバイヤー宛に郵送し、届いた頃を見計らってEメールと電話を入れました。商談中で本人がつかまらないことが多いのですが、在席の時間を聞き出して何度も粘り強く電話するうちに、何とかアポイントを取ることができました。個店訪問のほうもバイヤーの了解が得られたので売場責任者を訪問し、本部への質問に準じた項目でヒアリング調査を実施します。

訪問にあたっては、該当市場の規模や推移、生活者・消費者の動向などの提供情報を準備しておきます。前述のように本部バイヤーは多忙なため、思った以上に市場を俯瞰するような情報を持っていません。情報を一方的に得るだけでなく、〝ギブアンドテイク〟も必要でしょう。

広告の効果をどう把握するか

広告力の評価

調査による検証と確認によって、より効果的な方法の検討に示唆を与えてくれる。

●広告の役割

広告は企業の情報戦略の一環であり、成熟した大衆消費社会にとって不可欠なものです。また広告は、企業間競争の最も華々しい部分であり、コストがかかりリスクも大きいのですが、競争力を含めて、その効果を着実に検証・見きわめながら展開している企業は多くはありません。目先だけで独りよがりな広告は、企業活動にとって大きなロスです。調査による検証・確認は、目指している方向とのズレを修正し、より効果的な方法検討に示唆を与えてくれます。

●調査の動機

薬品系メーカーのT社は、女性をターゲットにした洗顔用美白洗浄液を市場導入しました。T社にとって新規分野であるため、市場への浸透に時間がかかり、類似商品も多いことからテレビCMを控え、雑誌や交通広告などの活字媒体やネット広告を中心に1年間進めてきました。ネット広告は、随時アクセス状況がわかりますが、雑誌や交通広告は効果の程度を把握できません。そこで、広告及び商品（ブランド）の浸透状況をつかむための調査を企画しました。時間的な制約があり、東京・大阪都市圏対象に電話調査を行なう予定です。

●調査項目の設定

調査の項目としては、①商品認知—洗顔用美白洗浄液の認知、②洗顔用美白洗浄液での認知ブランド名—純粋想起、③洗顔用美白洗浄液—ブランド名の再認認知、④ブランド別認知経路・認知手段、⑤ブランド別認知媒体名、⑥ブランド別認識イメージの内容、⑦ブランド別購入経験、⑧現在の使用ブランド、⑨ブランド変更の場合、その理由、などを設定しました。20～40歳代の女性４００名を回収目標とします。競合他社との差が、広告手段なのか、頻度なのか、コンセプトなのか、を明らかにするのが目的です。

●調査結果からの判断

この調査の結果、トップブランドと

日本新聞協会「2005年全国メディア接触・評価調査」結果（一部）

媒体別広告接触後の行動（%）

※一部を省略、言葉など要約した

分野	行為・行動	媒体広告		
		新聞	テレビ	インターネット
不動産	発売内容を知った	18.6	14.8	3.6
	物件を見に行った	6.9	5.2	2.4
映画	公演内容を知った	34.5	55.2	12.6
	映画を見に行った	24.8	25.3	11.3
金融	商品内容を知った	24.3	21.3	7.9
	特典を利用した	9.4	4.9	4.2
百貨店	案内の内容を知った	26.0	30.2	4.0
	百貨店に出かけた	12.7	12.0	2.8
旅行	案内の内容を知った	27.7	13.2	14.8
	特典を利用した	9.2	3.7	11.5
求人	求人内容を知った	29.0	5.1	10.0
	求人に応募した	6.8	1.8	5.2

の差は、選択している広告媒体の違いが大きいことがわかりました。T社は、一般女性誌中心に広告展開を行なっていたのですが、トップブランドは、女性ファッション雑誌の美容関連特集や美容関連コーナーに絞り込んで広告出稿をしており、それがブランドイメージの差になっています。

また、単なる商品紹介ではなく、技術的に掘り下げて商品のベネフィットをわかりやすく説明していることも好感を得ている要因となっていました。早速T社では、最適な広告媒体とメッセージ内容の検討に入りました。

まず、女性向けファッション雑誌、美容関連雑誌をひと通りつかむことからスタートしました。それぞれの雑誌媒体のターゲットや編集方針、発行部数、広告掲載企業の概要などを整理したうえで、最適媒体を絞り込んでいきました。

やりっ放しのプロモーションはロスにつながる

販売促進（プロモーション）の評価

消費者キャンペーンとセットで展開され、商品の市場への浸透に弾みをつけるプロモーションの効果を実証的に確かめる。

●販売促進の役割

　販売促進は、短期的な購買促進を刺激する手段であり、サンプリング、クーポン券、値引き、懸賞、コンテスト、デモ販売、大量陳列などがあります。

　ほとんどの場合、これらは組み合わせて実施されますが、さらに広告宣伝を連動させることも多く、一般顧客以外に流通段階の卸や小売店まで対象にして行なわれます。スーパーの店頭でよく見かける大量陳列は、こうした消費者キャンペーンとセットで展開され、商品の市場浸透に弾みをつけたり、競合ブランド対策が動機となります。

　広告費を含めて膨大な予算を必要とするため、その効果の測定が望ましいのですが、現状は主に外資企業中心に実施しているようです。

●キャンペーンと効果測定

　食品メーカーのＮ社では、２年前に市場投入した新タイプの健康飲料のキャンペーンを先月まで実施しました。景品付き販売＋懸賞付き販売で、テレビ、ラジオ、新聞、雑誌などの他、店頭ポスターや試飲デモ販売も組み合わせて行ないました。初めての試みだったためキャンペーンの効果を確認し、来年の実施企画に反映させることを目指しています。同時期に、後発ブランドもプロモーションをぶつけてきたため、競争力をつかむ必要もありました。キャンペーンのしくみが複雑で、質問の流れが前後するとまずい個所があるため、訪問面接型の調査が望ましいと判断しました。

●質問の構成

　質問の柱は、①該当商品及びブランドの認知・使用状況、②一般的なキャンペーンに対する態度・行動、③今回のキャンペーンの認知状況（自社・競合他社）、④今回のキャンペーンの応募状況としくみの評価（自社・競合他社）といった内容です。競合ブランドとの差異をくわしく見るため計８００サンプルを設定し、東京４００、大阪

販売促進（プロモーション）の基本フレーム

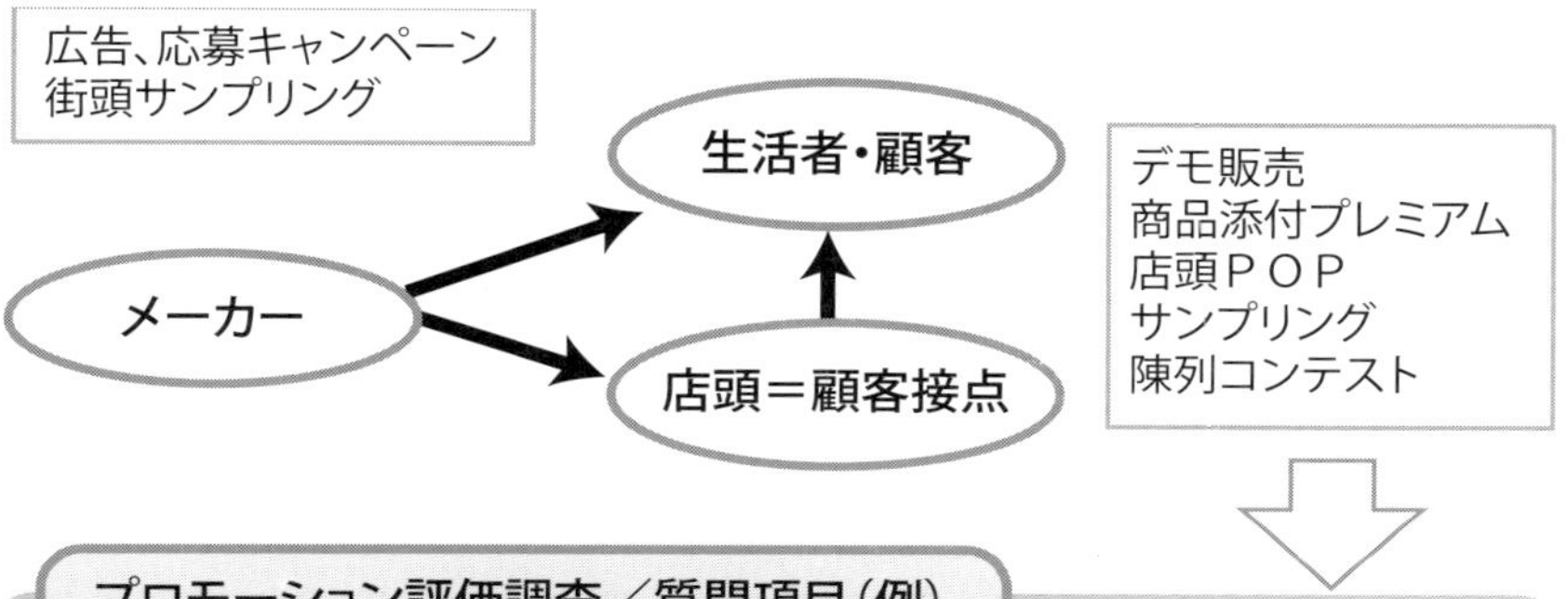

プロモーション評価調査／質問項目（例）

1 商品認知

①商品の再生認知　②ブランド別再認認知　③ブランド別使用経験（過去1年間）

2 使用経験

①過去1年間最多使用ブランド　②過去1ヶ月の使用経験ブランド
③（非利用者も含め）商品の今後の利用意向　④ブランド別利用意向

3 ブランド別プロモーション

①商品のプロモーションの認知　②ブランド別プロモーションの認知
③ブランド別プロモーションの認知経路　④ブランド別プロモーションの認知内容

4 商品プロモーション

①商品プロモーションへの応募有無と応募者　②商品プロモーションへの応募発案者
③商品プロモーションへの応募理由　④商品プロモーションへの応募口数
⑤商品プロモーション店頭販促物の認知　⑥商品プロモーション店頭販促物の利用状況
⑦商品プロモーション・しくみや景品評価

４００としました。

●調査の結果

調査の結果、該当商品のキャンペーン認知は約40％だが、N社キャンペーンの認知は約30％で、景品や応募方法からの認知が中心となっており、主に新聞とテレビが認知経路であることがわかりました。肝心の競合ブランドとの比較では、認知構造には差が見られなかったものの応募率で約6倍の差をつけており、キャンペーンのしくみや景品内容の魅力度では勝っていることがわかりました。

年代別に特徴を見ると、認知レベルでは比較的若い世代で、競合ブランドに多少差をつけているものの、年代が上がるにしたがって逆に差をつけられる傾向が読み取れます。キャンペーンの告知媒体を若い世代をターゲットに選択したことが要因かもしれないと、新たな仮説を設定しました。

店の経営姿勢や取り組み方にまで踏み込む

小売店の評価

営業活動の中身まで浮き彫りにすることで、競合店対策が浮かんでくる。

●ＰＯＳの数字の裏側を知る

　ブランド間の競争は、最終的には売行きの競争であり、ＰＯＳデータを見れば、どのブランドがどれだけ売れたか一目瞭然です。しかし、ＰＯＳデータはあくまでも売れた数字であって、なぜ売れたのか、あるいはなぜ売れなかったのかという理由はわかりません。また、ＰＯＳレジの普及は進みましたが、売上や発注などの店舗管理面での運用が主体で、商品の品目別や分野別などの集計分析はほとんど行なわれていないのが実情です。

　ＰＯＳレジの数字の裏側に潜む背景を探ることで、要因を探ることが可能になります。

●調査の背景

　焼酎メーカーＳ社は、10年ぐらい前から新商品開発に力を注ぎ、中堅企業としての地位を確保しましたが、ここ2年ほど前から売上が伸び悩んで低迷状態に入っています。特に、昨年発売した新ブランドの売上不振が大きいようです。今後の方向を見定めるために、酒販店に対する競争力評価調査を実施して、今後の解決策を見出すことを計画しました。

●調査対象先の設定

　酒・アルコール飲料の顧客接点は、大きく様がわりしています。総務省・事業所統計（平成16年）によると、酒小売業全体は、3年前に比べ約20％減少しています。しかし規制緩和が進み、スーパーやコンビニでの取扱いは拡大する一方です。つまり、従来数多く存在した街の酒屋が大きく減ってきていることに他なりません。

　このような前提に立って、Ｓ社では調査の対象先を大型スーパー、中小スーパー、ディスカウンター、コンビニ、酒類専門店、従来型酒販店など、幅広い業態で設定しました。

●酒類販売店の調査

　調査は、取扱い焼酎メーカー及び注力メーカー・ブランド、注力理由、メーカー別訪店頻度・訪店内容、メーカー別評価のポイント、望ましいメーカ

特定メーカーに対する活動評価

売上の上位店・下位店比較（%）

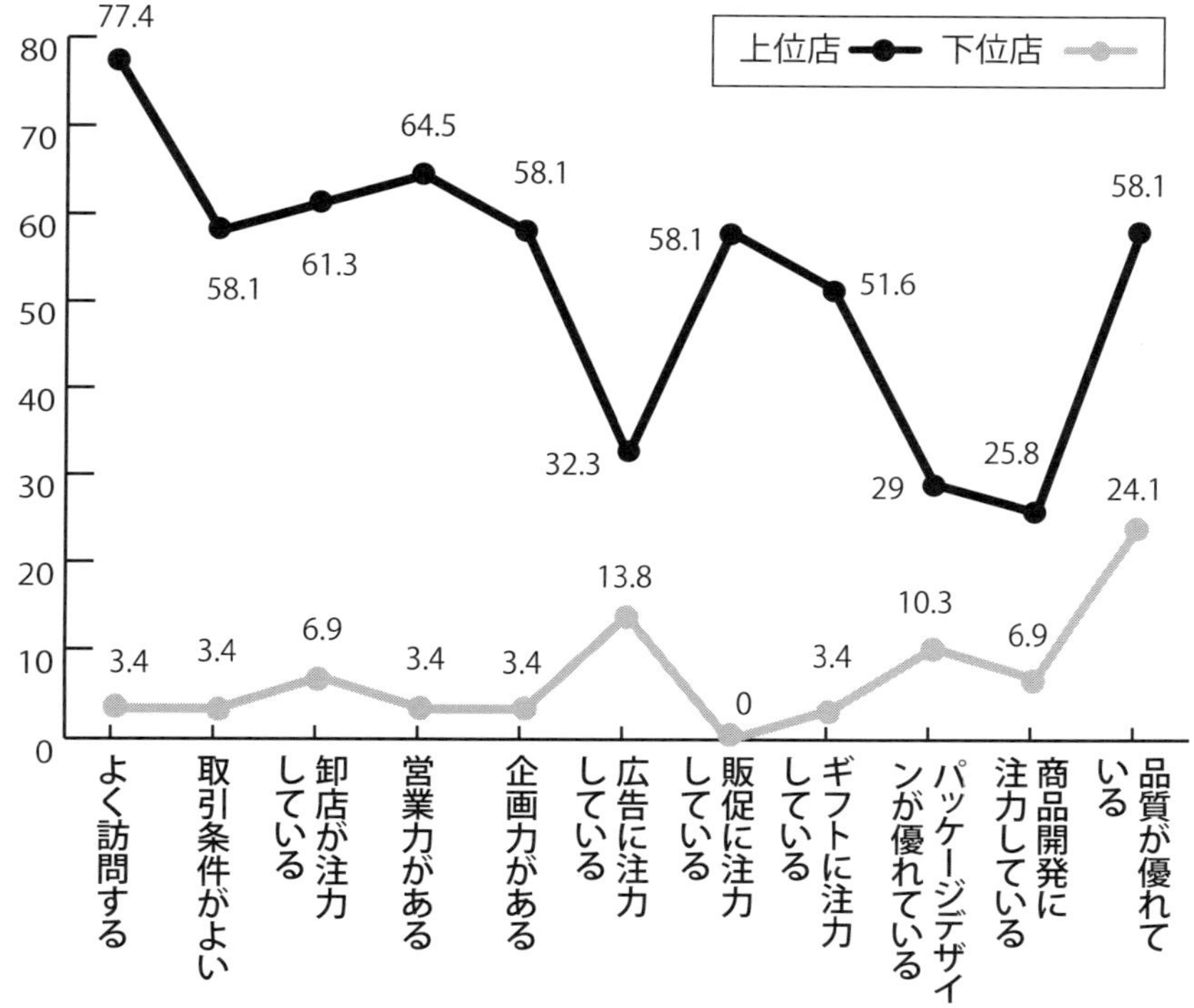

ーのバックアップ策などについてヒアリング調査を行ないました。

調査の結果、S社営業マンの訪店が少なく、また売り方に対するきめ細かな支援が不足している一方、トップメーカーは確実な定期訪問と売り方や販売促進策など、一歩踏み込んだ提案を繰り返し行なっており、そういった活動が酒販店から評価され、注力している理由となっているようです。

S社ではこれらの結果を受けて、訪問先の見直しや訪問活動のあり方の体系化・再構築を行なうことに踏み切りました。まず、自社営業員の活動内容の実態について詳細をつかみます。さらに訪問先別の訪問頻度や訪問活動内容、訪問課題や達成目標などくわしく社内調査して、現状の営業活動の概要を把握していきます。現状を踏まえない改革は「絵に描いた餅になる」ことを熟知しているからです。

ブランドごとの相対比較を行なう試み

ブランド浸透競争力評価

ブランドが市場にどの程度浸透しているか、競合ブランドとの相対比較を行なう。

●ＢＲＡ（ブランド市場浸透水準の多段階測定）

ブランドが市場にどの程度浸透しているか、競合ブランドとの相対比較を行なう手法に、ＢＲＡ（Brand Rating Analysis：日本マーケティング研究所が開発）があります。古くからあるシンプルな分析ですが、問題点を的確に把握することができ、解決への方向性も明確になります。

●ボディシャンプーの売上不振

トイレタリーメーカーのＭ社は、ボディシャンプー市場に参入して10年経ちますが、売上が思うように伸びず、一方では基幹商品だった化粧石鹸の売上がジリジリと下がってきていました。

これまで、本格的な市場調査は経験がなかったのですが、今後10年の経営戦略を考えるために、新規分野と位置づけるボディシャンプーの調査を行ない、その結果をもとに戦略を練り直して売上拡大を目指すことになりました。

●調査設計

ＢＲＡでは、当該ブランドと競合ブランドについて、再生認知（Ａ）、再認認知（Ｍ）、試用経験（ＴＵ）、現在使用（Ｕ）、使用意向（Ａｃ）、継続使用意向（ＬＵ）の６つの項目をつかみ、分析指標として問題点を明確化して解決の道筋をつけます。項目は、ブランドの選択理由、ブランドイメージ、価格弾力性なども併せて用意しました。対象者は20～40歳代の主婦で、東京地区３００、名古屋地区３００、大阪地区３００を設定し、正確を期すため訪問面接調査で設計しました。

●調査結果の分析

当面競合上の目標としているＮ社ブランドとの比較で見ると、広告出稿量に相関する傾向がうかがえて、再生認知、再認認知ではそう大きな差は見られません。その反面、試用経験や現在使用、使用意向で差をつけられています。試用経験の差が、そのまま現在使用、使用意向の差に反映されているよ

ブランド調査の質問紙例

問１．あなたは、入浴時に身体を洗う際に使用するボディシャンプーをご存知ですか。（Ｆ．Ａ）

１．知っている ──→ （問１―Ａ）ブランド名 ＿＿＿＿＿＿＿＿

〔問１．で「１．知っている」と答えた方へ〕

問１―Ａ．それは何というブランドのものでしょうか。

※メーカー名を答えた場合、「あなたは今△△とお答えいただきましたが、その名前の会社が出しているブランドをお答えいただきたいのですが」と質問し、その回答をブランド名の欄に記入する。

２．知らない ──→ 問２．へ

〔すべての方に〕

問２．＜「ブランド写真」提示＞この写真の中であなたがご存知のものがありましたら、すべておっしゃってください。（M・A）他にはございませんか。

○○○	△△△△	××××	□□□□	その他（　　　）	知っているものはない
1	2	3	4	5	6

問３．＜「ブランド写真」提示＞お宅では、最近１年間にこの写真にあるような商品をお使いになったことがございますか。（Ｓ・Ａ）

１．使った ──→ 問３－Ａ．へ　　２．使わない ──→ 問４．へ

※以下略

うに読み取れます。また、現在使用の数値に比べ、継続使用意向の歩留まりが比較的高く、一度使用してもらえれば継続的な購買が期待できそうです。６つの指標の中で、試用経験の差がキーになっているという結果になりました。

これまで、テレビや雑誌などの広告媒体にばかりとらわれて、マス広告に頼り過ぎてきた側面があります。Ｍ社では、肝心の顧客接点での店頭づくりや試用経験層拡大のサンプリングなど、地道な活動が不足していたという結論を出しました。早速、大都市圏の代表チェーン・基幹店舗向けに、サンプリングを含めた売場づくり提案企画を作成し、本部折衝を進めていくことにしました。企画の売場導入を短期間に集中して行ない、試用経験層拡大を図ることで当面の課題解決をはたす方針です。

Column 4

街の変貌はプラス面ばかりではない!?

地下鉄のある駅前の一角に、新しくドラッグチェーンがオープンしました。聞きなれない店名ですが、いまどきのドラッグストア風で、若い女性が好みそうな食品や菓子まで品揃えしています。

その店から10メートルぐらいの所には、古くからある地場の薬局や10年ほど前にできた大手チェーンのドラッグストアなどがあります。

この新しいドラッグストアの場所は、以前は催事販売などを行なう貸会場でした。週単位で商品が替わり、そのたびごとにいろいろな商品を眼にすることができ、地域の人たちにも人気がありました。衣料や靴、服飾品、食品、CDなど、テーマごとに変わっていくため、何を揃えているのか楽しみでした。

ところが突然、改装工事がはじまり、ドラッグストアが出現したというわけです。店内をひと通り見て回りましたが、既存のドラッグストアに比べて特徴が感じられません。値段も変わりません。私が気になったのは、店の表の日の当たる場所にバスケットを設置し、インスタント食品を陳列していることです。当然、昼間はバスケットが直射日光にさらされています。長時間商品が日に当たることで、品質に影響があることは一目瞭然ですが、バスケットはいつ行っても同じ状態です。店外にあるため、閉店時は店内に移動するはずですが、店の従業員は気がつかないのだろうかと悲しくなりました。

景気回復傾向を受けて、新しいビルラッシュ、出店ラッシュが続いています。先日、東京ミッドタウンを訪れましたが、斬新でこれまでにない個性的な空間づくりに驚かされました。その一方で、生活感のなさや無機質さが気になりました。

先のドラッグストアの例で言うなら、この店がこの街の人たちにとって、本当に役に立っているのか、楽しみを創り出しているのか、という疑問を感じます。同じような店がすでに存在し、既存店とたいして変わらないのであれば意味はありません。新しく変わったことで、かえって楽しみを奪ってしまう――そのようなことが起きない街づくりは難しいのでしょうか。

第5章

顧客満足度調査

顧客満足の意味を理解する

顧客満足とは

経営努力を充分に行ない、そのうえで顧客満足度調査を行なうことがベスト。

●顧客満足とは

顧客満足はCS(customer satisfaction)とも呼ばれ、「企業が、商品やサービスなどの事業活動を通じて、顧客の欲求や必要性を効果的に満たす」ことです。

身近な例としては、毎年公表される東京ディズニーランドのリピーターが話題に上ります。ディズニーランドは、このリピーターの動向をディズニーランドに対する満足度の指標と捉え、経営のカギとするという経営を行なっています。

この考えが生まれてきたのは、新規顧客の獲得にかかるコストは、既存顧客に要する費用の数倍にもなり、既存顧客の満足度を高めることこそ最も効果的であるという、米国データベースマーケティングの実証研究結果に基づいたものなのでしょう。

●顧客満足の形成と影響

顧客満足は、本人の購買や利用経験はもちろんですが、広告や営業マン、新聞・雑誌・インターネットの記事、友人・知人、家族からの情報などを通じて形成され、企業イメージにも大きく影響します。

一方、商品やサービスに不満を感じた顧客の中で、直接企業に苦情を申し出ない人ほど、友人・知人にそのマイナス情報を吹聴し、その結果、知らない間に企業や商品に対する芳しくないイメージが醸成されることも少なくありません。

●経営努力の検証としてのCS調査

経営努力を充分に行ない、その検証として顧客満足度調査を行なうことがベストと言えます。調査は、あくまでも解決のヒントを得るための手段ですから、やみくもに調査をしても問題点が絞りきれず、散漫な調査になりがちです。

つかんだ問題点を何も解決できないようでは、かえって混乱を招き、さらに顧客の不満を拡大することになりかねません。

●顧客満足度調査が実施される場面

顧客満足度調査は、顧客接点である

「顧客満足」が有効な局面

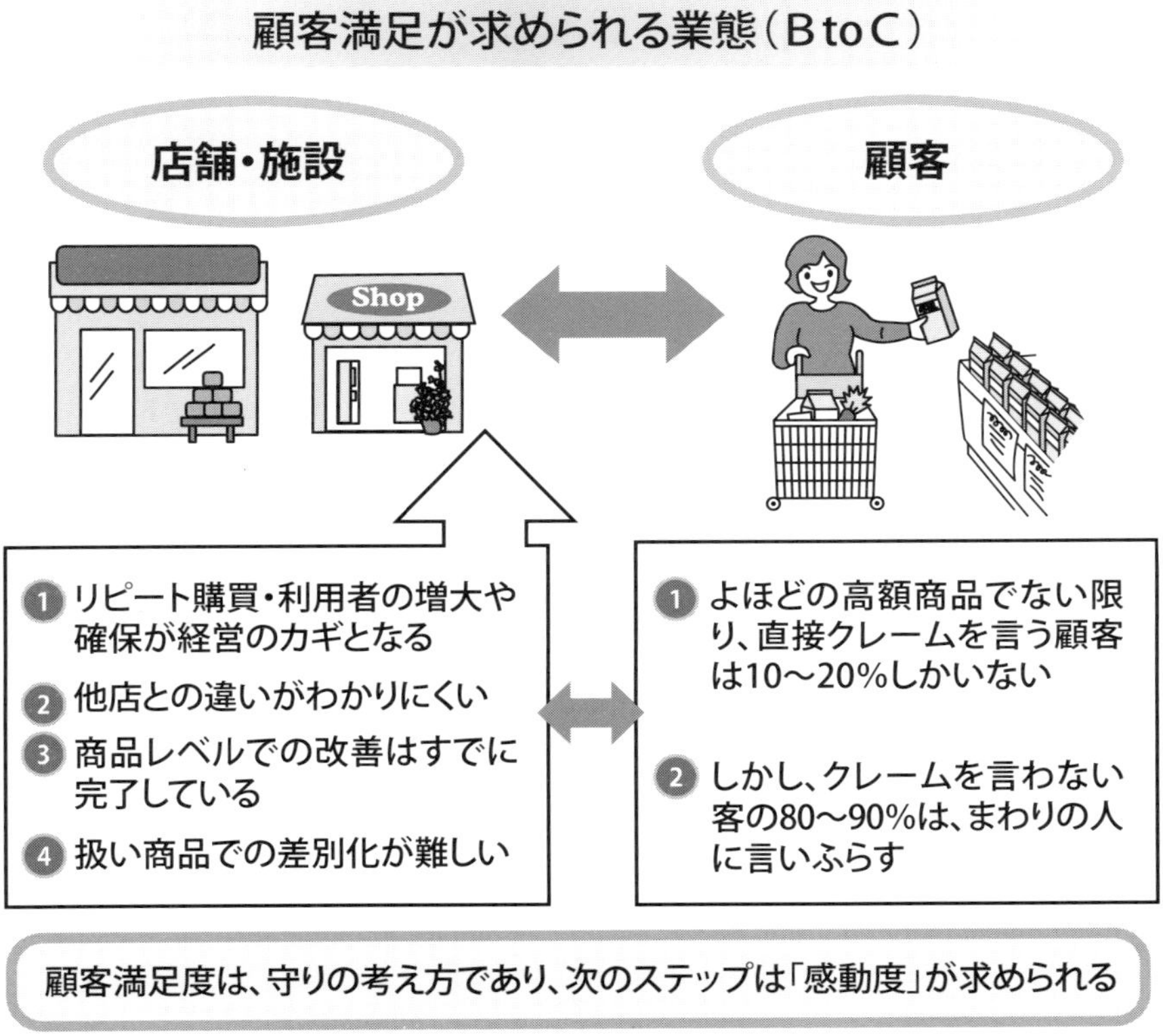
顧客満足が求められる業態（B to C）
店舗・施設
顧客
Shop
1 リピート購買・利用者の増大や確保が経営のカギとなる
2 他店との違いがわかりにくい
3 商品レベルでの改善はすでに完了している
4 扱い商品での差別化が難しい
1 よほどの高額商品でない限り、直接クレームを言う顧客は10～20%しかいない
2 しかし、クレームを言わない客の80～90%は、まわりの人に言いふらす
顧客満足度は、守りの考え方であり、次のステップは「感動度」が求められる

店舗やサービス施設で行なわれるものが中心です。

店頭や施設に常時アンケート用紙を設置しておく常設型、新店や改装時に行なわれる特別実施型、調査員が客になりすまして行なうミステリーショッパー調査などがあります。

また、最近拡大してきているコールセンターでは、電話特有の工夫が必要です。BtoB分野では、CI調査で行なうことが多いのですが、新商品発売時や既存営業活動の見直しの際にも実施されます。

多くの企業は、快調に業績を伸ばしているときは何の疑いもなく強気で押しまくりますが、いったん経営に陰りが見えてくると弱気に陥り、自問自答しはじめます。本来であれば、好調なときほど、先を見据えて営業の見直しなど準備しておくことが肝要です。

企業によってアンケートの体裁はさまざま

店舗での常設型アンケート

常設型アンケートは、関与者全員に充分に趣旨を説明し、きちんとした運営体制を備えることが肝要。

●常設型アンケートの目的

スーパーマーケットや施設に常設されているのを見かけることが多い満足度評価アンケートですが、その実施形態はさまざまで、設置場所がわかりにくいとか、どう見ても間に合わせで作ったと思われる用紙など、企業の姿勢や考え方が如実に反映されているようです。

　常設型アンケートを設置するのであれば、関与者全員に趣旨を充分に説明し、きちんとした運営体制を整えておくことが肝要です。

●お客様ご意見カードの新設

都市近郊で計10店の食品スーパーを運営するＡチェーンでは、他店との競争がいっそう激しくなる中、店舗の運営見直し強化を図っています。そこで、ＣＳ強化の一環として、お客様ご意見カードを常設することになりました。

　構成は、①売場、②品揃え、③商品の品質・鮮度、④値段、⑤トイレなどの店内設備、⑥駐車場・駐輪場、⑦従業員の応対、⑧その他、という８つの分野について丸をつけてもらい、詳細を記入してもらう体裁です。

　記入者の住所と氏名、電話番号以外に、問い合せ・苦情内容とそれに対する店からの回答を直筆のまま店頭で公開掲示することへの了解可否の欄も設けました。

　Ａチェーンでは、クレーム内容なども積極的に公開するなど、可能な限り情報開示を行なってオープンな経営と顧客視点の店舗づくりを進める考えです。地元を忘れ、地域の人たちから支持を失い、閉店に追い込まれた店を数多く知っているからです。

　用紙は記入しやすいＡ５判サイズとしました。入口近くに、「お客様ご意見カード」掲示板と専用台を設け、筆記用具も揃えました。制度導入にあたっては、店舗別にアルバイト・パートも含めて全員を集め、趣旨の徹底を図り、円滑な運営のための研修会を開催することにしました。

増え続ける「常設型アンケート」

常設型アンケートの典型例（チェーン量販店の用紙を一部加筆・修正）

「お客様の声」をお聞かせください

本日は、ご来店いただきまして、誠にありがとうございます。

当店では、お客様の貴重なご意見を参考に、よりよいサービスをご提供し、お客様に気持ちよくお買物を楽しんでいただけるよう努めて参りたいと思っております。

誠に恐れ入りますが、お気づきの点がございましたら、状況をお聞かせください。

ご来店日時：　　　月　　　日　　　時ごろ

1．従業員の応対　　2．電話応対　　3．価格・ポイント
4．品揃え・展示　　5．店内施設（トイレなど）
6．広告・ＤＭ　　7．アフターサービス　　8．その他

さまざまな体裁・書式の店頭アンケート

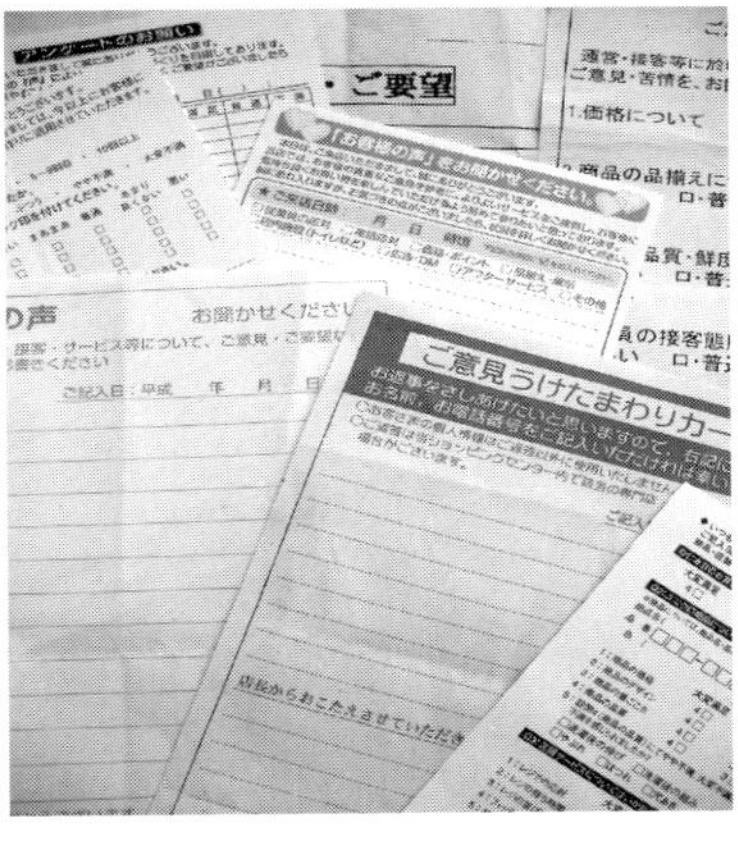

Section 3

営業現場の情報を吸い上げるしくみ

顧客満足度評価のための店頭アンケート

顧客視点での設計と結果からの対応が決め手となる。

●顧客満足度調査による現場情報収集

市場の成熟化や少子高齢化、さらに規制緩和という流れの中で、流通業界はいたるところで業界再編が行なわれ、合従連衡のうねりが大きくなろうとしています。

顧客接点＝小売店の存続の可否は、いかに顧客から支持を受け、高い顧客満足が維持できるか、に尽きると言えます。規模が大きくなるためには組織が必要となりますが、組織として大きくなればなるほど、現場の情報が経営トップにまで伝わっていかないのが必然です。それを改善する手段のひとつが、顧客満足度調査と言えるでしょう。

●調査の狙い・背景

大都市近郊でドラッグストアチェーンを展開するY社では、全店の経営強化のモデルケースとして、地域一番店であるZ店の顧客満足度調査を実施することになりました。

この調査結果をもとに調査を全店に広げ、経営強化を図っていく予定です。調査は、来店客が多い給料日後の土日と平日の３日間、Z店の店頭に専門調査員を配置し、面接型で行ないます。

●調査の概要

調査の項目は、①入口、②ヘルスケア、ビューティケアなどの主要売場ごとの品揃え・わかりやすさ・値段・清潔感・陳列量・見やすさ・手に取りやすさなど、③商品告知、④ＰＯＰなどの店頭演出、⑤売場全体の雰囲気や楽しさ・おもしろさ、⑥従業員の接客態度、⑦レジのスピード・正確さ・応対、⑧ポイントカードなどのサービスシステムについての評価を設定しました。アンケートは専門用語を避け、話し言葉でわかりやすい質問文を作ることを心がけました。

●調査結果の活用

調査は、個人情報保護法の規定にしたがい、対象者に使用目的を告げて了解を得ることからはじめました。店にとって大切なお客様であることを充分

ネット上に出現している顧客満足度調査

証券会社の顧客満足度アンケート、ネットで返送するしくみ

アンケートにご協力ください

弊社では、お客さまにご満足いただける証券会社であるために、アンケート調査を実施させていただきます。よろしくご協力をお願いいたします。
つきましては、以下の質問をお読みいただき、該当する番号の枠内にチェック（5段階で評価）をお願いします。すべてお答えいただいた後、送信ボタンをクリックしてください。

設問　　　　5段階評価（該当欄をチェックしてください）

1. 商品説明・勧誘について

① 担当者の説明はいかがですか？
わかりやすい ○5 ○4 ○3 ○2 ○1 わかりにくい

② 説明用の資料はいかがですか？
わかりやすい ○5 ○4 ○3 ○2 ○1 わかりにくい

③ 投資情報の内容やアドバイスはいかがですか？
十分 ○5 ○4 ○3 ○2 ○1 不十分

2. 社員のマナーについて

① 言葉づかいはいかがですか？
よい ○5 ○4 ○3 ○2 ○1 わるい

② 応対時のマナーはいかがですか？
よい ○5 ○4 ○3 ○2 ○1 わるい

（以下省略）

に配慮して進めた結果、幸いにも大きなトラブルもなく終了しました。

　回収したアンケート内容と対象者のポイントカードの情報を突き合わせると、回答者のプロフィールをかなり明確にすることができます。

　特に、一定金額以上を毎月利用している顧客が、店に対してどのような評価、考え方をしているのかを詳細に分析していくと、Y社が目指している有力顧客の固定化＝ロイヤルカスタマーづくりの手がかりが得られそうです。Y社では、全店で調査を行なうことを決めました。

　最終的な結論は全店調査終了後に下す予定ですが、これまで実施してきたポイント3倍セールの見直しを行ない、ロイヤルカスタマー対象にDMを送付するなどして、絞り込んだ対象者向けにきめ細かな情報伝達や来店促進を図ることを計画しています。

不満足度のレベルを確かめる試み

顧客満足度評価のための郵送アンケート

現場の問題点を突き止めて改善し、再来店を促すことが郵送アンケートの目的。

●難しい本音の引き出し方

顧客満足度評価で苦心するのは、いかに顧客の本音を聞き出すか、ということです。ふだん、買物などで嫌なことに遭遇しても、よほどのことがない限り、直接その場で申し出る人は少なく、大半の人は胸の中にしまい込んでその場をやり過ごします。

しかし、その嫌な思いはしっかりと記憶され、また友人知人に口コミされます。

経営する立場から言えば、これが最も困ります。来店時のささいな行き違いから、いつの間にかその店や施設の利用を止めてしまうことはありがちですが、何とかそこに至った理由を突き止めて問題点を改善し、できれば再来店を促すことが顧客満足度評価の目的と言えます。

●本音を引き出すための工夫

エステティックサロンチェーンを運営するG社では、今後の店舗拡大強化に向けて今一度、運営形態・運営システムの見直しと再構築を検討することにしました。

過去2年間の利用者で、この半年間一度も利用がない人を対象に、氏名や住所などは無記名にして、できる限り本音が書けるようにします。

また、アンケートの謝礼も返信用封筒と一緒にギフト券を同封し、回答者の不信感を少しでも取り除く工夫をしました。

このやり方は、後日回答者だけを選んで謝礼を送る手間も省けます。回答がない場合は無駄になりますが、それよりも誠意を優先しました。

同店舗の利用チケットなども考えましたが、いかにも来店促進が目的と取られる恐れが強く、本音など聞けるはずがないと見送られました。

目先のコスト削減に目が眩んで、本来の目的を忘れてしまうのはよくあることです。

●質問の設定

質問は、①チェーン全体のイメージ、②利用店舗のイメージ、③利用状

不満足度調査の実施プロセス

① 問題意識

1）お客様に充分満足していただいているのか？　現状の運営形態・運営システムで問題はないのか。

2）特に、ここ半年間来店していただいていないお客様は店の運営に何か不満を持っているのではないか？

② 課題

1）運営上の問題点、弱点を洗い直し、より顧客視点に立った運営方針を明確にする

2）新方針に基づいて新たな運営システムを構築し、今後の店舗拡大に向けて準備すること

③ お客様調査を企画

課題を発見するために、ここ半年間以上来店されていないお客様対象に「お客様アンケート」調査を企画

④ アンケート調査の実施

1）対象者のリストアップ
過去２年間の利用者で、ここ半年間一度も来店していないお客様

2）対象者にアンケート送付
※お願い状、アンケート、謝礼、返信用封筒など

3）アンケートの回収・分析
問題点の洗い出しと課題整理

4）運営システムの再構築
課題を解決するための対策、それに基づく運営システムの再構築

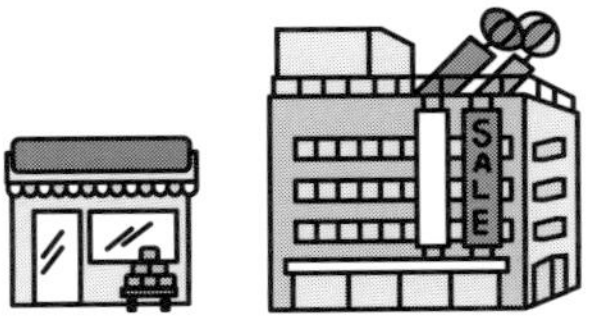

況、④スタッフの対応、⑤内部の雰囲気、⑥設定コースの適正度・価格・サービス評価、⑦インテリア・バックグランドミュージック・装置設備などの評価、⑧利用を中止した理由、⑨改善・要望点、⑩今後の来店意向などを設定しました。

同封するお願い状には、社長自らの写真入りの挨拶文を入れ、アンケートの目的、趣旨を充分に理解してもらえるようにしました。

●調査の結果

この結果、予想以上の回答数が寄せられました。

来場しなくなった理由で最も多かったのは、従業員が納得のいく説明を充分にしていないことへの不満ということが判明し、従業員の再教育を行なうことになりました。

もう一度、目的を明確にしてみよう

ミステリーショッパー調査①

買い物やサービスの提供を体験し、売場や接客、サービス内容などについて、顧客の立場から評価する。

●ミステリーショッパー調査とは

ミステリーショッパー調査とは、顧客のふりをした調査員が店舗や施設を訪問し、買い物やサービスの提供を体験し、売場や接客、サービス内容などについて、顧客の立場から評価する調査です。

調査員は、一定の知識や訓練を必要としますが、あくまでも顧客視点ということが重要ですから、調査員が熟練しすぎても問題があります。

また、店舗や施設について、所在や設置の有無を確認するのであれば、1店舗あたり1～2名の調査員配置でも有効ですが、「受ける感じ」「雰囲気」といった感覚や感性レベルでの評価は、個人差が生じやすい側面があります。

さらに、従業員がパート・アルバイト主体で、シフト制による人の変動や出入りも多い運営形態をとっています。

正確さを期すのであれば、1店舗あたり5～10名程度の調査員が必要でしょう。

●調査員体制の工夫

20～30歳代をターゲットに飲食店を全国展開するD社は、エリアを決めて定期的にミステリーショッパー調査を実施しています。運営実態をより正確につかむため、調査員配置にも工夫を凝らしています。

調査実施日を2日間選び、仮にP日とQ日とすると、P日の早い時間帯に20歳代男性1名、30歳代男性1名、20歳代女性1名、30歳代女性1名の調査員計4名を配置します。

同じく、P日の遅い時間帯にも同様に4名を配置し、さらにQ日も早い時間帯4名、遅い時間帯4名と同様のシフトで、すべて異なる調査員計16名の体制です。

当初は、もっと少ない人数で行なっていたのですが、「たまたま、偶然の結果ではないか」という店長の不信感を少しでも払拭し、経営に注力してもらうために大がかりな体制を組むこと

ミステリーショッパー調査の特性

	ポイント
ミステリーショッパー調査が有効なケース	・マニア層ではなく、幅広く多くの人たちを対象とする店舗や施設 ・展開している店舗や施設の数が多い ・現場がパート・アルバイト中心に運営されている ・本社・本部の方針が末端まで伝わりにくい ・商品での差別化が難しく、優位性がほとんどない ・運営に関するひと通りの改善・改革が完了し、経営活動の総仕上げとして取り組む ・あくまでも、現場担当者のモチベーションの向上を目的とする
ミステリーショッパー調査が向かないケース	・特定の限定したマニア層を対象とする店舗や施設 ・展開店舗・施設が少なく、大半を社員で運営している ・本社・本部の方針はきちんと末端まで伝わっている ・顧客への接客対応よりも、商品の品揃えが重要 ・応対には特別の知識・技術を必要とする ・競合先に対する取扱い商品での差別化が重要 ・現場の監視やチェックのためだけの目的で行なう

になりました。

手間やコストがかかりますが、実態を把握するためには必要経費と考えて、全国で同じやり方を継続して実施しています。

●応対中心の調査項目

調査の項目は、接客・応対の評価が中心で、入店時のあいさつ、飲料や料理の待ち時間、従業員の言葉遣い、応対の態度・適切さ、問題発生時の対応、清掃状態、内装や雰囲気、レジの処理、退店時のあいさつなどの項目を設けています。

料理内容については、店に常設しているアンケートを活用しています。調査結果をもとに従業員の研修会を開き、繰り返し教育の徹底を図っています。

知りたいことを絞り込む

ミステリーショッパー調査②

必要以上に多くの質問を設けて、不確かな回答から導かれる結論には要注意。

●記憶に頼るミステリーショッパー調査

ミステリーショッパー調査は、調査員であることを伏せ、顧客を装って行なう調査ですから、質問用紙を公然と持ったまま入店することはできません。

そこで、店の中で聞いたことや確認したことを記憶しておき、店外に出た後で記憶事項を用紙に記入するなどの手順をとります。しかし、人の記憶力には限界があり、そう多くの事柄を記憶しておくことはできません。せいぜい20～30項目程度でしょう。

スポンサーは、現場を知らない人ほど質問項目を増やしたがる傾向が強いのですが、ミステリーショッパー調査では特にこの点の注意が必要です。必要以上に多くの質問を設けて、不確かな回答から導かれる結論は、現状とはかけ離れた間違いと言えます。あやふやな記憶をもとに、断定的に答えを出すほうが本当は危険なのです。

●販促物の有無を確かめるミステリーショッパー調査の設計

CDビデオレンタルチェーンを運営するU社では、競合店対策の一環として特別キャンペーンを実施しています。しかし、応募者の伸びが予想以上に低調で、本部内の認識では、各店舗でのキャンペーンへの取り組みが充分できていないのではないかと考えました。

そこで、地域ごとの代表店10店を選んで、ミステリーショッパー調査によるキャンペーン展開状況のチェックを行なうことにしました。特に、キャンペーン売場やツールの展開、従業員の案内推奨などの有無のチェックを中心に行ないます。

調査員は、所在の有無を確認する調査であり1名でもいいのですが、念のため各店2名体制としました。ただし、年齢を問わず、店をよく知っている熟練者の中から選びました。

●質問項目の絞込み

本部が、キャンペーンに関して知り

ミステリーショッパー調査についての留意点

1. インターネット上には、ミステリーショッパー調査の会社と調査員募集のサイトが溢れ返っています。バブルの到来のようです

2. 参入企業の多くは、経営コンサルタント会社、ベンチャー支援会社など、これまで市場調査とは無縁だったような会社で、「成長市場で儲かりそうだ」と観ると一気に集中する日本人の特質をよく表わしています

3. ミステリーショッパー調査は、あくまでも現場の動機付けの役割であり、それをきっかけにどう改善を進めるか、現場の刺激づくりです

4. 調査結果からの改善を、一過性で終わらせてしまうことこそ最も避けるべき事態ですが、トップダウンで導入されることが多く、継続的な改善活動の定着には課題も多く残されています

5. また、導入する店舗・施設の多くが、入れ替わりの激しいアルバイト・パート主体で運営されており、長期的なシステムづくりも合わせて行なうことが大切です

たい項目は数多くありますが、今回は所在の有無という事実が中心であり、記憶に頼るミステリーショッパー調査であるという原則を踏まえて、23項目に絞りました。店舗外のポスターやのぼりなどの演出ツールの設置有無、店内キャンペーン特設売場の有無、売場周囲のツールの取付け有無、レジでのキャンペーン案内・推奨の有無など、キャンペーンに関しての有無が中心です。

従業員の態度や好感度なども知りたいところですが、今回の体制では正確につかめないという結論から見送られました。

調査の結果、キャンペーンの店頭展開が予想以上に遅れており、従業員でも知らない店が多く存在するということで緊急店長会議を行ない、早期に改善を図ることができました。

電話応対は単純だが個人差も出る

コールセンター調査

問い合わせに対して、好感をもたれる話し方になっているか、興味を起こさせる雰囲気をつくり出しているかを把握する。

●コールセンターを調査する背景

消費者意識の高まりやダイレクトマーケティングの進展で、コールセンターと呼ばれる電話専門の部署を設置する企業が急増しています。なかには、アウトソーシングして専門企業に委託しているところも多いようです。

コールセンターの体制は、派遣社員や契約社員、アルバイト、パート従業員が中心に運営されているところが多いのですが、顔が見えない業務という油断からくる問題点も起きているようです。

そこで、コールセンターに対するミステリーショッパー調査も拡大傾向にあります。

●コールセンター調査の背景

中堅住宅設備メーカーC社は、キッチンとバスが主力分野ですが、高額商品を中心に不振が続く戸建住宅市場の中にあって比較的堅調な業績を残しています。

特に重点化しているのは、展示場の充実と顧客からの問い合わせに対する対応力です。営業力の弱点を、新商品開発力とＷｅｂサイト、コールセンター設置など、ユーザーとのコミュニケーションづくりに力を入れることで補ってきました。コールセンターには、定期的な教育の一環として、ミステリーショッパー調査を導入し、顧客視点の徹底を図っています。

●コールセンターの好感度評価

C社のコールセンターの役割は、雑誌広告やＷｅｂサイトを経由して、問い合わせてくる顧客に対して、ストレスを感じさせることなく、スムーズにショールームへ来場するよう誘導することです。

ミステリーショッパー調査の目的は、電話問い合わせの際、「一度、試しにショールームに行ってみよう」という気持ちにどれだけさせることができるか、ということを確認することに尽きます。

同社は、問い合わせてくる顧客のタイプを、①住宅の形態別—戸建・集

コールセンター業務のクレームと調査の関係

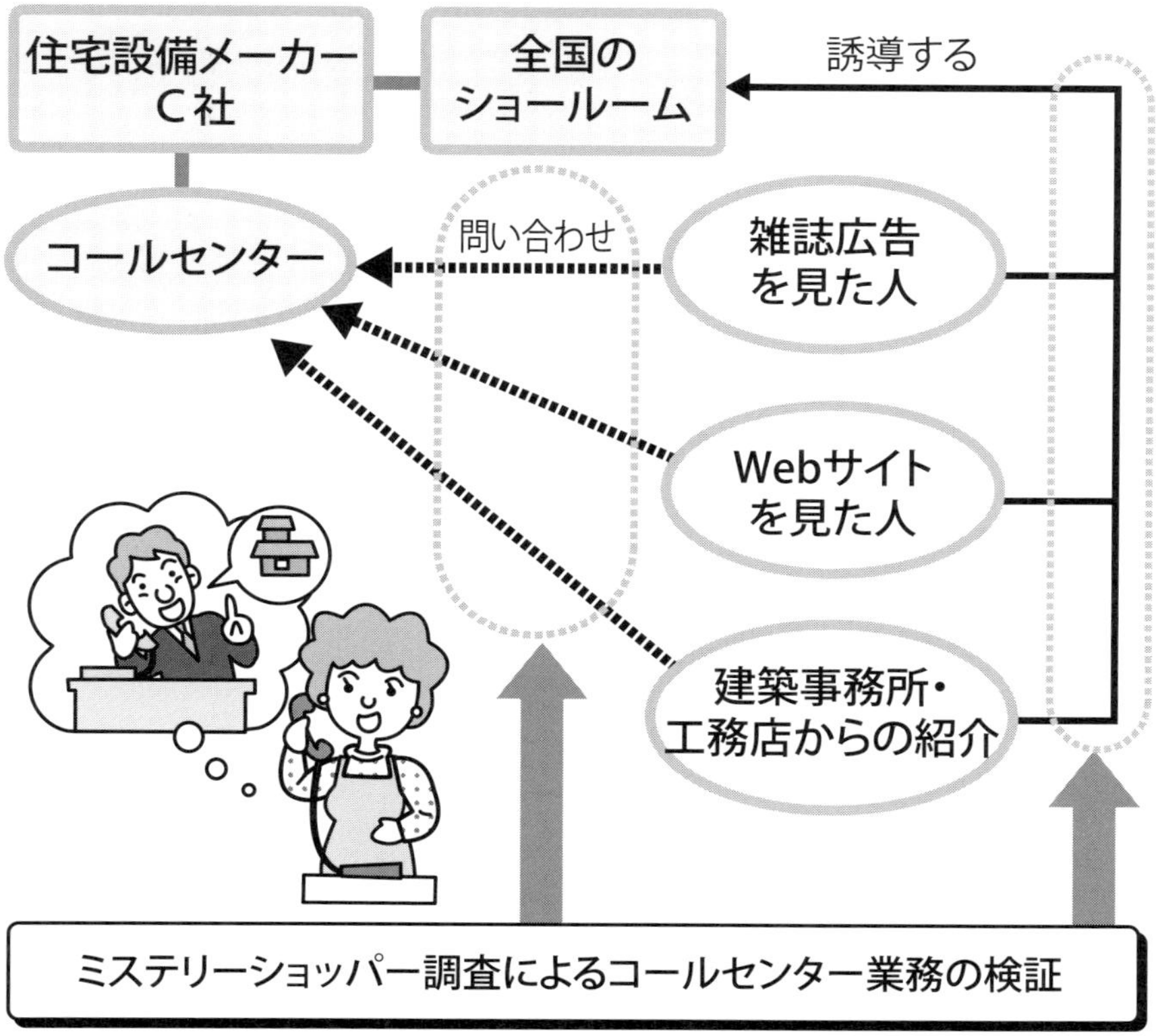

合、②動機別―住宅の新築・改装・故障、③年代別―20代・30代・40代・50代、④家族構成別―3世代・2世代・夫婦のみ・単身、⑤検討部位別―キッチン・バス・キッチンとバス、⑥優先希望別―品質・バリアフリー・価格、などについてきめ細かく分け、それぞれに対応したトークフローを用意しています。

調査は、問い合わせに対して、タイプ別のトークがスムーズになされているか、好感を持たれる話し方になっているか、興味を起こさせる雰囲気をつくり出しているか、ということが把握できるような構成で設計されています。

複雑な質問構成であることから、調査員に対して、ひと通りのケースについて事前にロールプレイングを行ないます。実査水準の一定化や調査員間のレベルの解消に注意を払いました。

商品に添付する顧客満足度調査

ハガキを中心としたアナログ派が主流

パソコンや家電品の他、新商品などで行なわれている。

●愛用者カードの役割

購入した商品に添付されている愛用者ハガキを見かけることが少なくありませんが、これも顧客満足度調査のひとつと言えます。比較的高額な商品のパソコンや家電品の他、新商品などで行なわれています。

ただ、ハガキサイズという制約から、商品の認知経路や購入先、使用条件、購入者の属性項目などが中心になっており、顧客満足に関する項目はわずかで、購入者プロフィールの把握や商品の使用場面、商品との接触場所など、次の商品への手がかり探しという側面が強いようです。

ネット上で愛用者カードを登録する企業も増えていますが、まだハガキを中心にしたアナログ派が主流のようです。

●机上の発想から現場基点に

特殊塗料メーカーD社は営業力が弱く、顧客接点に対するフォローが充分にできていません。

そこで、商品にアンケートハガキを添付して顧客満足を把握する一方、問題点の詳細な把握や商品開発につなげる工夫をしています。

以前の新商品開発は、技術レベルからの発想で、プロダクトアウト志向で進めていましたが、行き詰まりを感じて現場基点の考え方を取り入れることにしました。

●愛用者カードで現場にアプローチ

ハガキの表面に購入者の氏名、住所、電話番号、購入先の欄を設け、個人情報に配慮して保護シールで隠せるようにしました。裏面には、購入商品名と満足度評価を中心に幅広い質問を設定しています。

具体的には、①企業名の認知有無、②商品の認知経路、③購入動機、④商品選択・決定理由、⑤商品評価―（1）ネーミング、（2）カラー・デザイン、（3）形状、（4）大きさ、（5）使用形態、（6）価格、（7）使用プロセス、（8）仕上がり感、（9）1週間後の評価、（10）総合評価、（11）継続使

商品に添付するアンケート例：プリンタのケース

ＡＡＡ－ＸＸＸＸ△ご愛用者アンケート

アンケートの送り先（ＦＡＸ受付専用）：（△△）○○○○—××××
アンケートホームページＵＲＬ：http://www.○○○○○co.jp/fax/user/

この度は、○○○のプリンタをお買い上げいただきまして誠にありがとうございます。弊社では、ひとりでも多くのお客様からご意見を賜り、お客様に満足いただける商品開発やサービスの向上に向けての貴重な資料とさせていただくため、アンケートを実施しております。お手数ですが、本用紙に回答をご記入の上、上記のＦＡＸ番号までお送りいただくか、上記ホームページにてアンケートにご協力いただけるようお願い申し上げます。

当てはまる□を■のように塗りつぶしてください

問１．この製品をどのようにお知りになりましたか？（ひとつ選ぶ）

□店頭　□雑誌　□新聞　□ＴＶ／ラジオ　□展示会
□通販カタログ　□折込チラシ　□業者／知人の紹介　□ホームページ　□その他

問２．接続されているパソコンＯＳについてお聞きします（あてはまるものをすべて）

□WindowsXP　□WindowsVista　□MacOS　□その他

問３．この製品をご使用になって、どの程度満足されましたか（ひとつ選ぶ）

□大変満足　□満足　□どちらでもない　□不満　□大変不満

問４．今後、ファックスやインターネットを利用したアンケートにご協力願えますか？

□はい　□いいえ

用意向、（12）不満点・改善要望、といった内容です。

最後に、商品開発のために後日の電話や郵送アンケートへの協力の承諾を確認できるような体裁にしてあります。

企画部員や技術担当者は後日、電話や郵送でアンケートを行なったり、場合によっては直接訪問して商品上の問題点の把握や開発のヒント情報を得るしくみです。

企画部員や技術担当者はこれまで、現場からかけ離れた机上で開発アイデアや技術的な方向を詰めていくことが多く、独りよがりな商品になりがちでしたが、顧客の使う現場を考え、実際的な商品中心になってきています。

今後は、マニア層とのコミュニケーションを強化し、開発アイデアや企業ブランドの価値拡大に力を入れていく考えです。

競争激化の中で顧客視点を考える

賃貸住宅入居者への満足度評価調査

入居者の不満内容が早くつかめることで、顧客満足度が改善される。

●競争が激化する不動産仲介業界

都心を中心に、新しいビルの建設ラッシュが続き、街中には不動産仲介の看板が一時に比べて増えているようです。不動産業界では、今でも信頼関係が最優先され、契約などが一方的に破棄されることも珍しくありません。

しかし、利用者意識の高まりやインターネットの普及などから、利用者の立場に立った運営方法が求められるようになってきています。

●地元密着の強みを生かす顧客満足

ビジネス街で不動産仲介業を営むS社の周辺にはここ数年、大手チェーン系列仲介会社が進出し、以前に比べて来店客が減少傾向にあります。地域で20年来、会社向け中心に事業を行なってきたS社ですが、大手のネットワーク力、全国的なブランド力に危機感を感じ、地元密着の強みを活かしたしくみづくり、運営形態の再構築に取りかかりました。

その一環として、顧客満足調査のしくみを導入したいと考え、構想を練り上げました。S社では、住居用マンシヨンの管理委託を任されていますが、入居者の満足度を高めて、オーナーと社宅用として利用している企業、両方の好感度アップを図ることが狙いです。

●入居者に対する定期的な調査

満足度評価のしくみは、S社が仲介した住宅入居者に対して、入居後1週間・1ヶ月・半年後の3回、アンケート調査を行なうというものです。

調査の項目は、①仲介業者の対応・フォロー評価、②設備機器、③入居住宅の生活環境・昼間や夜間の騒音、④買い物・学校・通勤通学、⑤駐輪場・駐車場、⑥ゴミの処理など、幅広い領域で満足度評価を設定し、調査時期に合わせて項目を選択して実施しています。

調査結果は、オーナー向けと社宅利用企業向けに分けてまとめられ、別々に報告されます。

以前は、特別な場合だけ対処し、詳

ＵＲ都市機構の賃貸住宅満足度調査結果から

2005年UR賃貸住宅入居者調査

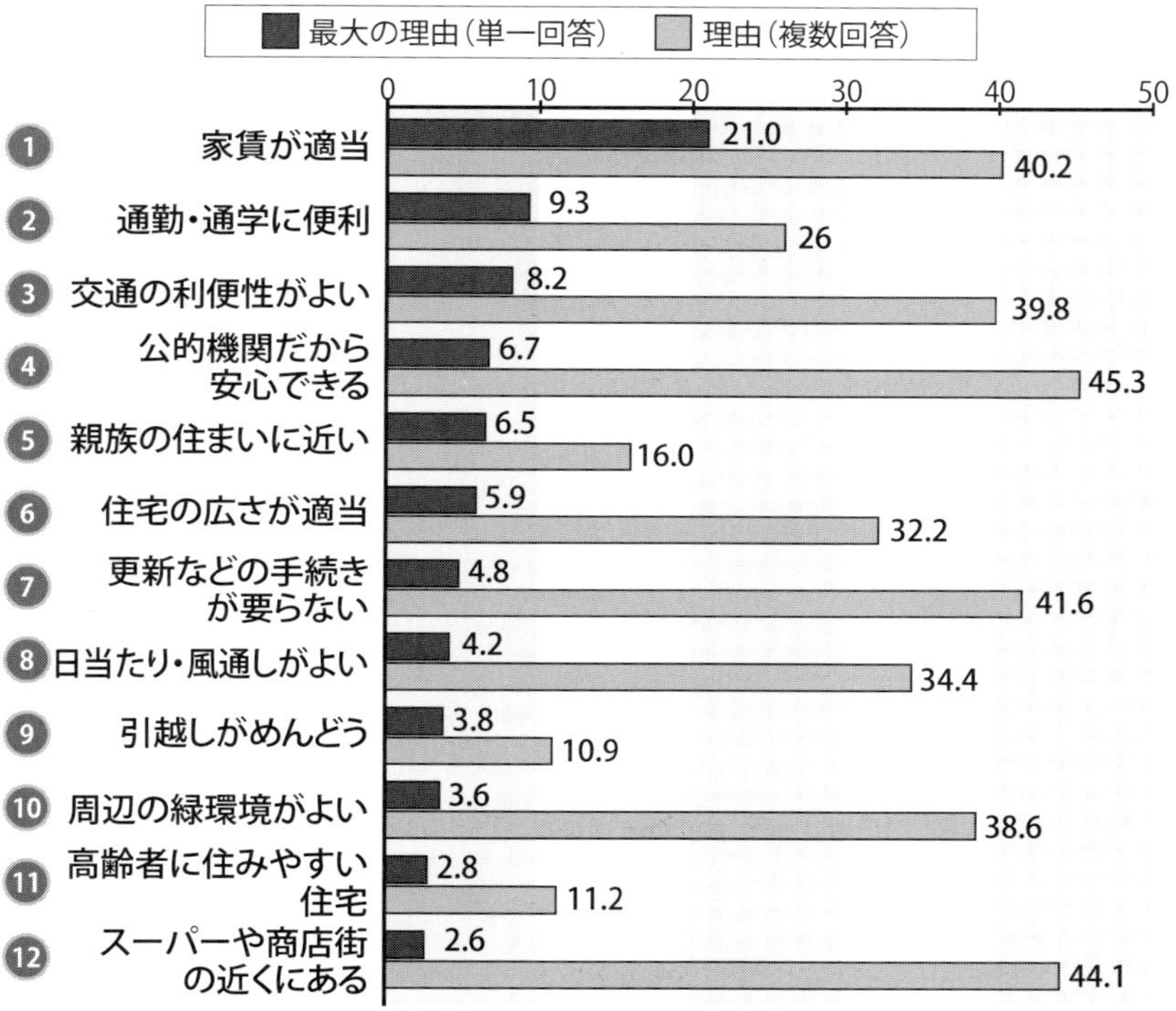

細を把握してオーナーや企業に結果を報告するというやり方でしたが、定期的に調査するようになって、入居者の不満内容が早くつかめることで顧客満足度が改善されました。オーナーも、入居者のくわしい動向がわかり、委託先を増やしてくれるようになりました。一方、企業にもきめ細かな対応、フォローに好感を持ってもらえ、引き続き社宅の依頼を確保できそうです。

S社では、オーナー・企業の承諾をもらい、これらの事例を企業に対する新規顧客開拓に活用することも考えています。

不動産業界では、フランチャイズ展開を図る大手企業や会員制を採用し、保証金ゼロを謳い文句にTVCMで攻勢をかける企業など、競争が激化しています。S社では、アンケート結果の一部を店頭に張り出すなど、情報公開に努めています。

ビジネス分野では少ない顧客満足度調査

BtoBでの顧客満足度調査

日頃から販売先の意向をつかみながら、少しでも満足度を上げるしくみ。

●BtoBでの顧客満足度調査

BtoBにおける顧客満足度調査は、前述のようにCI調査を除くと、BtoCの場合と同じような愛用者カードのしくみが主体で、本格的に調査として行なわれているものは多くありません。

その背景には、経営トップが取引先のことは日頃フォローしている営業マンがすべて把握している、と思い込んでいる節があります。しかし取引先は、日頃顔を合わせているから、と直接言いにくい本音をしまい込んで、あきらめているケースも少なくありません。ある日突然、連絡があって取引停止という事態になって初めて知ったということも充分にあり得ます。

そうした事態になる前に、日頃から販売先の意向をつかみながら、少しでも満足度を上げるしくみが、BtoBの顧客満足度調査です。

●経営建て直しのための調査

OA機器や事務機のディーラーであるO社は、地域でも老舗企業として有力な中小企業を取引先に持ち、堅調な経営を行なっていましたが、ここへ来てパソコンのダウンサイジングや市場の成熟化の中で、売上低迷に陥ってしまいました。

機器についての問い合わせや相談も以前に比べて減少してきており、優秀な営業マンが引き抜かれたり、メンテナンス担当のSEが退社するなどの人の動きもあり、一度顧客を見直すためにも満足度を確認してみようということになりました。

●本音を引き出すための工夫

調査設計で知恵を絞ったのは、どういうやり方なら販売先は本音を語ってくれるか、ということです。社長自らが訪問すると、仰々しくなって相手も構えてしまう恐れがあります。また、外部の専門機関に依頼すると高いコストがかかります。

そこで、アンケート用紙を郵送し、無記名で回答のうえ、返送してもらうというやり方に落ち着きました。

BtoB 郵送アンケート事例

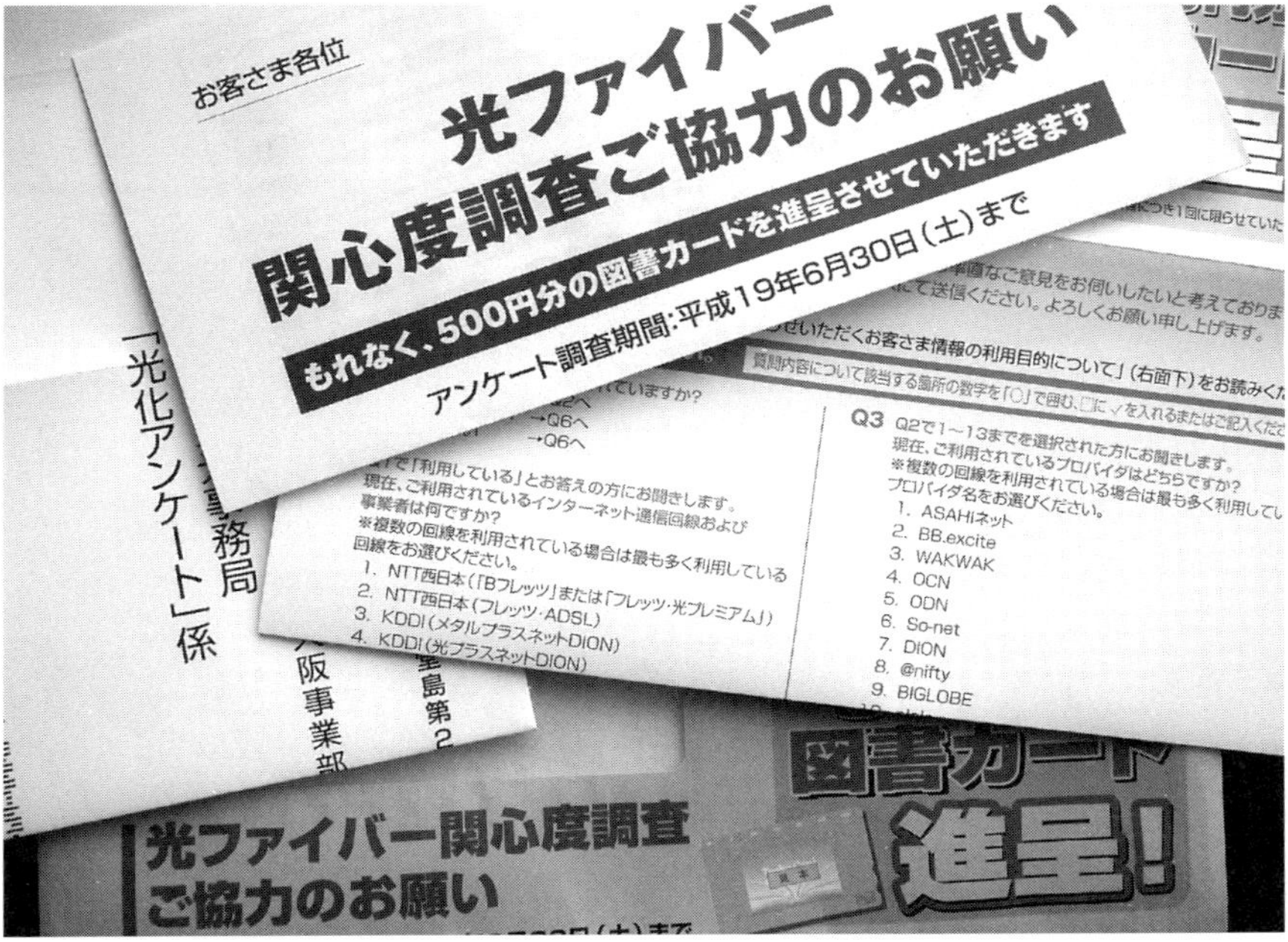

※ただし関心度調査

質問は、営業やSEの応対や態度・説明力、技術・知識のレベル、問題発生時の対応・体制、機器導入後のフォロー、提案力、日常フォロー活動のあり方などに関する満足度評価が中心です。

調査の結果をまとめて、問題点を明確にして改善策を練り上げる予定でいます。

それらをもとに会社組織の改革を実施し、社長自ら販売先へ出向き、協力のお礼、業務改善の案内・取引強化のお願い活動に注力する方針です。

特に今後、機器単体でなく情報システムとしての事業展開が課題であり、相手先企業の事業内容や事業と情報システムの関わり方についても充分に把握する必要があるため、ベテランのSEも同行して深く掘り下げて取材する予定です。

Column 5

川下が流通を制する時代

川上、川下という言葉は、ずいぶん以前から使われていました。特に、末端の生活者までの流通経路が長い繊維業界で頻繁に使われていたという記憶があります。繊維は、素材の紡績からはじまって、テキスタイル製造・卸、アパレル、製品問屋、小売店という流れが基本ですが、素材やテキスタイルの部分で商社や専門卸なども介在し、複雑な流通を形成していました。近年、市場の成熟化やITの進展からサプライマネジメントの普及が進み、流通の中抜きや小売主導が当たり前になってきています。

こうした構造的な変化は、前々から指摘されていたことで、それが現実のものとなったということでしょう。マーケティングの分野では、「最終顧客＝コストの最終負担者」に直接コンタクトしている流通関与者がキーとなる、ということが主張されていました。つまり、小売店が最も重要であるということです。どんなに優れた商品をつくっても、店に並ばない限り売上にはなりません。卸店にどんなに売り込んでも、小売店で売場をつくらないと、商品は卸の倉庫に在庫となって眠ったままになります。売りの現場＝顧客接点こそ売上の源泉と考えて、早くから取り組んできたメーカーは今、業界で不動のポジションを築いています。花王、キリン、アサヒ、サントリー、味の素など、挙げればきりがありません。

特に花王は、直接生活者の情報を収集・分析し、商品開発はもちろん、流通の再編や売れる売場づくりのノウハウ化など、業界に先行して注力して手を打ってきました。これは、「生活者の情報を握ることが、顧客接点を制する」という考え方が基本となっています。

キーである顧客接点を握る小売店サイドの動きは、サプライマネジメントを志向している量販店であるセブン&アイグループ、イオングループなどの合従連衡が話題の中心になっています。実際の現場では（小売店への）値入率や歳時企画、チラシなど、ずいぶん昔からのやり方がまだまだ主流のようですが、もっと立場を活かした運営や活動ができるはずです。

第 6 章

新市場参入のための調査

机上ではなく実践的に戦略を立てる

新市場参入検討のステップと市場調査

調査の役割、目的を明確にしたうえで取り組めば大きな威力を発揮する。

●新市場参入のための7つのステップ

新しい市場に参入するためには、順序立てた手続きがあり、手続きごとに課題を解決していくことが鉄則です。手続きごとの問題課題テーマを解決する手段として市場調査が活用されます。

くわしくは、左表のように大きく7つの段階に分けられ、それぞれに対応した調査があります。もちろん、テーマの内容や重点度、情報量、必要性の判断などを取捨選択して進めることになりますが、大枠の全体像としてまとめています。

●重視すべき情報

少々古いのですが、大阪府立産業開発研究所が実施した「有望産業分野への進出状況に関する調査（情報・通信分野）」によると、「事業展開において重視する情報」として、①技術開発に関する情報80・2％、②需給・マーケティングに関する情報62・1％、③人材に関する情報28・8％、④事業パートナーに関する情報28・2％、⑤資金調達に関する情報20・9％、などが挙げられています（１９９８年・複数回答）。

商品・サービスのコアを形づくる技術情報がトップにくることは当然ですが、次いでマーケティング情報の重要性が挙げられ、新市場参入に関してマーケティング情報の大切さは認識されているということができます。

●市場調査はあてにならないか？

しかし一方、ベンチャー企業で成功した経営者や中小企業の経営コンサルタントの中には、「市場調査はあてにならない」ということを口に出して憚らない人も多く存在することも確かです。

「調査をすれば、何か画期的な解決策が出てくるのではないか」と、調査本来の機能や役割をまったく理解せず、事前準備をなおざりにして、出てきた結果に対する即効的な対策がないという、一方的な不満を持ってしまうのです。

新市場参入検討の基本フレーム

段　階	問題課題のテーマ	市場調査の方法
① 市場概観	市場動向・環境分析	オープンデータ調査
② 市場地位（ポジション）	市場地位の確認	業界関係機関・団体取材調査
③ 今後の方向	今後目指すべき方向	オープンデータ調査 業界関係機関・団体調査 業界キーマン取材
④ 市場の見定め	参入可能領域・分野の絞込みと選択	オープンデータ調査 業界関係機関・団体調査 主要メーカーなどへの取材
⑤ 対象市場の検討	想定市場の概要研究・需要予測	対象メーカー・卸・小売店などに対する実態調査
⑥ 参入可否判断	市場構造・市場特性の把握と参入可能性検討・意思決定	市場参入可能性評価のための調査
⑦ 参入戦略構築	選択市場に対する新市場参入戦略の策定	該当市場流通実態・販売実態・販促実態調査

「情報（調査）にお金をかけるぐらいなら、もっとよい金型を造ったほうがまし」と情報を軽視してモノづくりを先行させ、最終的に調査コストの10倍以上の費用を無駄にした例は、数え切れないほどあります。

調査は、「急がば回れ」的側面があります。その役割・機能を理解し、限界を充分に理解したうえで進めることが肝要です。

調査は万能ではありませんが、役割、目的を明確にしたうえで取り組めば、大きな威力を発揮します。

特に、「帰納法」が調査の持つ特性でもありますから、複数の調査を組み合わせることで、より精度の高いリスク回避の方向が見出せます。歯切れのよいトークや耳障りのよいフレーズに載せられ、結果として方向を見失う例は枚挙にいとまがありません。

使える情報を探すにはコツと熱意が必要

市場動向・環境分析のためのオープンデータ調査

世の中に流布している情報を効率よく集めて有効利用すれば、コストや手間の低減に役立つ。

●公開情報の重要性

冷戦時代が終わったとはいえ、政治の裏側で活躍する秘密諜報員。彼らがもたらす情報の95%は公開情報だと聞きます。世の中に流布している情報を効率よく集めて有効利用を図ることは面倒でコツが必要ですが、コストや手間のリスクの低減に役立ちます。

●インターネットで事前情報収集

中小文具メーカーのL社は、少子化の進行と文具小売店の減少時代の到来から、新市場分野への進出を図りたいと考えています。自社技術が応用できる文具の周辺市場を狙っています。手はじめにオープンデータの収集を行なうことにしました。

まず、インターネットで大型図書館を探し、図書検索システムによってめぼしい資料をチェックしていきます。最近の公共図書館の充実ぶりには眼をみはるものがあります。東京都立図書館では、ビジネス情報サービスがあり、18に区分された企業・業界情報やビジネス情報のデータベースを館内で利用できます。専門図書館紹介のサイトからも、いくつかをリストアップしました。

●図書館の資料を駆使する

図書館では、まず文具業界の全体をつかむことからはじめました。長く業界に携わってきましたが、自社の狭い領域に入りすぎたせいか、全体がどうなっているかを俯瞰できないことが気になっていました。業界全体→業界周辺→気になる特定分野・領域→気になる特定商品→特定企業というステップで、じっくりと資料に眼を通していきます。「雑誌新聞総かたろぐ」は、国内のほとんどをカバーしています。文具業界は、コンピュータ、ファンシー、インテリア小物など、幅広い分野と融合しながら急速に拡がってきているようです。L社として取り組めそうな分野・領域も、いくつか考えられそうです。図書館所蔵の業界新聞・雑誌は少ないため、後日の情報収集のために必要な箇所をメモしました。

オープンデータ収集のステップ

段階	内容	対応方法
問題意識	少子化の進行、取扱販売店の減少→現状の事業への危機感	○新市場参入の構想 ↓ ○自社技術を応用できる周辺市場を検討 ↓ ○想定分野・領域の設定（仮説）
情報収集の手がかり	大型図書館の所在確認	○インターネットで大型図書館の所在検索→公共図書館…東京都立図書館など ★大型公共図書館でのビジネス関連情報源 ・業界動向　・市場動向　・業界地図　・官公庁統計資料・業界団体資料　・業界新聞、業界雑誌など ★専門図書館…東京商工会議所経済資料センター、経済産業省図書館、国民生活センター図書館など ★官公庁の刊行物…政府刊行物等総合目録（ネットサイトもある）
情報収集の方法	業界・領域ごとの情報収集	○事前に、知りたい業界や領域について目安を付けておく ※事前に決めておかないと、資料を探している途中に、知らぬ間に細部の深みにはまり込んで目的を見失いがちになる ○資料探索は、業界全体→業界周辺→特定分野・領域→特定商品→特定企業というステップで行なうと探索目的がぶれにくい ○情報収集の目標レベルと費す時間を事前に決めて取りかからないと、きりがなくなりエンドレスになりがち。要領よく、短期間でいかに情報を集められるかがポイント

一方、少子化の動向などの官公庁の刊行物については、全国官報販売協同組合が出している「政府刊行物等総合目録」が網羅しているので必要なものをピックアップし、図書館の蔵書検索から見つけることができました。

次は専門図書館です。東京商工会議所には、経済資料センターがあり、ビジネス分野に力を入れています。ただ、名古屋商工会議所の図書館は閉鎖され、大阪商工会議所図書館は経営相談コーナーの一角に格下げされています。

オープンデータ収集時の注意ポイントは、目的とする情報そのものが存在するケースは少ないということです。探しているうちに、どこかにピッタリの資料があるはずだという錯覚に陥ることが多々ありますが、関連しそうだという目安やカンを元に、周辺から探っていく方法が適切です。

何が知りたいのかを明確にしておく

市場での地位確認のための取材調査

わかっている情報を仮説や構造としてまとめ、それを見せながら意見を聞いていく方法も効果的。

●意外に知らない自社を取り巻く分野や業界

自社及び周辺市場の全体的な概要をつかんだL社は、自社の位置づけを行なうため、業界主要企業の流通構造や販売シェア、企業戦略の特徴について少し踏み込んだ情報を集めることにしました。

まず、図書館でチェックした業界団体と業界新聞社・雑誌社へ電話で問い合わせることからはじめました。L社は、古くからある文具業界の団体のひとつに加入していますが、新しい団体や関連する周辺分野にはほとんど注意を払ってきませんでした。しかし、いつの間にかいくつもの団体が設立され、これまで異業種だと思っていた企業が多く加入してきています。

●電話で事前取材

そこで、団体に電話をかけて趣旨を伝えると快く回答してくれました。発刊している年鑑や業界名簿、統計データなども聞き出し、キーとなる団体については、後日訪問することにしました。次は、業界新聞社・雑誌社に業界団体同様、電話で問い合わせをしていきます。新聞社・雑誌社は企業別や機能別に担当者を分けているため、特定企業のくわしい情報をつかんでいることがあります。

●仮説資料を作成して訪問取材

こうして、訪問取材をスタートしました。訪問にあたって、図書館で収集した資料に充分眼を通して、どこを知りたいのか、疑問に感じるのはどの部分かを事前に整理しておいたので、的確な回答を得ることができました。以前、何の知識もなくいきなり訪問したものの会話が噛み合わず、思うような答えを得られなかったことがあります。

何が知りたいのかを明確にしておかないと、聞かれるほうも何から話を進めたらいいのか、どの話をしたらいいのかがわからずうまくいきません。相手は、自分の業務時間をわざわざ割いて、好意で取材に応じてくれていると

業界関連先取材の実施ステップ

1. **情報収集対象業界の設定**
2. **取材対象の業界団体、業界新聞・雑誌社の選定**
3. **業界概要の事前整理（オープンデータなどから）**
4. **取材する項目の設定（知りたい情報、仮説など）**
5. **より深い情報を引き出すための工夫**
   ※市場のまとめシートなど
6. **情報収集レベル目標設定と誠意を持った取材**
7. **取材した情報などから概要をまとめ上げる**
   ※きちんと書面で残しておくことが大切

いうことを肝に銘じておくことが大切です。くわしい企業の動向や戦略などについては、新聞社・雑誌社で取材しました。

もちろん、疑問点がすべて解消することはありませんが、最初から無理と決めつけず、だめもとで取り組むことが必要です。わからなくても、案外ヒントになりそうなことを話してくれる可能性もあります。わかっている情報を仮説や構造としてまとめ、１枚の資料として見せながら意見を聞いていく方法も効果的です。できれば、図やグラフ、フローで表現し、ひと目でわかるように工夫します。

資料を準備し、真摯な態度で臨むことが大切です。誠意を尽くせば通じるはずだ、という性善説に立たないと調査は成り立ちません。さらに、先を考えて後日の問い合わせなども考えて、その旨伝えておくことも必要です。

まず、自社の強みと弱みを洗い出す

目指すべき方向性確定のための調査

自社及び自社商品の強みと弱みについて、ブレーンストーミングを実施する。

●ポジショニング分析

市場概要や自社の市場地位を把握したL社（中小文具メーカー）は、次のステップとしてポテンシャル評価とそれに基づく方向性の構築を行なうことにしました。ポテンシャル評価は、自社及び自社商品について、強みと弱みを洗い出してポジショニング分析することからはじめました。

●ポジショニングの進め方

ポジショニングは、L社内部のプロジェクトメンバーと社外的な視点を重視して、第三者を加えて行ないます。

参加者は、意見の広がりと人数のバランスから8人としました。通常業務の連絡が取れない場所に会場を確保し、カンヅメ状態で進めます。業務から離れ、集中して議論できる環境がポイントです。

ここで、自社及び自社商品の強みと弱みについてのブレーンストーミング（ブレスト）を実施していきます。ブレストは参加者全員、否定的な発言をしてはならないことが大原則です。忌憚なく自由に、マイナス情報も率直に発言することが鉄則です。

徹底的な議論の結果、それぞれ100を超える項目が出されました。次のステップは、強みと弱みそれぞれごとの意見をKJ法によって集約していく作業です。その結果、強みとして金属ワイヤの加工技術と設備、金属製小物文具の製造、老舗文具卸とのパイプ（文具チャネル）、中国での製造工場などが挙げられました。一方、企画開発力、新規開拓の営業・提案力などが弱みであることが確認されました。

●該当分野メーカーへの直接取材

ポジショニング分析から、今後の方向として文具にこだわらず「金属ワイヤの加工技術と設備」を生かした市場を探ることになりました。改めて図書館で調べると、ワイヤの注目領域として工業用の生産財と消費財分野があり、後者には家具、園芸用品、ワイヤクラフトの玩具、耳かきなどがあります。これらの分野について、業界団

自社及び自社商品の＜強み＞と＜弱み＞の分析表（例）

	強　み	弱　み
自　社	・50年間に及ぶ（金属ワイヤ）加工技術 ・低い製造コスト（製造設備は減価償却が終わっている） ・自前で製造工場を持っている ・熟練した現場技術者がいる	・製造設備が老朽化してきている ・高度なワイヤ加工に対応できない ・文具チャネル以外のルートがない ・文具卸の流通に頼りすぎて営業力が弱い ・商品開発を長年怠ってきた ・これまで利益率の高い事業が可能だったため、リスクを避けてきた
自社商品	・文具業界内では一定の地位を確立している ・シェアトップクラスの商品アイテムもある	・文具の卸や大型量販店でしかブランドが知られていない ・現状の商品は成熟市場にあり、今後ジリ貧は避けられない ・大型量販店からPBの要請が強くなり、利益率が大幅に下がってきている

自社及び自社商品のポジショニング表（例）

大↑市場の成長性↓小

携帯電話、携帯情報端末関連	若年女性向けインテリア感覚文具関連 若年女性向けアイデア文具関連
学童用文具関連（プラスティック製） 会社・事務所用文具関連（プラスティック製）	学童用文具関連（金属製） 会社・事務所用文具関連（金属製）

小←潜在ポテンシャル→大

体・業界新聞社・雑誌社への電話取材から概要をつかんでいきました。

L社は手はじめに、OEM受注を視野に入れ、それぞれの商品について、とりあえず代表企業への直接取材を計画しました。あくまで、業界の感触をつかむための取材です。まず、典型商品のカタログや商品を入手し、技術的な研究と検討を行ない、L社の得意とするワイヤ加工プロセスによる製造システムとその利点を訴求した提案書を作成しました。相手に一定の詳細が提案できる内容にまで仕上げて、訪問のアポイントを取りつけました。

面談の際には、いきなり技術的なテーマになることが眼に見えているため、現場の技術者も同行させます。また、当社の技術水準を理解してもらえるように、代表商品だけでなく試作品のサンプルや工作機械の写真なども持参します。

Section 5

情報が少ない業界ではどうするか

市場を見定めるための調査

目指すべき方向性が見えてきたら、新規参入可能領域・分野の絞り込みが課題となってくる。

●可能領域・分野への絞り込み

市場での自社の位置を確認し、ポジショニング分析で目指すべき方向がある程度見えてくる段階になると、新規参入可能領域・分野の絞り込みが課題となってきます。オープンデータが揃っている分野とそうではない場合があり、歴史的に古く、第一次・第二次産業に近いほど官公庁や業界団体の統計が充実している反面、業界としての形成がまだ新しい業界では、オープンデータが少ない傾向があります。

●人材派遣会社N社が新市場を検討

人材派遣会社N社は、競争激化の一途をたどる業界の動向を踏まえて今後、新市場参入を模索しています。具体的には、少子高齢化時代を前提にセレモニープロデュース事業分野を考え、市場概要を見定めるための調査を計画しました。仮説として、人のライフステージに応じた子供の誕生、入学、卒業、成人、婚約・結婚、葬儀など、生活の節目に欠かせないさまざまな儀式について、どう考えどう行動しているのか、現在どのような施設を利用していて満足度はどうか、こうしたい・こうありたいという願望はどういうものか、などを明らかにすべきだと考えました。

また、慶弔を同じ会場や施設で催すことへの抵抗感なども課題です。心情的に、祝い事と弔い事は切り離すのが慣習です。最近は、ホテルで追悼会が行なわれることも増えていますが、その動向も気になります。

●オープンデータの収集

まず、セレモニーに対する生活者の意識や行動をつかむため、図書館で『アンケート調査年鑑』（並木書房）や「国民生活時間調査」（ＮＨＫ放送文化研究所）、『余暇・レジャー総合統計年報』（アーカイブス出版）などから必要な情報を収集。一方、施設の売上などの情報は、『業種別審査事典』（金融財政事情研究会）、『日経ＭＪトレンド情報源』（日本経済新聞出版社）、『日本マーケットシェア事典』（矢野経済

事業構想のフレーム（例）

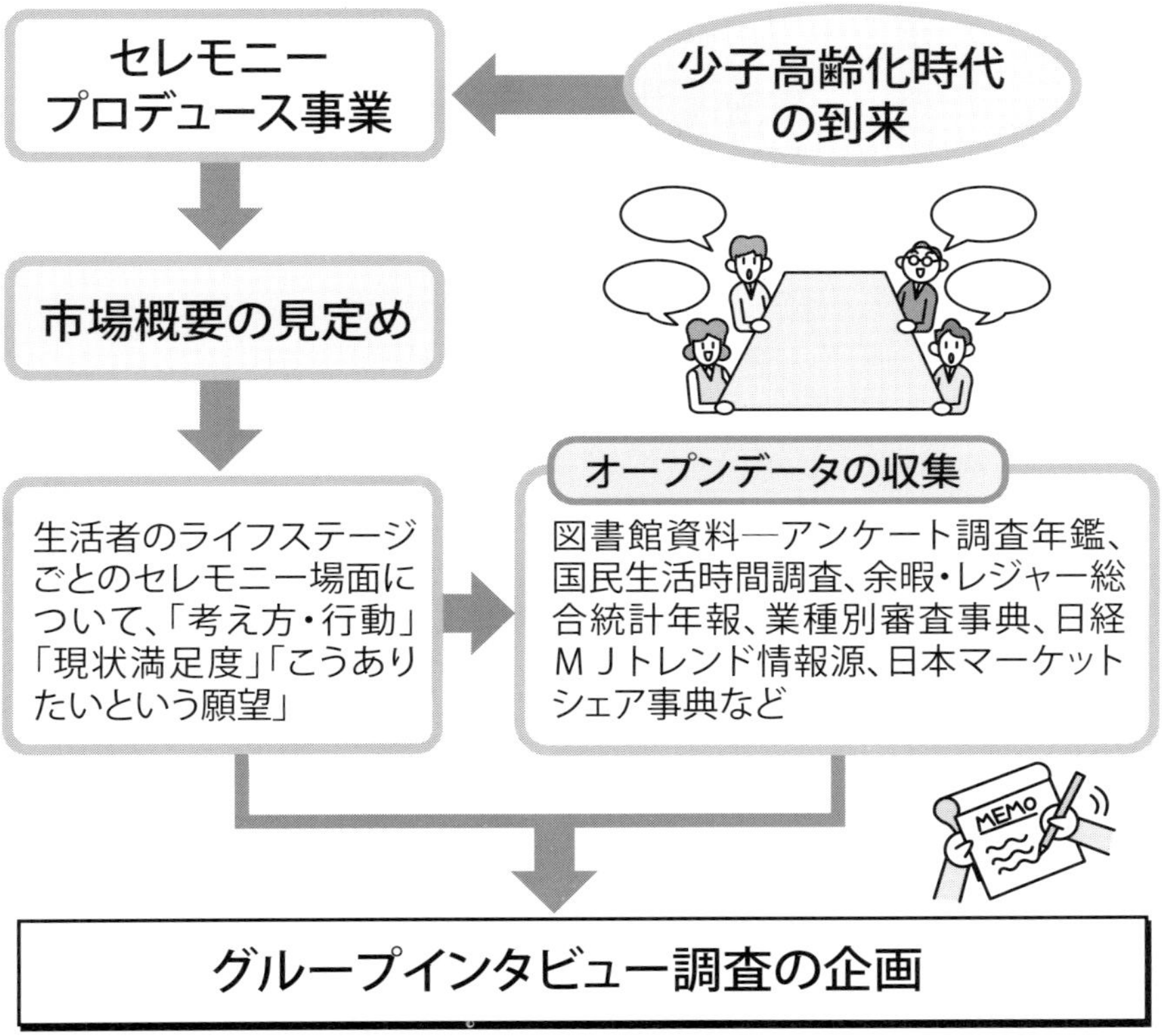

研究所）などで押さえました。

●ニーズ確認のためのグループインタビュー

新しいセレモニーの支援サービス・システムについて、生活者のニーズの有無や問題点を直接探るため、6名ずつ2グループのグループインタビューを実施することにしました。20～40歳代の男女で、この3ヶ月の間にホテルでセレモニーを行なった人という条件をつけました。

催事をホテルで行なう層は、慣習や親の意向などにとらわれることなく、自分の考え方中心で物事を取り入れる、という仮説に基づいています。想定しているサービスがまだ存在していないことから、出席者のライフスタイルや生活に対する価値観、行動形態など幅広い観点から事前アンケートを設計し、それらとの関連で見ていくことにしています。

業界を広げて使える情報を探す

対象市場の検討

オープンデータと生活者調査の組み合わせで対処する。

●想定市場攻略の具体化

前述の人材派遣会社Ｎ社は、グループインタビューの結果からセレモニーの新サービスに対して生活者ニーズはまだ少ないものの存在し、将来拡大する余地も可能性もある、という結論を得ました。

そこで、具体的に需要予測とシステムの運営や営業体制について、計画を立てることになりました。

●当面の競合先をベースに研究

需要予測にあたって、まず各種催事を行なっているホテルや施設の売上動向をつかみ、基礎データとすることからはじめました。

しかし、結婚式や葬儀は既存資料が参考になりますが、婚約や誕生祝いなどの小さな催事についての参考資料はほとんどなく、手持ちのデータや調査を元にした推定で行なうことにしました。ホテル関連は『日本ホテル年鑑』（オータパブリケイションズ）があり、前述の『日経ＭＪトレンド情報源』や『日本マーケットシェア事典』の数字を組み合わせて、該当市場の規模を推計していきます。生活者レベルの情報は、「国民生活時間調査」、『余暇・レジャー総合統計年報』から得られた情報をベースに、ケースを想定して基礎数字を設定し、乗じて現状を推計しました。

●将来予測のための生活者調査

市場規模の将来予測にあたっては、生活者調査を行ない、出てきた数字をベースに予測することにしました。問題になるのは誤差率です。事業化の検討段階で、調査にそう多くの費用はかけられません。しかし、市場を判断する規模の目安は必要です。

そこで、20～40歳代の女性を対象に、電話調査で３００サンプルを回収する調査設計を行ないました。このサンプル数であれば、最大でも±５・８％の誤差の範囲に収まり、いちおうの目安の数字が得られます。

また、質問内容が絵や図を見せなくても言葉だけで充分に伝えられる内容

市場規模の予測

（1）BtoCのケース

① オープンデータの活用

（1）家計調査（総務省統計局）、（2）国勢調査（総務省統計局）、（3）全国消費実態調査（総務省統計局）、（4）民力（朝日新聞社）、（5）地域経済総覧（東洋経済新報社）　など

② 類似商品からの推計

類似商品を探し出し、その商品の数値に対する歩留まりを想定したうえで推計する

③ 需要予測のための調査結果を元にする

誤差率を考慮したサンプル数で調査を実施。数値が高くなりがちであることに注意する

（2）BtoBのケース

① オープンデータの活用

（1）商業統計（経済産業省）、（2）事業所・企業統計調査（総務省統計局）、（3）サービス業基本調査（総務省統計局）、（4）住宅・土地統計調査（総務省統計局）、（5）矢野経済研究所刊行物、（6）富士経済刊行物 など

② 代替可能製品からの推計

既存製品が使用されている場合、どの程度その製品に代替できるか、可能性を想定したうえで推計する

で、時間的制約の面から考えても最適と考えられます。

●調査結果から選択した方向

調査結果からは、40歳代よりも20・30歳代で、そう多くはないものの強いニーズを持つ層が存在し、将来的には一定の市場規模になることが予想される、という結論を得ました。

営業システム、運営方法については、ホテル・結婚式場のシステムを参考にしながら、Webサイトとの組み合わせ・しくみ化で最適システムを構築していく計画です。

より効果的なシステムづくりを目指すために、最近6ヶ月間にホテルなどでイベントを行なった人を探し出し、グループインタビューを行なうことも検討しています。

出現率が非常に低いことが想定されることからインターネットの活用も考えています。

自らの足を使って情報を集める

新市場参入を判断するための調査①小売業新規出店の場合

できる限り、現場の生々しい臨場感を感じ取ったうえで意思決定したほうが間違いは少ない。

●入れ替わりが激しい小売店市場

都心部を歩いていると、店舗の入れ替わりの激しさに驚かされます。事業所統計によると、２００４年の小売店舗数（全体）は、１９９９年に比べて12・５％減少しています。詳細は閉店が25万１４９１店ですが、新店が14万６８６８店。

約20％の店が閉鎖している一方で、10％強がオープンし、競争の激しさを物語っています。

起業ブームは一時に比べて落ち着いた感がありますが、ブームに乗せられて行き詰まるケースは後を絶ちません。ＦＣ本部の資料をうのみにして店をオープンしたものの、想定数の客が来ない、客単価が予想の半分程度などといった初歩的なトラブルが多いようです。

商工会議所の起業講座は頻繁に開講されていますが、事業計画づくりなどが中心で、市場調査をカリキュラムに組み込んでいるのを見たことがありません。事業計画もしょせんは仮説ですから、何らかの検証が必要なはずです。

●新規出店検討のため、足で情報収集

新規出店や既存店評価、商圏分析などを行なうＧＩＳ（Geographic Information System：地理情報）マーケティング専門の会社も増えてきているようですが、手間さえいとわなければ、アナログ的な手法でも判断のための資料は作ることは可能です。

商圏の確定方法を前述しましたが、対象地域の地図に想定商圏、地理情報、競合店情報などを記入していくやり方です。

地理情報は、区役所や市役所で年代別人口・世帯数と増加率などを入手して地図上に記入し、競合店の場所、店頭写真、営業概要などは足でチェックして書き込んでいきます。

可能であれば、地域の家族形態や商業統計データの他、競合店について店舗面積、席数、従業員数、駐車スペース、品揃え・メニュー内容、顧客の利

新規出店検討の方法

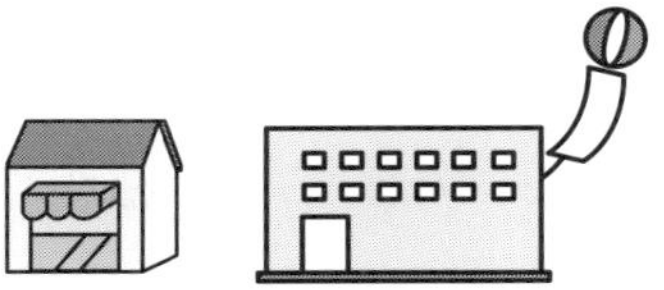

1 想定場所の確定

2 想定場所周辺の統計情報の収集

市役所や図書館の活用
- 想定商圏の人口・世帯数動向
- 出店想定場所周辺の道路事情とアクセス（徒歩・車）
- 想定商圏の特徴

3 競合先情報の収集

競合想定先の確認と評価──電話帳、インターネット、ミステリーショッパー調査の実施

立地場所、店舗イメージ、アクセス、敷地・施設、店舗運営内容・形態、経営状況、商圏、集客状況、顧客評価・満足度

4 地図の用意

地図のタイプ
- デジタル地図もあるが、使用するパソコンのメモリやハードディスク容量、ソフトなどの条件があり、熟練しないと使いにくい
- ブック形式の地図が主流になり、1枚ものは都市レベルまで。区分地図は東京・神奈川・愛知以外は市販されていない
- 区役所に当該区の地図があり、無料で配布している

5 地図に想定場所周辺や競合先情報を書き込む

市場規模の予測、競合先との優位性分析、新店の採算可能性検討と出店の判断　など

用状況などを観察調査して付け加えていくと、さらにリアルな資料ができます。

どんな優れたソフトでも可能性を確率で示すだけで、最終的に意思決定するのは人ですから、できる限り現場の生々しい臨場感を感じ取ったうえで意思決定するほうが間違いは少なく、初歩的なミスを防げます。

あるメーカーでは、ホームセンターでの自社商品売場の改善提案をするために実際の売場に出向いて、棚に陳列してある商品を人の手で一つひとつチェックして詳細な棚割り表を作成し、問題点の発見と改善策づくりを行なっています。

問題の答えは現場にあると言われますが、調査は現場を再確認するための一手法です。デジタル情報に必要以上に頼りすぎると、かえって現場が見えなくなってミスをしがちになります。

顧客接点に最も近い卸へ調査を行なう

新市場参入を判断するための調査 ②メーカーの場合

既存メーカーには優位性があり、明確な差別化を図った新商品でないと新規参入は難しい。

●難問を抱えるメーカー

社会の成熟化、少子高齢化の進行、顧客接点の拡大、商品の短サイクル化など、メーカーにとって難問が多い近年ですが、企業活動に停滞は許されません。日夜、新商品をめぐる企業間競争は、眼に見えないところで繰り広げられています。既存メーカーには優位性があり、明確な差別化を図った新商品でないと新規参入は難しいのが現状です。

●新素材による新規参入

家庭用品メーカーのS社は、生分解プラスチックを使った食器市場への参入を検討しています。生分解プラスチックの原料コストは、従来プラスチックの3倍だったものが、相次ぐ原油高とメーカーの技術革新によって2倍にまで下がり、制限はあるものの従来プラスチックに近い機能・性能を確保できるようにまでなりました。

そこでS社では、懸案だった新規参入分野として食器市場に焦点をあてることにしました。食器市場は大別すると、①一般家庭用、②外食産業などの業務用、③学校給食用、の3つの市場があります。S社にとって食器はまったく未知の市場であり、セオリーどおりに、市場動向・環境分析、市場地位の確認、方向性づくりなど、ひと通りのステップを踏んできました。

そこで、新規参入の可否を判断するため、この3つの市場に対する調査を計画しました。ポイントは、市場関与者が要求する商品コスト、基本物性や機能、安全性とコストのバランス、デザイン性はどうか、想定商品の受容性はどうか、といった内容です。

●チャネルに強い卸への調査

この3つの市場は、そのチャネルに強い卸・商社が存在していることがオープンデータ調査からわかっています。S社では卸・商社経由の流通を考えているため、3つの市場でそれぞれ3社、計9社に対して調査を行なうことにしました。想定商品はサンプルなどが用意できない段階ですから、コン

新市場参入可能性評価調査（事例）

テーマ	概　要
① 冷凍食品流通実態と参入可能性評価調査	食品メーカーが新チャネル・ルートへの参入可否を検討するために、卸や量販店の取扱実態や流通ステム、チャネル特性、参入を可能とする条件、などを明らかにする
② チルド食品流通実態と参入可能性評価調査	
③ 陶器類の流通実態と参入可能性評価調査	家庭用品メーカーが陶器という素材分野に参入を検討するにあたり、陶器メーカー、卸、量販店をつなぐ流通構造や流通システムがどうなっているのか、新規メーカーが参入する場合の要件はどういうことか、などを把握する
④ トイレタリー商品の流通実態把握と参入戦略策定のための総合調査	化学メーカーがトイレタリー商品の一般市販市場の参入にあたって、現状の市場構造・流通構造の概要を把握し、参入にあたっての導入戦略立案を行なうための基礎資料を得る
⑤ 日用雑貨品・訪販参入可能性評価調査	既存市販商品の改良品を訪問販売チャネルに拡大するための可能性見きわめのための資料を得る
⑥ ゲーム機関連商品の最適チャネル探索と参入可能性評価調査	学童用TVゲーム機の使用を時間制限する機器について、最適な販売チャネルを選択するために流通キーマンの商品評価と取扱意欲をつかみ、導入チャネル決定のための資料を得る
⑦ 車関連雑貨品の参入可能性評価と導入の方向性を明らかにするための調査	車関連用品の市場導入にあたり、最適な販売チャネルを構築するために流通キーマンの取扱意欲をつかみ、導入チャネル・ルート導入計画立案のための資料を得る
⑧ 学校給食用品の流通・販売実態と参入可能性評価調査	新規分野参入のための流通の各関与者の役割や構造、システムを明らかにし、参入可否の検討と参入する場合の基本条件を明らかにする
⑨ フォークリフト関連品の流通実態と参入可能性評価調査	

セプトと基本物性・機能、目安価格程度に留めました。

●調査結果からの意思決定

調査の結果からは、業務用・学校給食用では、コストや物性、特に耐久性が求められ、安全性は要求されているものの、コストの制約から多少安全性を加味した従来プラスチックの改良品へ置き換わっていること、家庭用は安全性とデザイン性が優先されるが、物性・機能も従来プラスチック程度が求められること、などが判明しました。S社では当面、一般家庭用を軸に参入を行なう意思決定をしました。

ただし、家庭用の場合、電子レンジへの対応が必須となります。コスト面での課題も残っています。そこで、環境意識の高い層を対象にグループインタビューを実施し、家庭用としてクリアすべき課題を明確にすることになりました。

流通の各段階ごとに調査する

選択市場に対する新市場参入戦略策定のための調査

ベーシックにセオリーを押さえると、具体的で相互的な戦略が構築できる。

●3段階の調査計画

家庭用食器市場への参入を決めたS社では、具体的な戦略を構築するために、①卸、②小売店、③生活者、という3段階の調査を計画しています。調査の目的は、起用する卸先の選択と最適な流通システム・取引内容、小売店攻略活動のあり方、生活者が求める顧客接点場所と商品内容など、参入にあたって活動の詳細を確定する基礎資料にするためです。卸の選択は、卸向け調査以外に小売店サイドからの評価や要望も加味して決める予定です。

●卸に対する調査

卸については、事前に東京商工リサーチや帝国データバンクの信用情報を入手し、与信面からの確認を実施し、5社に絞り込みました。

問題となるのは、主要な販売先や営業力、具体的には営業人員や営業体制、取り扱いメーカーと扱いシェア、取引条件、新規メーカーへの関心度・取り扱い意向などです。有力な卸企業でも、特定メーカーとの結びつきが強かったり、狙っている大手小売店との取引口座がなければ話になりません。

●小売店に対する調査

小売店に対しては、商品への関心度・取り扱い意向、取引条件、納入希望卸店名、納入方法・条件・形態、展開予定売場などを考えています。対象は、チェーン本部20社と傘下店舗各2店ずつの計40店を設定しました。

●生活者に対する調査

生活者への調査は、開発段階でもコンセプト評価やネーミング、価格などは調査ずみです。そこで、今回はパッケージデザイン、品揃えの評価に加えて、購入する際の店舗や売場、価格、買いやすい・望ましい売場のあり方などに絞って調査を実施します。幅広い情報を収集するため、20～40歳代の女性で東京３００名、大阪３００名を設定しました。

●調査結果からの総合的な結論と方向

調査結果から総合して、当面は比較的高感度な顧客を対象にしている東急

流通段階ごとで明らかにすべき内容

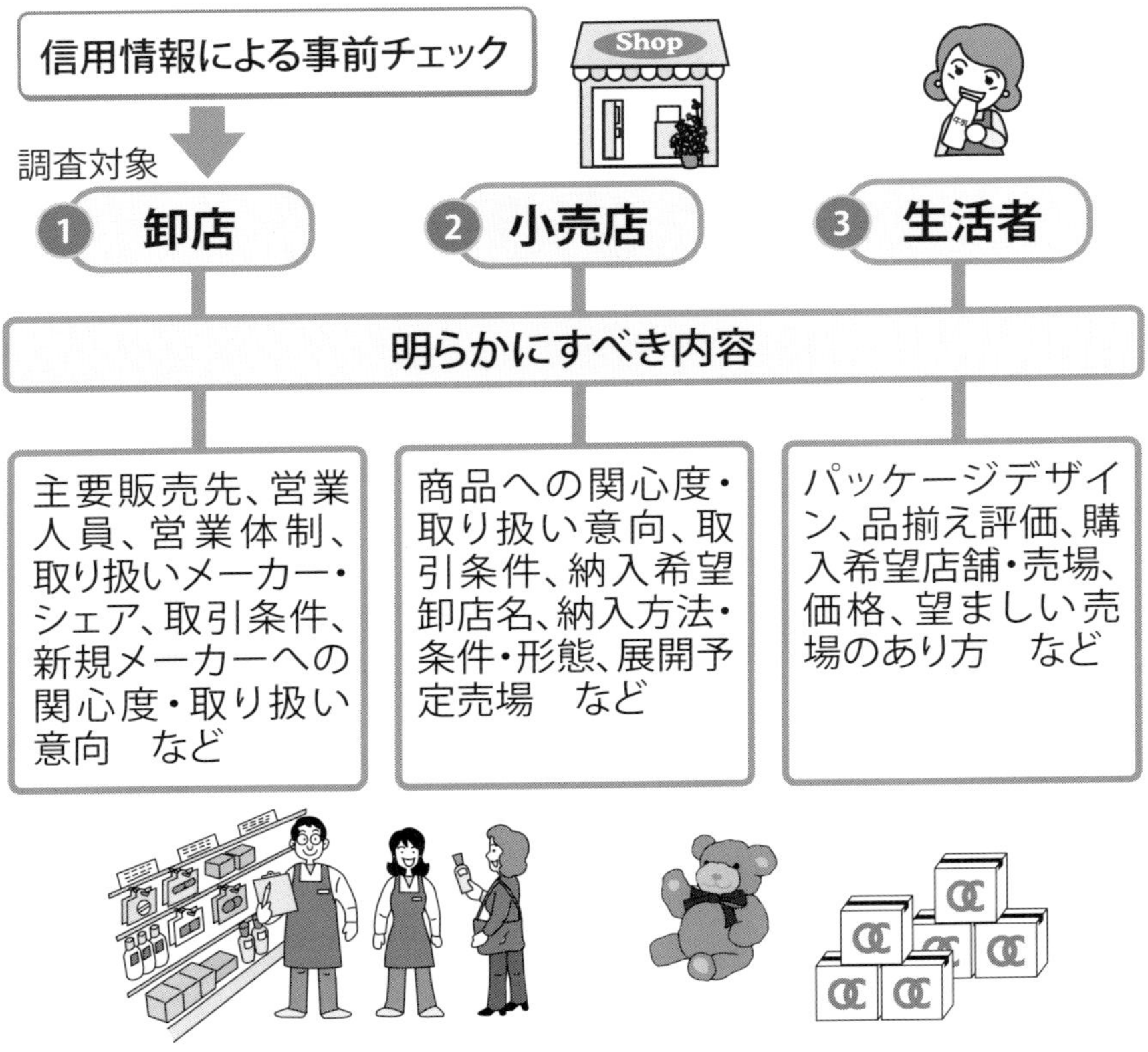

ハンズやロフト、プラザ（旧名ソニープラザ）などで限定的に展開することにし、卸は東京、大阪でそれぞれ1社を起用することにしました。

　価格面でもこうした店舗の場合、それほど問題にはならず、売り方・売場づくりのほうが課題のようです。小売側からの要請で、個性的で注目度の高い提案コーナー展開を行なうことになり、企画案を別途作成して本部折衝にあたることになりました。

　提案書の構成として、①市場環境と生活者動向、②高まる環境意識と消費行動の変化、③店舗に求められる環境配慮商品の品揃えの方向、④提案したい環境関連売場の展開、という基本骨子を決めました。

　具体的な売場づくりのあり方については、別途異業種店舗の事例調査を行ない、アイデアを吸収してまとめあげていく予定です。

近い商品の事例研究を行ない参考にする

効果的な売場展開案企画のための調査

メーカー調査は正攻法で正直に、趣旨と目的をメーカー側に伝え、協力を要請する形でアポイントを取っていく。

●売場展開コンセプトづくり

前述のS社が、高感度の店舗で効果的な売場展開を図るための企画案作成のために、異業種商品の事例研究調査を行なうことにしました。消費者認知はほとんどなく、市場にも出回っていない商品ですから、商品内容や特徴を店頭で告知していくことが求められます。参考業種として、化粧品、健康食品を選び、企業の考え方や売場展開のコンセプトと表現方法、展開にあたっての配慮ポイントなどを事例から学んで、新商品の売場展開の考え方・コンセプト、展開方法、売場支援策などを作成する予定です。

●事例研究のための企業訪問調査

事例研究を行なう企業として化粧品メーカー3社、健康食品メーカー3社を選び出しました。事前に高感度ショップ数店を観察調査し、売場で一定のスペースを確保し、生活者に訴求力と説得力があるメーカーを選択しました。観察調査は、S社の20歳代女性社員が顧客の視点から見て、評価ポイントが高いメーカーとしました。

●調査結果から学ぶべき点

肝心のメーカー調査は、正攻法で正直に、趣旨と目的をメーカー側に伝え、協力を要請する形でアポイントを取っていきます。変に隠し立てをしなかったことが幸いし、計6社の面接調査を完了することができました。調査結果からのポイントとして各企業で共通していることは、商品コンセプトと売場コンセプトは一貫した考え方で統一されており、別々のものではないということです。

つまり、商品開発の段階から、最終顧客接点である売場を視野に入れていなければならないということです。S社では、これまで開発段階では技術中心で、売場を意識することがほとんどありませんでした。今後、開発部員に本部折衝や個店巡回を行なうように指示しました。さらに、売場で商品認知を促進するために、二重三重の伝達手段を設けていることも教訓になりまし

食品用クッキングシートのケース

クッキングシート販売の例

1. クリスマスとバレンタインデーの集中型需要を解消するため、電子レンジ使用のノウハウを蓄積し、「ふだんの生活に便利」な用途開発にシフトしていった
2. 店頭で顧客提案する情報コンテンツづくりは、社内ミーティングを重ね、食トレンドを調査し、調理実験を繰り返しながら生み出していく
3. メーカーの独りよがりにならないよう、消費生活アドバイザーのチェックも仰いでいる
4. 調査・統計資料をチェックするだけでなく、主婦の口コミや井戸端会議にも耳を傾ける
5. 実演をからめた店頭プロモーションは、ピンポイントで行なうため、広く普及させる効果は期待できず、コスト負担も小さくない。しかし、お客様に足を止めて商品を手に取ってもらう機会は店頭しかない。おいしく作りやすい料理レシピ、本当に役立つ生活情報、心引かれるイベント、魅力的なグラフィックの印刷物などの工夫を重ねる

た。

メーカーはともすると、ひとつや二つの手段だけで、「これで充分」と勝手に考えがちです。テレビモニターを置いて、映像を流しておけばそれで充分と考えがちです。しかし、一般顧客に訴求して理解を深めてもらうためには、店頭でのテレビモニターによる映像、説明員、説明パネル、手渡しパンフ、クイズなどのキャンペーンなど、念には念を入れたしかけ・しくみが必要だということもわかりました。

そこで、まず売場展開のコンセプトづくりにとりかかります。顧客にまったく認知がない新商品である、ということを踏まえ、ひと目見てわかりやすく、しかもポイントをついた表現を工夫しました。コンセプトが決まったら、次はそのコンセプトを売場で最大限効果的に伝達・訴求するための販促手段とツールを詰めていきます。

Column 6

スーパーの店頭は変わったか

この業界に長く携わっていると、買い物で訪れたスーパーであっても、つい習慣で主だった売場を見てまわって自分なりに評価をする癖が抜けません。30 年以上にわたって観察してきましたが、大きく変わったのがPOSレジです。

以前は手打ちのレジで、商品の値段を一つひとつ打ち込んでいました。阪神間では、コープ神戸のレジ係が早くて間違いが少ないと、商店街や小売店で話題でした。当然、レジ係は高い能力が要求され、専門職だったはずです。

それが、POSレジの普及で支払い段階の機能が平準化され、優位性がなくなりました。今は、アルバイトでも充分に使いこなせるレジとなっています。

売場を観察すると、たしかに商品は入れ替わり、以前よりカラフルで目立つパッケージが多くなってきています。惣菜や弁当などのいわゆる中食売場は、大きくスペースを割いていて、以前と比べ大きく変化していると言えるかもしれません。売場で市場の感覚を取り入れようと、たとえば鮮魚売場で、街の魚屋をイメージして、その場でさばいてくれる店も増えてきています。しかし、全体として感じることは、売場自体はこの 30 年間、ほとんど変わっていないということです。

「買い物はめんどうで、できれば手間を省きたいのが生活者の本音である」というマーケティングの考え方がありました。その考え方を元にして「ワンストップショッピング」が発達してきた側面がありますが、少し異論があります。

かつてよく見かけた商店街や市場には、「驚き」や「楽しみ」や「期待感」などがありました。しかし、今スーパーに出かけてみてもそれを感じることはできません。必要だから出かけますが、だいたいこういう商品があるだろうと予想がついてしまいます。

スーパーは人を介さないため、「あの店員さんはどうしているかな?」と思うこともありません。「感動を与える売場」、「また来たくなる売場」——こうしたことに応えてくれるスーパーが、今求められています。

第 7 章

インターネットと市場調査

インターネットのメリット、デメリット

インターネットとマーケティング

市場調査は、インターネットによって飛躍的な進化を遂げた。

●拡大するインターネット調査

インターネットの進展は、マーケティングに計り知れない影響を与えています。詳細については触れませんが、象徴的なのはインターネット広告が5年前に比べて約5倍になり（01年／06年）、広告費全体の６％を占めるまでになってきたことです。影響が大きい分野のひとつが市場調査の分野です。

業界団体である日本マーケティング・リサーチ協会加盟の調査会社が実施した調査の約17％をインターネット調査が占めています。３年前が約８％ですから、単純に構成比だけを比べると、2倍強になっています（日本マーケティング・リサーチ協会資料）。

●インターネットがはたす効用

市場調査は、インターネットによって飛躍的な進化を遂げました。インターネットの効用を市場調査の視点から整理すると、①関連情報の所在や手がかりが容易に得られる、②Ｗｅｂサイト上で公開されている情報を誰でもいつでも使うことができる、③インターネット調査でコストと時間が削減できる、の３点になります。

●インターネットは玉石混淆

インターネットでは、一度に膨大なＷｅｂサイトが検索できます。出てきたＷｅｂサイト一つひとつを開きながら眼を通していくと、それだけでも多くの時間を費すことになります。また、検索されたＷｅｂサイトや情報は当然玉石混淆です。手際よく取捨選択して、必要と判断されるサイトだけを詳細に見ていくようにしないと時間のロスだけでなく、無駄な情報を集めることにもなります。情報を見きわめる眼の確かさが求められます。

また、忘れてならないのが明確な問題意識です。あやふやな姿勢や意識で取り組んでも、溢れる情報に流されて、肝心の必要とする情報を見失ったり、ぼやけた断片ばかりを集めてしまうということにもなりかねません。問題意識をしっかりと持つことが大切です。

世界のインターネット普及率

インターネット普及率（%）2005年

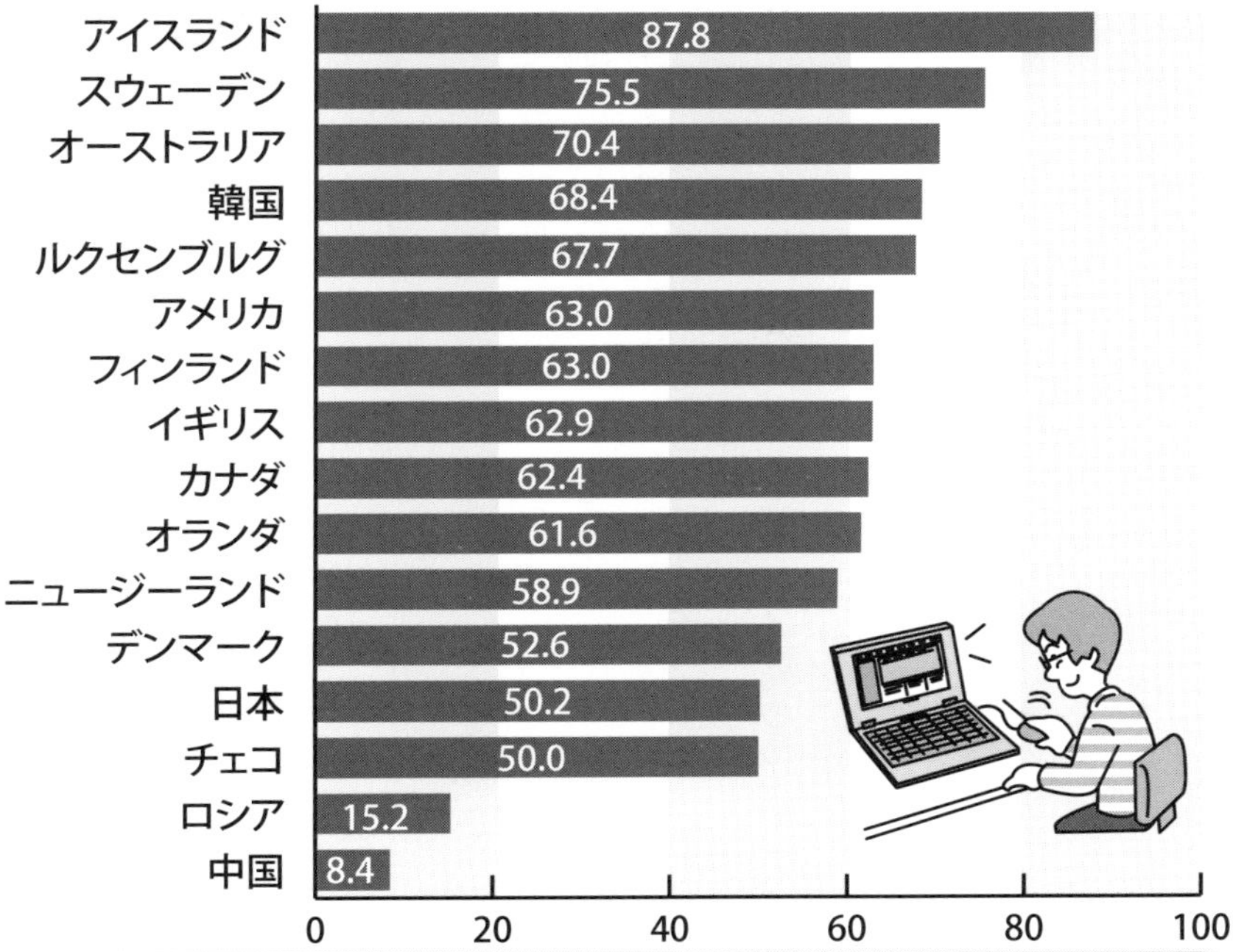

広告費の推移（億円）電通調べ

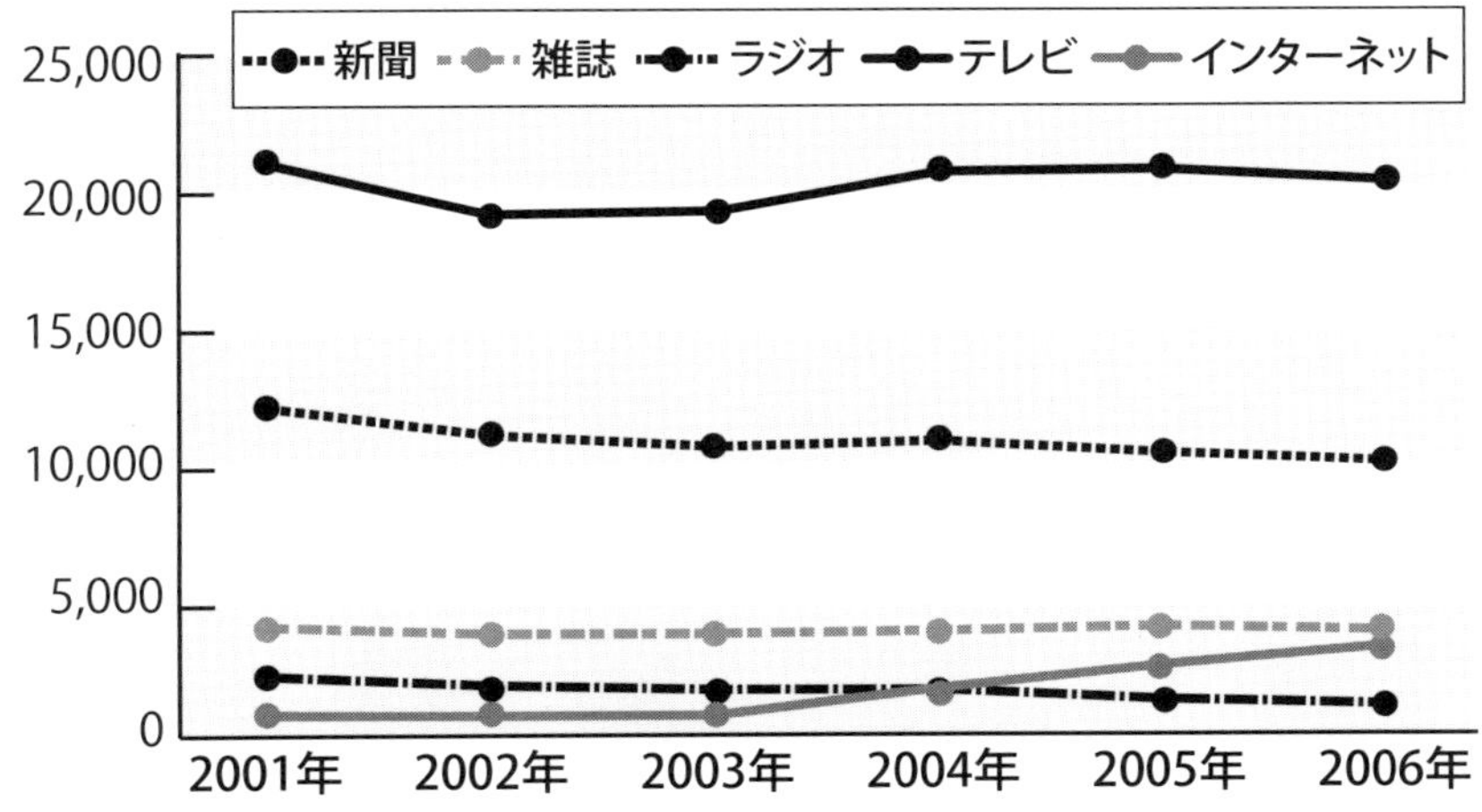

インターネットは情報収集の入口

情報収集の手はじめがインターネット

広く手がかりを探してピンポイントで掘り下げるのがコツ。

●情報収集の第一ステップ

第1章の5項でも少し触れましたが、まず情報収集の第一ステップがインターネットと言えます。いきなり図書館へ出かけてもいいのですが、どこの図書館に行けばいいか、それはどこにあるか、その図書館にはどのような書籍や資料があるか、インターネットで手軽に調べることができます。所蔵図書のネット検索ができる大型図書館が増えてきており、ビジネス分野に力を入れている図書館も増えてきています。専門図書館などについては、専門図書館のサイトがありますから下調べに最適です。自宅で、あらかじめ必要な情報をチェックしてから出かけると、効率的に情報探索を進めることができます。

●手がかり探索のためのインターネット

ビジネス分野に力を入れている図書館でも、業界新聞や業界雑誌の取り揃えについては、まだ充分とは言えません。そこで威力を発揮するのが、インターネットです。業界団体についても、ネットの業界団体サイトを検索するのが近道です。新聞社・雑誌社、業界団体の多くは、ネット上にＷｅｂサイトを設けていますから、ひと通り探してみることをお勧めします。

なお、サイトのトップページにサイトマップがある場合、そこを開き、ひとつずつクリックしていくと見落とすことなくチェックすることができます。統計データや名簿など、予想外の情報を入手できることもあります。

●膨大な官公庁の情報

官公庁、特に総務省統計局や厚生労働省、国土交通省などのＷｅｂサイトには、膨大な統計情報や調査報告、白書などが収められています。

総務省統計局では、統計データという専用コーナーを設け、分野別・50音別の検索の他、情報の入手方法も案内しています。厚生労働省では、①統計調査結果と②白書・年次報告書等の2ケ所、国土交通省では、①統計情報、

総務省統計局サイトから−家計調査年報：平成 18 年度総世帯1ケ月平均金額

項目	全世帯		All households		
	実数 Actual figures	構成比(%) Percentage	対前年度増減率(%) Change over the year in %		
			名目 Nominal	実質 Real	寄与度 Contribution
消費支出	258,651	100.0	-2.2	-2.5	-2.5
食料	59,751	23.1	-0.7	-1.4	-0.31
穀類	5,197	2.0	-1.9	-0.5	-0.01
米	2,015	0.8	-5	-2.6	-0.02
パン	1,861	0.7	0.7	2.0	0.01
めん類	1,013	0.4	-2.0	-0.9	0.00
他の穀類	307	0.1	-2.5	0.4	0.00
魚介類	5,772	2.2	-1.3	-4.2	-0.09
生鮮魚介	3,555	1.4	-1.4	-5.3	-0.07
塩干魚介	1,021	0.4	-1.5	-1.9	-0.01
魚肉練製品	552	0.2	-1.1	-4.1	-0.01
他の魚介加工品	644	0.2	-0.9	-2.3	-0.01
肉類	4,771	1.8	0.4	-0.8	-0.01
生鮮肉	3,787	1.5	-0.3	-1.1	-0.02
加工肉	984	0.4	2.9	0.0	0.00
乳卵類	2,719	1.1	-2.8	-1.7	-0.02
牛乳	1,228	0.5	-5	-4.4	-0.02
乳製品	924	0.4	0.8	1.5	0.01
卵	566	0.2	-3.2	-0.5	0.00
野菜・海藻	6,801	2.6	-0.8	-2.4	-0.06
生鮮野菜	4,280	1.7	-0.1	-2.8	-0.05
乾物・海藻	585	0.2	-6.1	-6.4	-0.02
大豆加工品	990	0.4	0.5	0.6	0.00
他の野菜・海藻加工品	946	0.4	-1.9	-1.2	0.00
果物	2,255	0.9	-0.6	-8.8	-0.08
生鮮果物	2,141	0.8	-0.3	-8.9	-0.07
果物加工品	114	0.0	-6.6	-4.9	0.00
油脂・調味料	2,477	1.0	-0.2	1.0	0.01
油脂	221	0.1	-2.6	-1.5	0.00
調味料	2,256	0.9	0.0	1,2	0.01
菓子類	4,027	1.6	1.9	1.9	0.03
調理食品	7,397	2.9	1.3	0.7	0.02
主食的調理食品	3,232	1.2	1.9	2.4	0.03
他の調理食品	4,165	1.6	0.8	-0.8	-0.01
飲料	3,405	1.3	0.4	2.9	0.03
茶類	914	0.4	0.2	1.2	0.00
コーヒー・ココア	658	0.3	1.9	3.3	0.01
他の飲料	1,833	0.7	-0.1	2.6	0.02

＊資料：平成 18 年度　F,Y2006

②調査報告、③白書などの3ケ所のコーナーがあります。これらの情報の多くは、エクセルやPDF形式で記述されています。エクセルはそのままダウンロードすれば表として使用できますし、グラフ化も簡単です。これまでPDFファイルは、内容に手を加えることが難しく、そのまま使用することが多かったのですが、最近ではテキスト保存やワード、エクセルへの転換ソフトが数多く出回っていますから、使い勝手がよくなっています。

　さらに、各官庁には関連業界の独立法人や外郭団体が数多く存在します。たとえば、国土交通省では㈶住宅保証機構や㈶住宅リフォーム・紛争処理支援センターなど、挙げればきりがないほどあります。これらの団体では統計や独自調査も行なっています。ホームページ上で閲覧できるものも多く、一見の価値はあります。

対象企業の情報をくまなく探す

インターネットを駆使してベンチマーキングを行なう

就職サイトなどの周辺関連サイトにも眼を配ることが大切。

●ベンチマーキングとは何か

ベンチマーキングとは、自社の経営方法や企業活動、業務の運営、商品・サービスを、モデルとすべき企業の活動内容と比較・分析し、自社の改善目標を設定して実行していく手法です。従来から行なわれているケーススタディの大がかりなものと考えるとわかりやすいでしょう。

●目標設定のためのベンチマーキング

大手コンピュータメーカーの地域有力ディーラーとして40年あまりの歴史を持つＯ社は、ＩＴ機器の普及に伴うダウンサイジング化を予想し、15年ほど前から、得意分野でのソフト開発とＩＴを活かした周辺領域での事業化を進めてきています。

そのひとつが物流であり、10年前に別会社を設立し、自社資産を持たないノンアセット型の物流システム会社として、ようやく軌道に乗ってきました。

そこで、ＩＴをベースに物流業界をリードしているＨ社をモデルに設定し、ベンチマーキングを行なうことになりました。

●Ｈ社Ｗｅｂサイトを徹底的に探索

Ｈ社のポータルサイトにアクセスすると、サービスメニュー、ＩＲ情報、会社情報の３つに集約されています。念のため、サイトマップを開くと90あまりの項目が並べられており、さらにそれぞれの項目別に細目があり、かなり膨大です。必要と思われる項目に注意しながら目を通していきます。Ｈ社は株式を上場していますから、ＥＤＩＮＥＴによる有価証券報告書や決算説明会資料もダウンロードできます。

Ｈ社のチェックが終わったら、念のため親会社や子会社のＷｅｂサイトもクリックし、使える情報がないかを探索していきます。案の定、親会社や子会社のサイトには、Ｈ社との連携システムが案内されており、リンクも貼られていました。

●Ｈ社関連データの探索

Ｈ社関連のチェックが終わると、次

ベンチマーキングのための資料収集源

① 入手しやすいもの

インターネットＨＰ、有価証券報告書（ネット上のＥＤＩＮＥＴ）、経済紙（日経ＭＪ、日経産業、日刊工業など）、経済誌（日経ビジネス、週刊ダイヤモンド、週刊東洋経済）など

② 図書館などで閲覧する

帝国データバンク会社年鑑、東商信用録（東京商工リサーチ）、会社年鑑（日経）、日本会社録（交詢社出版局）、各業界の年鑑・名鑑・要覧など

③ 業界雑誌、業界新聞から探す

④ 有料調査報告書を購入する

矢野経済研究所、富士経済、日本経済新聞社

⑤ インターネット就職サイトの関連情報から探す

は周辺情報のチェックです。検索サイトのグーグルから、思いつくキーワードを入力しながら、表示されるサイトで関連しそうなところをクリックしていきます。

すると、就職サイトからH社の営業開拓成功事例を紹介しているコーナーを発見し、思わぬ収穫を得ることができました。

ネットでの情報収集後、中央図書館での国交省調査結果のチェックを行ない、オープンデータで外堀を埋めた後、H社へヒアリング調査に出かける予定です。

訪問するにあたって、集めた情報から市場概況、市場構造、今後目指すべき方向性仮説など、市場全体を俯瞰できるように1枚のペーパーにまとめ上げました。ヒアリングする際、話題の共通基盤を設け、議論の枠を大きく踏み外さないようにするためです。

小売業の商品開発にも活躍

商品開発とインターネット

商品の評価だけでなく、顧客参加型の商品開発コーナーまである。

●モノづくりに生かすインターネット

インターネットによる顧客からの要望や問い合わせなどの受け付けは、多くの企業が実施しています。しかし、受け付けた内容を企業活動にどう生かしているかは、なかなか表に出てきません。そういったなかで、百貨店の大丸や松坂屋、阪急、専門店の無印良品などでは、ネットを活用して商品開発に取り組んでいます。

●軌道に乗ったダイマル・カスタマーズ・ビュー

大丸は顧客の意見をモノづくりに生かすダイマル・カスタマーズ・ビューというしくみで、食品や衣服、服飾品などの幅広い分野で商品開発を行なっています。

顧客からのＥメールを通じて、アイデア情報の収集やモニターとの情報交換の手段として活用しています。店頭のアンケート箱や売場販売員の声など、いくつかの収集手段のうちのひとつですが、２００７年春の企画品だけで97品目にのぼっていますから、好調に推移していると言えます。

その他の百貨店では、詳細は明らかになっていませんが、松坂屋ではTHIS ONE'S FOR YOU、阪急百貨店はas you というネーミングで顧客からの声を生かした商品ラインを取り揃えています。

●無印良品の開発プロセスの公開

専門店の無印良品では、登録メンバーによるネットコミュニティを開設する一方、Ｅメールでのアンケートやコミュニティメンバーから募ったモニター会議などで開発アイデアや商品サンプルの使用評価などをリサーチしています。新発売予定の商品のモニターや特定商品・場面についてのアンケートのお願いなどに、ネットコミュニティの多くのスペースを割いています。

また、モニター会議の内容について、かなり詳細な概要も公開しています。

通販企業の千趣会も、ベルネ工房という顧客参加型の商品開発コーナーを

商品開発でのインターネット活用概要

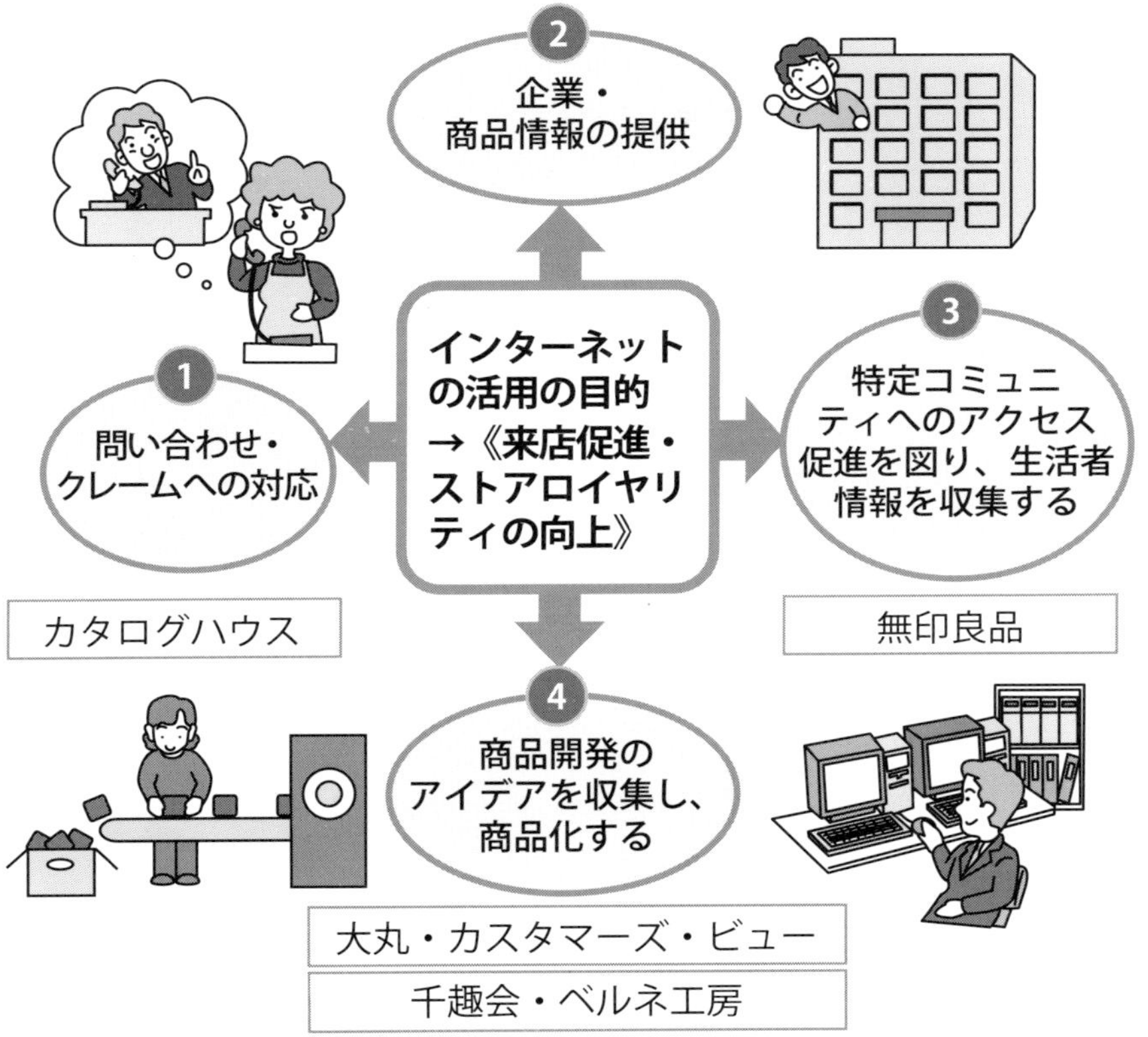

設けて、参加モニターの使用実態を写真入りで公表しています。

●カタログハウスの試み

直接の商品開発というわけではありませんが、通販のカタログハウスは、クレーム情報をホームページ上に一括して掲載しています。1年間まとめて年末に、顧客から寄せられた商品に対するクレームとその理由をネット上に掲載しているのです。マイナス情報を積極的にオープンにしていく試みは、もっと注目されていいでしょう。

時代の趨勢は「情報開示の進行」でもあります。自由に情報が飛び交う社会では、率先して情報を公開して、真摯な態度で臨み、信頼性を築いていくことが基本です。下手に隠すと、何かあるのではないかと、痛くもない腹を探られて信頼を失うことにもなりかねません。

ネット普及で垣間見えてきた調査会社

インターネット調査会社のプロフィール

まだまだ発展途上で、システムや運営形態は試行錯誤の状態。

●インターネット調査業界の環境

インターネット調査業界は一見、活況を呈しているように見えます。株式を上場する企業が現われたり、高付加価値リサーチビジネス実践セミナーが開催されるなど、以前の地味で光の当たらない業界というイメージからすると雲泥の感すらあります。それだけ日の目を見るようになったことは喜ばしいのですが、片や有象無象の企業まで参入しているとも言えます。

「早さと安さ」というファストフードじみた訴求があまりにも浸透しすぎたきらいがあり、何も知らずに依頼すると、肝心の問題解決とはほど遠い結果にもなりかねません。調査会社の出身母体や、沿革や得意領域などを事前に確かめることも必要でしょう。

●出身母体による特徴

インターネット調査会社は、その母体企業・運営企業のポリシーをある程度引き継いでいると考えられます。主要タイプ別に分類すると、①調査会社系、②コンサル会社系、③広告代理店系、④インターネットポータルサイト系、⑤インターネットメール系、⑥インターネット調査専業系などです。

何度も繰り返しますが、調査＝解決策ではありません。調査目的に沿って、設計から実査、集計・分析、結果から提案という地味なプロセスの積み重ねが大切です。モニター数の多さや低コストなどに惑わされず、仮説の設定やプロセス設計のきめ細かさ、練り上げた設問などをしっかりとチェックしましょう。

●モニターの設定・維持運営方法

インターネット調査は、あらかじめ集めたモニターから調査設計に応じてサンプルを抽出して実査を行ないますが、まずモニターの設定方法による違いがあります。調査会社が一定の基準にしたがって意図的に集めたのか、それともサイト上にしかけをつくって集めたのかによって、信憑性が異なってきます。

後者の場合、事前チェックが充分で

インターネット調査会社選択の要件

項　　目	内　　容
① 調査対象者、調査目的、明らかにすべき内容がインターネットで可能かどうかの検討	● 調査の対象者が一般生活者か、それとも特定層を対象にするのかがまず一番目の要件。マニア層などはインターネットが得意とする。一方、高齢者や若年層などはネット調査は向かない。 ● 目的が量的な把握であれば、基本的にインターネットは不向き。 ● ネット調査は自記入であることからプラス面とマイナス面がある。
② インターネット調査会社の概要チェック	出身母体や沿革、得意領域の確認
③ 事例の確認	ホームページ上で紹介されている手がけた事例から、レベルや内容の適正さを判断する
④ アクセスパネルの内容	設定しているアクセスパネル（モニターシステム）のしくみや運営方法、メンテナンスなどを確認する
⑤ 調査コスト目安の確認	他社に比べて予想以上の低価格は注意する
⑥ ホームページ全体のイメージ	どんなテーマでも可能であるというような表現や派手さが前面に出されているところは疑問。誠実さが見られるようなところが望ましい。

なく、なりすましやマニアなども取り込んでいる可能性が高くなります。モニターの運営管理のあり方も注意するべきです。同じ人が何度も回答することがないよう、サンプル設定の頻度を厳しくしたり、モニターの入れ替えを定期的に行なうなど、メンテナンスに手を抜かないことが望ましいと言えます。

モニター数の多さだけが売りで、モニターの属性やメンテナンス方法などの詳細を明らかにせず、受注企業名ばかりを強調するような調査会社は論外と言えます。

調査は「疑えば疑うほどきりがない」側面を持った業務ですから、信頼関係が基本ベースです。一つひとつの中身を確かめて購入するというようなことができません。あくまでも、誠実さや信頼性が感じられるか、ということで選択するしかありません。

インターネット調査の2つのタイプ

インターネット調査のしくみ

「書き込み型」と「ネット利用調査型」——手法ごとの違いをつかんでおくことが大切。

●インターネット調査の概要

インターネット調査は大別すると、①Ｗｅｂサイト上の質問シートや掲示板に書き込む「書き込み型」と、②登録モニター（アクセスパネルとも言う）からサンプリングした対象者にアンケートを行なう「ネット利用調査型」に分けられます。

いずれの場合も自己記録式であり、それがインターネット調査のいちばんの特徴となっています。

●「書き込み型」の調査

「書き込み型」はさらに、（1）インターネットからＷｅｂサイトにアクセスした人なら基本的に誰でも回答できるオープン形式と、（2）事前に加入した登録モニターだけが、Ｗｅｂページ上の質問シートや掲示板に回答するクローズド形式があります。この登録モニターのしくみは、インターネット調査会社が組織化している左図②の登録モニター制度のことです。

オープン形式は、条件などほとんどありませんから、統計データとしての意味は薄く、調査というより話題づくりやプロモーションの一環として利用されています。

クローズド形式は時間的な制約がなく、数社相乗り（オムニバス）調査などで利用されています。また、低コストであることも特徴です。

●「ネット利用調査型」のしくみ

「ネット利用調査型」は基本的に、直接訪問や郵送、ＦＡＸなど市場調査のコンタクト手法をインターネットに置き換えたものということができます。ただし、前述の登録モニターのデータベースからのサンプリングが基本です。

登録モニターの設定・運営には調査会社各社が工夫を凝らしており、モニタープロフィールに特徴の差があるようです。

ネット利用調査型は、登録モニターからサンプリングした対象者に対して（1）質問紙調査、（2）留置調査、（3）ネットによるグループインタビ

インターネット調査のタイプ

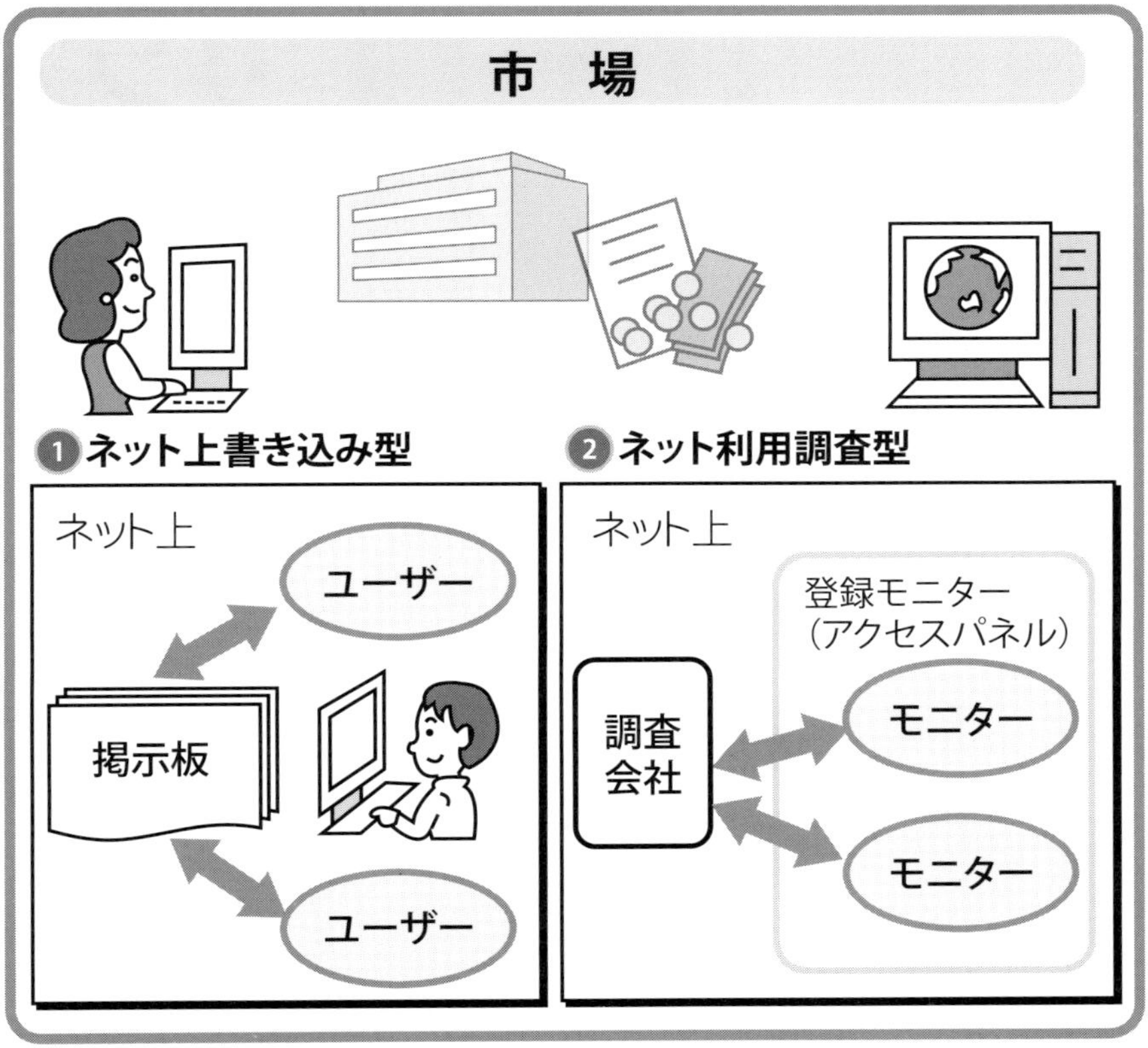

ユーを行なう3タイプがあります。留置調査はさらに、（ⅰ）日常生活を送りながら記録していく日記形式や、（ⅱ）商品を送り、一定期間使用しながら感想を記入してもらうホームユーステストなど、いくつかのタイプを組み合わせた方法も考案されており、ITの進化とともに新たな調査手法が開発されていくものと予想されます。

しかし、生活者自身の日常がバーチャルに置き換わることはありませんから、手法としてのインターネット調査にはおのずと限界があることを自戒しておくべきでしょう。

インターネット調査の限界を知るためには、その調査のしくみをよく理解することです。特に、通常の調査との違いについて充分認識しておくことです。違いを知ったうえで使いこなせば、非常に役立つことが多い手法です。

コストの安さと早さが売り

インターネット調査のメリットとデメリット

インターネット調査の機能・手法を充分に知ったうえで行なわないと、依頼者の信頼を損なうことにもなりかねない。

●インターネット調査のメリット

インターネット調査は、「安さと早さ」が強調されてきた傾向が強いのですが、確かにそれは桁違いのものがあります。調査企画は一つひとつカスタムメイドというのが通例でしたが、インターネット調査は定型化され、標準仕様であればコストが下がります。無理を承知であえて比較してみると、最も簡易型のインターネット調査は、訪問調査の実査費用と比較して、３分の１かそれ以下のコストで可能です。これは、調査は人件費の割合が大きいため、調査員コストが削減されたことによります。

調査では、人を介することが多くなるほどコストアップになりますが、インターネット調査も例外ではありません。早さという面では、あらかじめデジタル化された画面に回答者自らが書き込み、そのデータを集計ソフトや解析ソフトへ読み込ませるという機械的な作業によって人の介在が最小限になるため、格段に早いアウトプットが可能になります。ミスも人の手による入力に比べて飛躍的に減ります。

さらに、特定分野のユーザーを発見することに大いに威力を発揮するということです。どちらかと言えばマニア的色彩が強い分野、たとえばインテリアにうるさい人やスポーツカーに凝っているなど特定の趣味にこだわる人は、インターネットの利用率が高く、ネットを通じた探索が比較的容易であるということができます。

●インターネット調査のデメリット

インターネット調査のデメリットで大きいのはやはり、代表性が確保できないということです。

ネットユーザーで、該当するサイトの登録モニターであるという時点で、二重のフィルターがかかっています。もちろん、モニター登録の段階でなりすましや広告代理店・競合会社関係者など、通常の調査では当然排除される人たちが紛れ込んでいる可能性も少なくありません。

インターネット調査のメリットとデメリット

ネット調査のメリット

1. **飛躍的な早さで調査を完了できる**
   従来型調査では考えられない早さで調査結果を回収でき、データ集計・分析、報告書作成までデジタル化・システム化で効率の向上が図れる
2. **デジタル化・システム化で大幅なコストダウンが可能**
   紙ベースの調査からは予想できないほどの低コストが可能である
3. **マニアなど、特定の分野に強い**
   特定商品の愛用者など、従来見つけることが困難だったマニア層などもネットユーザーとの相関性や幅広いネットワークから探索が比較的に容易である
4. **画像や動画を使っての調査が容易**
5. **フリーアンサーを量的に豊富に集めることができる**
   テーマによって差があるが、マニア層などのフリーアンサーを豊富に回収できる

ネット調査のデメリット

1. **代表性をどう確保するか未解決である**
2. **なりすましなど、本人確認の面で問題がある**
3. **アクセスパネルの定期的なメンテナンスなどしくみ上の問題も残る**
4. **低コストが招く安直な調査の蔓延と調査の基本的な知識・技術が軽視される傾向がある**

また、調査は設定された対象者に誠意をもってお願いし、協力してもらうことで成り立っていますが、ネットで送られてきた質問への回答は遅れがちになり、回収率の低下は避けられません。

アンケート調査は、質問文の言い回しや構成、選択肢の設定しだいで、回答を誘導してしまう危険性をはらんでいます。充分に配慮して設計しないと、意味のない調査になってしまいます。疑問を感じるのは、フリーアンサーが多いことを自慢する会社があることです。また自己記入式の限界もあります。

インターネット調査という、便利で簡単に、誰でも機械的に作業が進められるしくみは、本来の調査の機能・手法を充分に知ったうえで行なわないと、依頼者の信頼を大きく損なうことにもなりかねません。

インターネット調査は代表性の疑問が残る

インターネット調査の進め方のポイント

調査内容とネットの特性をよく見きわめて、向き・不向きを決めることが大切。

●ネット調査の機能・目的の明確化

インターネット調査は、ネット普及率の低い中高年層や一般主婦対象の商品には向きません。代表性に疑問がありますから、一般市場対象の需要予測なども避けるべきです。

基本的には、特定の分野やユーザーを対象にすることです。先端的なユーザー層や意識的な生活者などが対象ということであれば、持ち味が活きてきます。調査はアウトプットの使用目的を明確にすることで効力を発揮しますが、ネット調査はさらに、必要とする対象者や手法としての限界を知ったうえでの選択が求められます。

●インターネット調査の設計

インターネット調査の設計は、通常の調査設計と同様に組み上げます。特に質問紙は、全体の量や順序配列、回答形式、言い回し、選択肢の設定などを充分に検討したうえで作成することです。ネットだからといって、手を抜くことは許されません。

ネット調査会社で質問紙の設計を請け負うところもあるようですが、調査の意図や調査設計に熟知した人が組み立てるべきで、ＩＴにくわしい人よりも調査に長けた人がよいでしょう。質問紙に込められた問題意識以上の答えが、実査から出てくることはあり得ません。

作業や集計を優先した組み立てではなく、あくまでも対象者にストレスを感じさせず、しかも調査のセオリーを踏むことが肝要です。設計した質問が、インターネット上でどうしても不具合が生じるのであれば、どうネット上に反映するかというテクニックの問題になります。

要は、通常の調査設計を行ない、終わった段階でどうインターネットに置き換えるかぐらいの感覚のほうがよいでしょう。

●分析をまかせきりにしない

調査設計と同様に、調査の企画者が最終アウトプットまで作業プロセスを細分化して設定したほうがよいでしょ

インターネット調査の進め方

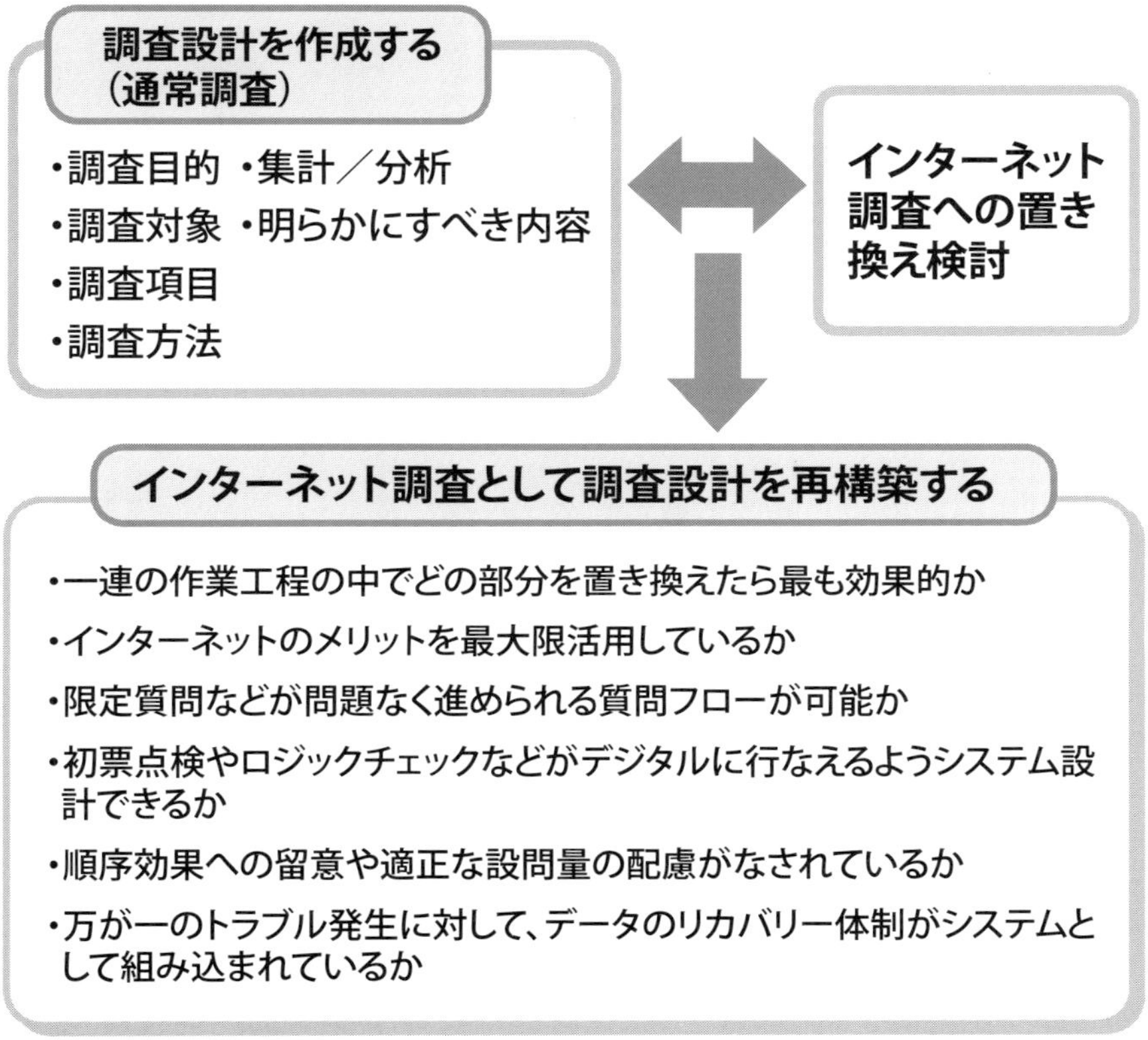
調査設計を作成する
（通常調査）
・調査目的 ・集計／分析
・調査対象 ・明らかにすべき内容
・調査項目
・調査方法
インターネット調査への置き換え検討
インターネット調査として調査設計を再構築する
・一連の作業工程の中でどの部分を置き換えたら最も効果的か
・インターネットのメリットを最大限活用しているか
・限定質問などが問題なく進められる質問フローが可能か
・初票点検やロジックチェックなどがデジタルに行なえるようシステム設計できるか
・順序効果への留意や適正な設問量の配慮がなされているか
・万が一のトラブル発生に対して、データのリカバリー体制がシステムとして組み込まれているか

う。

ＩＴ熟知者はともすると「こういう分析が可能です」と、現実にはあり得ないケースを机上だけで考えがちです。まかせてしまうと思いもよらぬ結果で取り返しのつかないことにもなりかねません。

●向き・不向きを見きわめる

調査は信頼性の産物です。インターネットを介した調査は、生身の人を極力排除したシステムですから、人間が犯しがちなミスを少なくすることはできますが、その分信頼性の部分で不安が残り、必要以上に誇張されることもあります。調査とネットの特性をよく見きわめて、向き・不向きを決めることが大切です。どうしても不安な場合は、テスト的に小サンプルで通常調査とネット調査を並行して実施し、違いを確かめてみることも必要かもしれません。

双方の利点をうまく活かす

望ましい従来型手法との組み合わせ

インターネットの持つ特性を活かしながら、場合によって組み合わせて採用することが有効。

●過渡期にあるインターネット調査

調査は、細かい作業の積み重ねであると記しましたが、ＩＴの進展は調査の作業工程にもかつてない技術革新をもたらしています。アンケート用紙に代わる携帯情報端末を用い、質問紙作成から情報収集まで行なうシステムや、電話インタビューの作業の設定から入力・集計までをデジタル化してしまうやり方も、実際に運用がはじまっています。データマイニングやテキストマイニングの本格化も目前です。

ＩＴによる技術革新は、これまでの労働集約型調査手法の改革に大いに役立ち、調査会社の運営システムそのものを変えていく過渡期にあることは間違いありません。

●インターネットで信頼は築けるか

人と人のコミュニケーションは、Ｅメールなどを介しても30％程度しか伝わらないと言われています。調査は人の好意・善意で成り立っていますから、信頼関係がベースです。インターネットで信頼関係が結べないとは言いませんが、希薄になりがちであることは否めません。先に挙げたように、市場調査の既成手法がインターネットに取って代わられてきていますが、有効性については過渡期ということでもあり、まだ結論は出ていません。

労働政策研究・研修機構の「インターネット調査は社会調査に利用できるか」（２００５年）によると、「インターネット調査は、現段階では従来型調査の代用として何の留保もなく用いることは不適切である」と述べ、過渡期にあることを象徴的に語っています。

以上を踏まえ、現実的な方向を考えると、インターネットの持つ特性を活かしながら、場合によって組み合わせて採用することが有効であると思います。

●インターネットの特性を生かす

特異な分野に関する人たちの面接調査や特定層のグループインタビューなどの対象者探しは、これまで困難が多かったのですが、そういった場合はイ

従来型調査とインターネット調査の棲み分け

調査テーマの特性例	従来型調査	インターネット調査
代表性や量的な信頼性が求められる	○	
設問数が多い	○	
設問が複雑である	○	
現物に触れたり、使用する必要がある	○	
言葉以外の表情や態度も知りたい	○	
対象者を探すのが難しい	△	○
特定のマニア層を対象にしている	△	○
ＩＴ関連商品である		○
特定層の傾向だけを知りたい		○

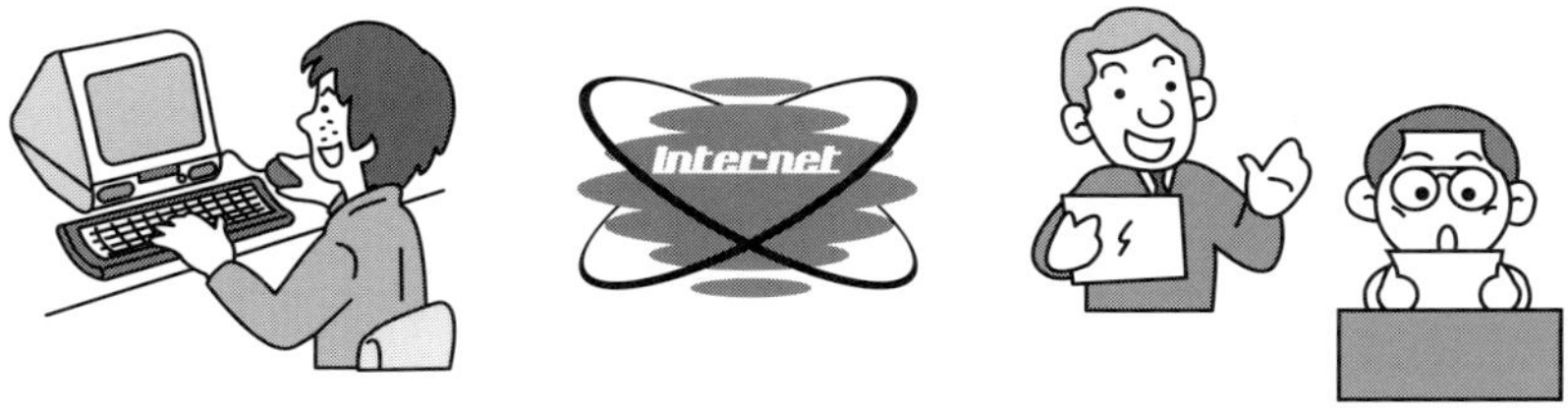

ンターネットが役立ちます。短期間の回収が求められる場合も、ネット調査であれば可能になる場合が少なくありません。

新コンセプト・新開発商品など、ルーチンではない調査テーマについては、従来型調査で一連の作業を行ない、調査のやり方を確立した後でインターネットに移行したり、インターネット調査の内容をプリ的に従来型調査で行ない、検証したうえで本格調査をインターネットで実施するなどの組み合わせの工夫が望ましいでしょう。

また、起用する調査会社も通常調査、ネット調査の両方に長け、相談に乗ってくれる会社が望ましいでしょう。誠実な会社であれば、ネット調査のデメリットもアドバイスしてくれるはずです。「ネット調査ですべて解決できる」などと吹聴する会社は注意が必要です。

市場調査は問題解決のための手段

インターネット調査の今後

生活者はバーチャルの世界で生きているのではないため、生々しい生活現場に直接触れることが肝要。

●現場と遊離していく調査の現場

何度も繰り返しますが、市場調査は問題解決のための手段です。その目的は、事業活動のリアルな場面でどう改善すればいいのかを考えるためのヒント、糸口探しです。

調査にはさまざまな手法がありますが、直接対象者と顔を突き合わせる機会は、そう多くはありません。グループインタビューの司会者としての接触や、調査員、電話を介してのコンタクトが中心になります。それが、Ｗｅｂサイトやインターネットを介することで、今後さらに対象者との関係が希薄化していくことは避けられません。

机上で開発アイデアを考える難しさについては、商品開発の項で述べましたが、クライアントの現場をまったく知らずに、想像力を働かせる知恵を持たない場所で、優れた調査企画を生み出すことには限界があります。低コストであるため、言われたことを機械的にフローの作業としてこなすことで精いっぱいになり、調査結果からくみ取るべき方向など特に求められない、そういう環境下で新しい視点や斬新な切り口を見つけだすことには無理があります。インターネットは、調査が作業化していく弊害を助長する危険性をはらんでいます。

●現場の問題解決のための手段としての調査

問題解決の答えは現場にある、と言われます。市場調査は、現場の問題解決のための手段ですから、リアルな現場を少しでも知る努力が大切です。それが難しいのであれば、現場を考え抜く想像力が必要です。

業界では、分析３年、企画８年と言うそうですが、調査についてインターネット調査しか知らず、パソコン画面の現場がすべてという世代が業界の中心になりつつあります。

企業活動はＩＴ化、グローバル化、それに競争の激化の中で、さまざまな問題や課題に直面しています。そうした問題や課題の解決手段としての市場

企業の現場を知ることが不可欠

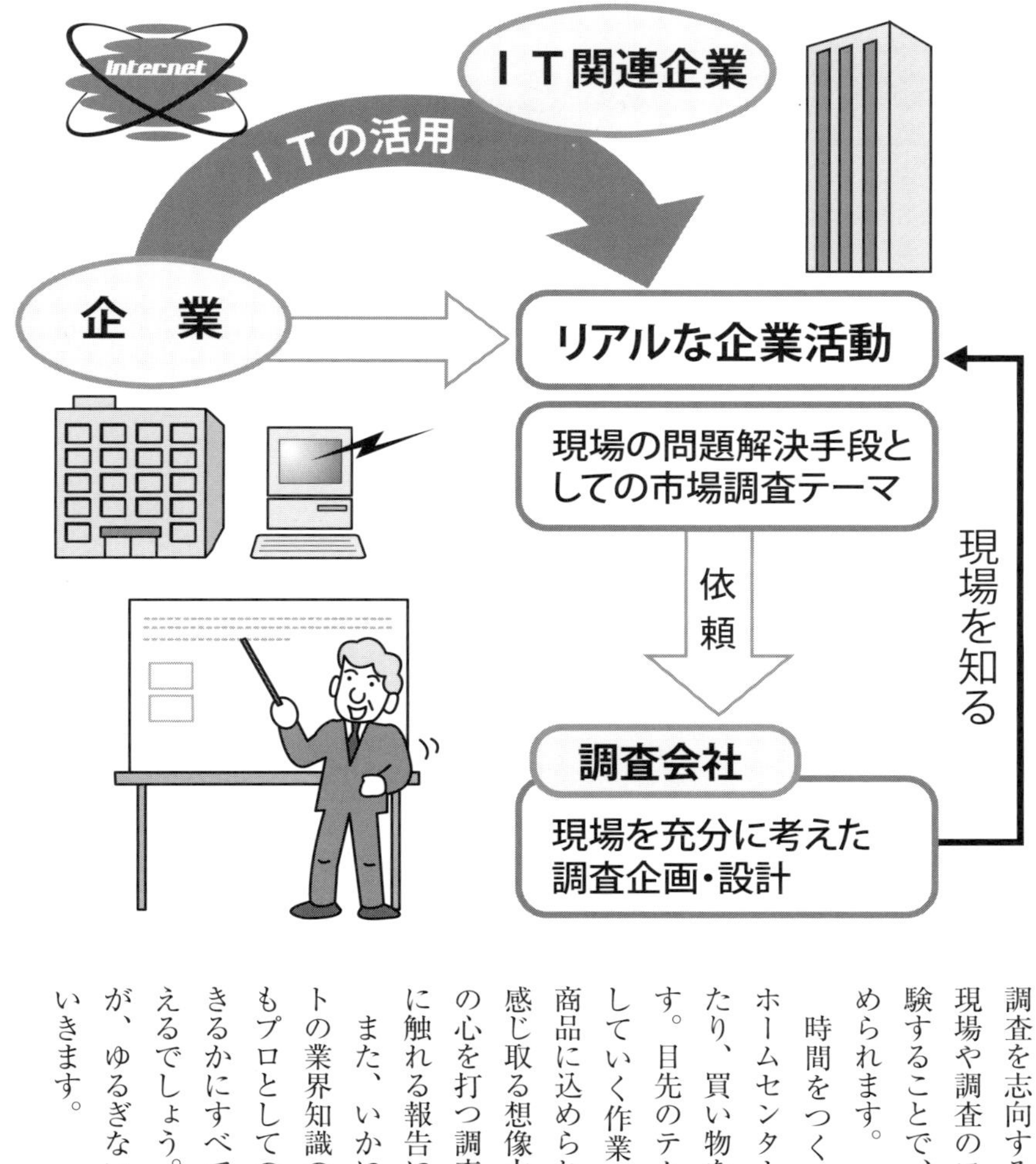

調査を志向するためには、企業活動の現場や調査のフィールドを少しでも経験することで、机上を超えた思考が求められます。

時間をつくって、都心やスーパー、ホームセンターで新商品売場をのぞいたり、買い物をしてみることも大切です。目先のテクニックで、機械的に流していく作業ではなく、現場を知り、商品に込められた企業の想いや熱意を感じ取る想像力を養うことが、依頼先の心を打つ調査、クライアントの琴線に触れる報告につながります。

また、いかに短時間で、クライアントの業界知識のレベルを獲得し、しかもプロとしての視点や分析、提案ができるかにすべてがかかっているとも言えるでしょう。こうした関係性の集積が、ゆるぎない信頼関係につながっていきます。

Column 7

コミュニケーションがとりにくくなってきている

先日、興味深い資料を見つけました。朝日新聞世論調査部の方がまとめたものですが、下がり続ける訪問調査の回収率を上げるために、調査に理解と関心度の高い学生を採用し、東京区部で訪問調査を実施したところ、67%の有効回収を得たということです。また長野県で、回答方法はどれが答えやすいか調査（郵送調査）したところ、面接は 5%、電話は 7%、郵送が 86%、インターネットは 26%だった、とあります。

訪問面接調査の回収率低下は、業界の悩みの種でもあるわけですが、関心度の高い学生を調査員に起用して高い回収率を確保したということは、現場の調査員の質の低下や教育訓練の問題とも考えられます。たしかに、個人情報保護法やプライバシー意識の高まりで、個人面接が難しくなっている局面はあります。企業でも、アポイントなしでは面会できないケースを、最近何度も経験しました。

調査会社でも、企業対象の面接調査を行なう人員がいなくて苦労しているとも聞いています。足で稼ぐ部分が多い業務ですから、嫌がる若者が増えているようです。人と人が真正面から向き合ってコミュニケーションをとることに抵抗を感じる空気が強くなってきているのではないかと思います。後者の調査方法で、面接や電話の要望が低いのはそれを物語っているとも考えられます。

メールを通じてのコミュニケーションでは、全体の約 3 割程度しか伝わらない、と言いますが、今は生身の自分をさらけ出したり、ぶつけることを避ける傾向が強く、できれば人と触れ合いたくない、自分だけの世界にいたい、という傾向が強くなっているのかもしれません。

若者のみならず社会全体が過敏になり、内向きになっているようにも感じます。人と人の関係性こそ世界を形づくっているものであり、問題もそこから生まれています。内向性の行き着くところはバーチャルな領域になりますが、どういう未来になるのか、不安でもあります。

第 8 章

市場調査を実施する際のポイント

目的は、あくまでもソリューション

問題解決と市場調査

具体的な事柄を客観的に箇条書きしてみることによって、
問題点を明確にする。

●業務プロセスにおける市場調査の位置

市場調査の位置づけをわかりやすくするために、その前後の過程を概略的に整理してみましょう。

①問題点の箇条書き→②グルーピング（領域・要素）→③グループ別に抽象化→④仮説の設定→⑤仮説検証のために明らかにすべき内容の設定→⑥調査設計・調査企画書→⑦調査実施（実査）→⑧調査結果まとめ（結論）→⑨結論から導かれる具体的対策→⑩実行計画の作成、という流れになります。

これら一連の業務プロセスを理解しておくことが、市場調査を行なううえで非常に重要になります。また、手段としての市場調査の役割も明確になります。

●具体的な事柄を箇条書きする

まず、問題点をつかむポイントは、具体的な事柄を極力客観的に箇条書きしてみることです。

書き出すにあたっては、意図的・精神論的にならないよう、事実を淡々と述べていきます。

「商品力がない」、「営業の力不足である」などのような要約した内容ではなく、「並んでいる定番売場で商品（パッケージ）が競合品と比べて目立たず、沈んで見える」、「ＧＭＳクラスの定番で、売場導入されているのは４割程度である」というように具体的に記述していきます。

抽象的で漠然とした問題点の抽出からは、具体的な対策など出るはずがありません。調査以前の情報把握手順の問題です。

●領域別や要素別にグルーピング

箇条書きにした問題点は、領域別や要素別にグルーピングしていきます。「商品に関する内容」、「売場導入に関する内容」というように大きな項目・内容でグループ分けを行ないます。

それが終わると次のステップは、分けられたグループごとに、「売場での商品訴求力で競合他社に差をつけられ……」、「主要スーパーへの定番導入が

調査の前段階の準備事項

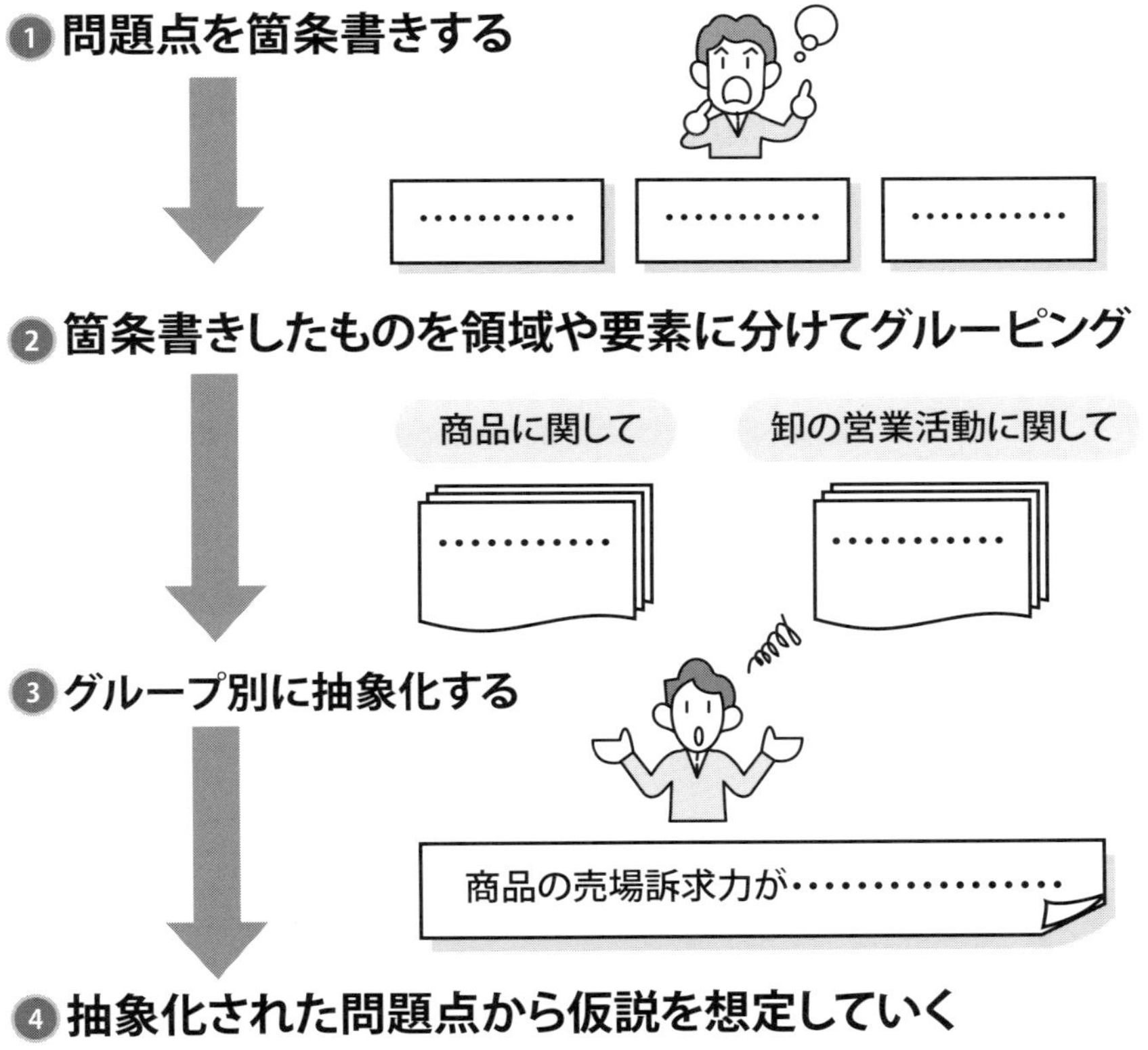

計画よりも遅れ……」というように抽象的にまとめていきます。

●仮説を設ける

項目別にまとめた内容から、それぞれ仮説を設定していきます。

「売場における商品自体の訴求力、とりわけ顧客に対するパッケージデザインの視覚的なアピール力が……」、「GMS個店に対する卸店営業の定番案内・売場導入活動が……」というように、具体的な活動のレベルにまで落とし込んでいきます。

まとめられた仮説をさらに項目別に整理します。

①商品関連、②売場関連、③卸関連、④自社営業関連、⑤その他というような項目レベルです。

ここまで整理できると、問題点や課題もおのずと浮き彫りになってきます。解決策が打てるか、それとも調査をかけるか、判断の分かれ目です。

「とりあえず調査」では何も生まれない

目的があいまいな調査は失敗する

本来の調査目的を見失わないように注意することが大切。

●目的不在は失敗の元

調査の目的が具体的であればあるほど、調査はうまくいきます。逆に、あいまいであるほどうまくいかず、失敗に終わる可能性が高くなります。

それは、仮説の設定段階で充分に練られていない場合や、問題点自体が漠然としているため、仮説もそれに引きずられてしまうため、と考えられます。目的があいまいなため、あれもこれもと調査項目が増え、回答者がストレスを感じるボリュームにまでふくれ上がって総花的な内容で、何がポイントなのかよくわからない調査に終わってしまう可能性が大です。

●あいまいな目的設定は、「とりあえず調査」になる?

また、インターネット調査進展の影響も考えられます。通常２００万円かかる調査が、インターネット調査であれば30~40万円でできるとなれば、割と簡単に発注する企業が多いと考えられますが、その分、企画を練り上げるプロセスが疎かになりがちです。企業が２００万円というコストを捻出するためには、優良企業の売上高営業利益率は10%程度ですから、それから試算すると、２０００万円以上の売上が必要になります。調査の企画担当者は、当然費用の重みをわかっていますから、予算を獲得するために調査設計に力を注ぎます。

ところが、30~40万円のコストということであれば、予算獲得のハードルはそう高くありませんから、充分に検討しないまま調査依頼ということになります。その結果、インターネット調査が増える、といった側面があることは見逃せません。

●手段の目的化を防ぐ

前述したように、調査の工程は企画から最終まとめ・方向性・改善案作成まで長期間にわたり、細かな作業の積み重ねです。個々の業務に没頭するあまり、当面の作業に眼を奪われ、本来の調査目的が何だったのか見失うことも多々あります。手段が目的化すると

調査目的があいまいな例

1. 若い人を対象に新しい化粧品を開発したいので、傾向を知りたい
2. 新商品が売れていないので、その理由をつかみたい
3. 営業員の報告では、商品がいまひとつだと言っている
4. 競合品に比べ、商品的に見劣りすると卸の評価がよくない
5. 売場の反応がよくないとバイヤーから指摘された
6. 売場に並んでいるが動いていないとスーパーの売場担当が言う
7. 指名客がほとんどないとドラッグストアの店長がぼやいている
8. 競合品に比べてインパクトが弱いと営業員が言い訳をする
9. ＴＶＣＭをしないなら取り扱わないと店が言っている
10. 売れ出したら扱いたいと売場担当が言っている

いいますが、作業工程の中で目的はどういうことなのか、何度も確認のためにも具体的で明確な目的設定が必要です。前項のパッケージデザインの例を取り上げて調査目的を設定してみると、以下のような内容になります。

「商品Aの商品訴求力強化に向けて、想定ターゲットである20～30歳代女性の商品パッケージ評価の詳細をつかむことで、今後の新パッケージデザイン変更の方向性を明確にする。具体的には、①……」というようなイメージです。

調査の目的が明確になってくると、調査項目や取るべき手法も固まってきます。目的があいまいなケースでは、やたら調査項目が多かったり、意味のない項目が並んでいることを見かけます。どのような目的で調査をするか、ともすれば忘れがちですが大切なポイントです。

目的達成は最適手法の選択にかかっている

目的を満足させる調査手法

調査対象者の属性を明確にすることで調査手法が決まってくる。コスト優先は禁物。

●定量分析

調査手法の選択を大別すると、量的な需要予測など、一定レベルの精度や代表性や母集団の特定が必要なケースは必然的に定量調査となり、所定の統計的手続きの元に行ないます。これはサンプル抽出などのルールがあり、訪問面接や郵送調査が採用されることが多く、インターネット調査が不向きな分野です。

●調査手法選択の優先度

目的を満足させるための調査手法の選択基準を、優先度が高い順に列挙してみると、①対象者とアプローチの容易さ、②明らかにすべき内容のあり方、③実査期間、④実査費用、ということになります。

つまり、最優先は対象者とアウトプット内容であり、それに時間とコストがついてくるということになります。

●まずは対象者の属性

調査対象者がどのような人なのか、世帯主なのか、一般女性なのか、企業の購買担当者なのか、その対象者属性によって調査のアプローチ方法はまったく異なってきます。対象者の探索方法やコンタクトの難易度、調査協力の可能性などから、調査手法が決まってきます。

幅広い人を対象者にする調査ほど、方法選択の幅も拡がってくると考えてよいでしょう。

●調査で明らかにすべき内容

次は、調査で明らかにすべき内容のあり方です。商品のパッケージ評価であれば、パッケージを実際に見てもらわないと評価は取れません。画像だけを見せる手法もありますが、限界があります。

ブランド認知のために、再生認知や再認認知を取りたいのであれば、面接型で調査員が順序をコントロールしないと、正確な回答が得にくいという問題が出てきます。

また、設問数が多い場合や順序効果の可能性があれば、自記入式では難しいと言えるでしょう。

5つの構成要素と調査手法の関係

調査の構成	ファクター	内　容
① 対象者とアプローチの容易さ	Who	対象者との接触可能性の大小が中心。容易であればあるほど、難易度が下がり選択の幅が拡がるが、難しくなるほど選択幅も狭まる
② 明らかにすべき内容のあり方	What	代表性の有無が第一。次いで設問内容の難易度や設問量、評価方法などによる
③ 実査期間	When	実査及び調査報告までの期間
④ 実査費用	Cost	実査及び調査報告までの費用
⑤ 実査手法	How	最適実査手法

調査手法に至るファクターの分解

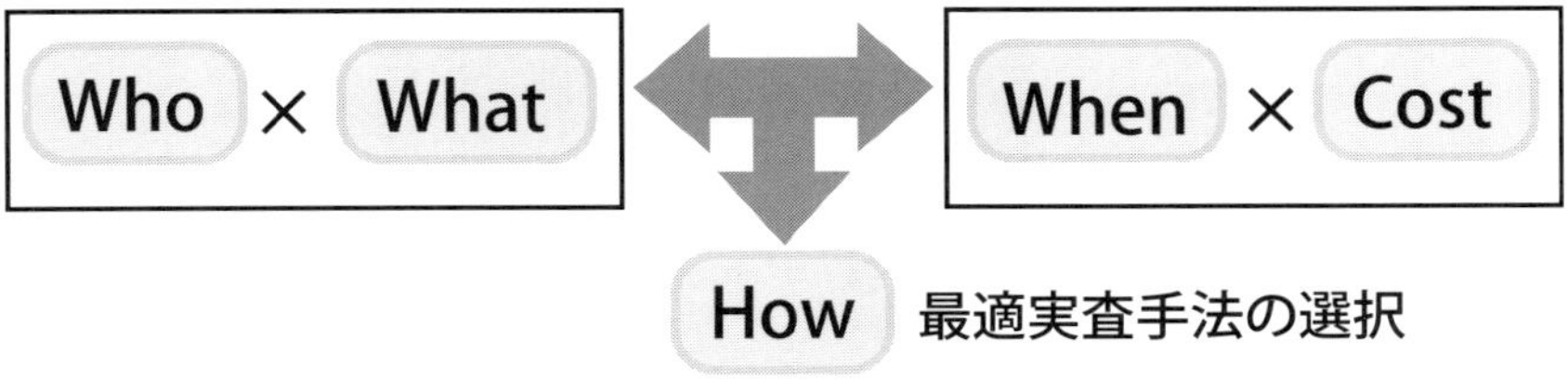

●最後に時間と費用

最後に時間と費用です。あくまでも対象者と調査内容の確定後が、タイムスケジュールとコストです。もちろん、対象者と調査内容の中で選択の幅があり、コストを理由に手法を選ぶこともあります。

しかし調査は、「安かろう悪かろう」という側面もありますから、内容を充分に検討し、決してコスト優先に走らないことが大切です。せっかくの調査が、無意味になることは避けなければなりません。

無意味ですめばまだいいのですが、誤った結論が出たばかりに、選択の方向を間違えて会社に大きな損失を出してしまうこともあり得ない話ではありません。

こういったケースでは、複数の調査をかけることでリスク回避が可能です。

調査手法には一長一短がある

調査手法ごとのメリット・デメリット

用途や調査対象、精度、コスト、スピードから最適手法を選ぶ。

●メリット・デメリットの5つの軸

これまで述べてきたように、調査手法にはそれぞれ一長一短があり、目的に応じて使い分けることが肝要ですが、ここでそれぞれのメリットとデメリットを整理してみましょう。整理の軸は、①用途、②対象者設定手続き、③データの精度、④コスト、⑤回収スピード、の５つで考えてみました（左表参照）。

●難しくなる訪問面接調査や留置調査

訪問面接調査や留置調査は、自治体の住民票閲覧制限が強化されつつあり、対象者の抽出設定が難しくなってきています。実査コストや回収までの時間がかかることもネックになっています。電話調査は、固定電話の減少や設問数の限度、提示物を見せられないなどマイナス要因が多いのですか、ＲＤＤ（ランダム・デジット・ダイヤリング）の普及から、政党支持率などスピードを要求される調査で多く使われています。

●拡大する会場調査

郵送調査は、商品の購入者調査やビジネスで多く利用されてきましたが、回収率の低下や回収まで時間がかかるため、一時に比べて減少しています。ＦＡＸ調査はビジネス分野が中心です。

郵送調査、ＦＡＸ調査に共通しているのは、調査員を介さず設問数が多く設定できる点ですが、回収率を上げるために、事前案内や回収促進業務などで手間はかかります。

会場調査は、短期間大量回収が可能であることから最近急拡大していますが、手続きなどを簡易化するなど、少々乱暴なケースもあるようです。

観察調査では、何と言ってもミステリーショッパー調査が代表的で、インターネット上での調査員のリクルートも多く、質的なレベルとしては問題があります。事前のガイダンスや教育しだいという面がありますが、気軽で効率的なアルバイトととらえる応募者が多く、疑問が残ります。

調査手法ごとの特性の整理

調査手法＼しくみ		用途	メリット・デメリット			
			対象設定の容易さ	精度	費用	時間
個人調査	訪問面接調査	B toB／B toC	×	○	×	×
	留置調査	B toB／B toC	×	○	×	×
	電話調査	B toB／B toC	○	○	○	○
	郵送調査	B toB／B toC	△	○	△	×
	ＦＡＸ調査	B toB／B toC	△	○	△	○
	インターネット調査	B toB／B toC	○	○	○	○
	街頭調査	B toC	○	○	○	○
	キーマンヒアリング調査	B toB／B toC	○	○	×	×
会場調査	ギャング・サーベイ	B toC	○	○	○	○
	グループインタビュー	B toB／B toC	○	○	△	○
	ＣＬＴ（セントラル・ロケーション・テスト）	B toC	○	○	△	○
観察調査	ミステリーショッパー調査	B toB	○	○	○	△
	定点観測	B toC	○	○	○	○

調査設計段階から盛り込む

多変量解析にあたっての留意ポイント

対象者の考え方や態度・行動などを幅広く押さえて、設問の軸・項目を作り上げる。

●多変量解析を前提に調査設計する

多変量解析のポイントは左表の通りです。多変量解析の利用方法に関する書籍は数多く出されていますから、ここでは多変量解析を行なうにあたっての考え方をまとめてみました。

多変量解析を行なうには、まず調査設計の段階から多変量解析を前提にした企画を設計する必要があります。

質問紙の作成後や実査が終了した後で試みてもうまくいきません。調査の目的に基づいて、充分に練り上げた質問で調査を行なわないと、どんなに多変量解析を駆使しても、明快な数値が得られず読み取りに苦労するだけです。

ＩＴの進化によるハードの便利さが、ソフトの停滞を招いている皮肉な現象かもしれません。

「分析とは分析ソフトにデータを入れることだと思っている人が多い」（業界関係者）との指摘もあります。釣り上げてしまった魚を右から見るか、左から見るかということにすぎず、間違えて釣り上げた魚を変更することはできないのです。

●調査は2段階が理想的

多変量解析を行なう際には、まず対象者のグループインタビューを数グループ行ない、対象者の考え方や態度・行動などを幅広く押さえて、設問の軸・項目を作り上げます。

それに基づいて量的調査の設計・実査を行ない、得られたデータについて多変量解析を行なうという2段階で臨みます。

明らかにすべき内容、そのための調査設計、目的を満足させる多変量解析の手法の選択、などといったことを充分に反映した計画を組むことが基本です。

ただし、定期的に調査を行なっているなど、すでにその分野で情報のストックが充分ある場合は、事前調査なしでも定量調査の設計は可能です。

多変量解析のポイント

目的	分析手法	概要	分析データ	
			量的	質的
対象者の分類	**判別分析**	各対象者のいくつかのデータを用いてどのカテゴリーに属するかを判別（予測、推測）する	○	
	クラスター分析	各対象者を複数のデータを用いて、似ているものをクラスターとしてまとめる	○	
	数量化Ⅱ類	●説明変数を質的データとした判別分析 ●あるひとつのデータを、いくつかのデータで説明したい場合に用いる		○
変数の整理・変数の分類	**因子分析**	多くの量的データから少数の因子にまとめる	○	
	主成分分析	●多くの量的データを少数の主成分にまとめる ●因子分析と似ているが、最初に因子を想定することをしない	○	
	数量化Ⅲ類	●多くの質的データを少数にまとめる ●量的データの場合、因子分析や主成分分析が利用される		○
関係式の発見・量の推定	**重回帰分析**	ひとつの変数を複数の変数で説明する方法	○	
	正準相関分析	説明変数、基準変数とも複数のとき、それぞれの変数を組み合わせ、合成変数をつくり、各変数間の相関を分析する	○	
	数量化Ⅰ類	●質的データの場合の重回帰分析 ●ひとつの量的データをいくつかの質的データで説明する		○

外部依頼が基本

自前調査か、専門会社依頼かの選択

企業の個別事情や既成概念にとらわれない自由な発想が求められる。

●外部を使う5つのポイント

通常調査を行なう場合、外部の専門会社に依頼することがほとんどでしょう。

その理由として、①調査主体の匿名性を守る、②調査対象者の回答にバイアスをかけない、③調査会社としての体制や専門性を活用する、④外部の客観的な視点で調査を行なう、⑤調査に留まらず、マーケティング全般に関する経験・ノウハウを活用する、という5点が挙げられます。

●自前調査を行なうケース

調査主体を公開して調査を行なうケースは、スーパーや外食チェーンなどの来店客アンケートや、商品の購入者アンケートなどで多く見られます。顧客満足度調査では、この傾向が強いようです。

これは、まず顧客の本音をつかむことが先決で、企業名がオープンになって外部に漏れてもかまわない、という考え方からです。

たしかに、一般的な顧客満足はあり得ず、個別の店や施設を特定しないと、評価を行なう意味がありません。

実査後の集計・分析をどう処理しているかについての詳細は不明ですが、パソコンによる事務のＩＴ化と経費削減による収益性改善の流れの中で、おそらく自前のところが多いと思われます。

●拍車がかかる実査だけの依頼

調査会社の経営実態調査によれば、２００５年クライアントへの報告形態は、調査票納品・データ納品が全体の３割強を占め、10年前の２割強から増えています（日本マーケティング・リサーチ協会・２００６年９月）。

つまり、実査部分を除いて調査の自前化が進行しているとも言えます。前述したように、インターネット調査を牽引しているネット調査会社の中には、実査の強みだけを売り物にしているところも多く、クライアント側が調査会社は実査現場だけの業務でよいと役割を限定してきているような向きも

自前と委託のメリット・デメリットの整理

	メリット	デメリット
自前調査	・委託コストが発生しない ・説明、打ち合わせなどが不要 ・情報漏洩を防ぎやすい 	・匿名性が守れない ・自社固有の発想や視点から抜け出せない ・専門的な知識が不足しがち ・表に出てこない社員コストが思った以上にかかる ・専念することが難しく、遅れがちになる ・「木を見て森を見ず」ということもある
外部委託	・経験や異業種の事例を活用できる ・専門的な知識・視点で設計〜報告書作成が可能 ・匿名性が守れる ・委託先の体制やシステムを利用できる	・委託先の選定に手間がかかる ・委託コストが発生する ・説明や打ち合わせなどが必要 ・会社間、担当者間の格差が大きい

感じます。

●実査に限定する弊害

つまり、外部委託する理由の④や⑤については、さほど問題にはならず、結果だけ数字だけというような、プロセスを考慮しない流れがあるようにも思われます。

前述したように調査は、実査のハード部分も大切ですがソフト、つまり分析や読み取り、方向性づくりのための視点が重要です。

あくまでも、課題解決のヒント探しのための調査ですから、企業の個別事情や既成概念にとらわれない自由な発想が求められます。

永年身についた企業風土や組織体質に染まった構成メンバーに、それを求めるのは無理があります。誤った結論を得るぐらいなら、最初から調査しないほうが結果的によいかもしれません。

資格を必要としない調査会社

調査会社の選択方法

調査会社への問い合わせの前に、調査の背景、仮説、調査の目的と必要性、調査の対象、明らかにすべき内容、結果をどう活かすのかなどを整理しておく。

●無数に存在する市場調査会社

　毎年、調査予算を数千万円以上確保し予定案件がいくつもある企業は、懇意な調査会社が数社あるのが通常です。しかし、これから取り組もうとする企業にとって、どのような調査会社に依頼すればいいのか、大いに迷うところでしょう。

　何しろ、電話帳では全国に１５００社強、業界団体加入先だけでも１３９社確認されています（２００７年５月現在）。広告代理店系あり、コンサルティング会社系あり、独立系ありですが、情報の守秘義務という縛りからも、公開されている情報には限度があります。

●事前に企画内容を考えてみる

　調査会社への問い合わせの前に、想定している調査について充分に考えてみることです。調査の動機や背景、仮説、調査の目的と必要性、調査の対象、明らかにすべき内容、調査結果をどう活かすのか、といったことをまず整理し、箇条書きで書き出してみることです。

　このレベルで具体的な内容にまで落とし込まれているほど、的確な調査設計が可能になり、後の作業が楽になります。

　箇条書きがひと通り終わったら、調査のテーマを考えます。たとえば、新商品開発のためのアイデア探索調査なのか、新商品の購入者満足度調査なのか、といったテーマです。

　さらに、依頼する調査について、すべての業務を委託するのか、それとも一部だけを頼むのかということも決めておかなければなりません。

●誠意や誠実さが感じられる会社

　次は、依頼する調査会社探しです。調査会社は、一般的な基準では中小企業がほとんどで、仕事の性格上、表舞台に出ることがないため謎が多い業種です。

　手っ取り早いのは、取引先などから紹介してもらうことです。

　また、日本マーケティング・リサー

調査会社の選択

ステップ	具　体　例
問題点などをまず書き出す	頭の中にあるもの、思いついたことをとにかく書き出すことからはじめる。頭の中だけで考えていてもなかなか先に進むことはできない。人の思考回路は一次元で考えることは得意だが、同時に二次元で考えることには不向きで混乱が起きる。順不同でかまわないから浮かんできたことを箇条書きしてみる。できる限り具体的な表現であるほうがよい。
書き出したものを整理する	ひと通り書き出した事柄を、少し冷静になって整理してみる。その際、①動機や背景、②仮説、③調査の目的、④なぜ調査が必要か、⑤調査から明らかにしたい事柄、というような項目別に整理することがポイントとなる。この整理がうまくできていると、的を射た調査企画が可能になる。
調査テーマを考える	整理した事柄を俯瞰すると、どのようなことを目的とする調査なのかが見えてくる。たとえば、商品開発のためのアイデア探索なのか、アイデア評価なのか、新商品導入のための販売の方向性づくりのためなのか、顧客の商品満足度を確認するためなのか。ここまで考え方をまとめてくると、調査の基本フレームが見えてくる。
調査の実施形態を選択する	自前調査か、外部へ部分委託か、外部へ全面委託かを選択する。
調査会社を探す	調査会社を探すには、知り合いの紹介やネットで見つける方法がある。依頼実績のある知り合いの紹介であれば、そう大きく間違えることはない。ネットで出現する調査会社は種々雑多であり、充分な検討が必要である。ただし、日本マーケティング・リサーチ協会のサイトで紹介されている企業は信頼できる。

チ協会などのＷｅｂサイトから、協会加入会社を探す方法もあります。

ＨＰで、会社設立の経緯や歴史、沿革がどうなっているのか、得意とする領域は何か、想定している調査テーマに類似する案件の実績があるのかどうか、などといったことを確認していきます。

また、Ｗｅｂサイトの設計・構成内容は、その会社の体質が微妙に反映されているため、オーバーな表現が少なく、全体に控えめで誠意や誠実さが伝わってくるかどうかも判断材料になります。

依頼候補先がいくつか決まったら、メールや電話で問い合わせてみることです。調査は信頼関係がベースですから、誠意や信頼性を感じられるところがまず優先です。ディスカウントショップのような訴求をしている会社は避けたほうが無難でしょう。

リストアップの次は調査ガイダンス

調査会社へのガイダンスのあり方

調査会社との信頼関係が基本ベースとなり、事前情報の出し惜しみはよい結果につながらない。

●よい企画書作成はガイダンスから

　依頼予定先を数社リストアップしたら、次は調査のガイダンスです。市場調査業界にもグローバル化の波が寄せはじめたようで、大型案件を中心にコンペを行なう企業も多くなってきています。

　初めて外部委託するのであれば、目星をつけた数社に声をかけ、ひと通りのガイダンスを行なって、企画書の作成を依頼してみるのがいいでしょう。調査企画書は、調査の仮説やしくみや全体の骨格を整理したエッセンスであり、いわば調査会社の知恵の集積物です。

　企画書の内容を精査することで、その会社の強みや力量、特徴をある程度つかむことができます。優れた企画書を得るためには、事前のガイダンスが欠かせません。

　依頼の際の留意すべきポイントをまとめると、以下の5つになります。①オープンな姿勢で臨む、②試してみようという態度を取らない、③パートナーとして一緒に考えるという意識を持つ、④わからないことは率直に聞く、⑤信頼関係を築けるよう最大限努力する。

●事前説明時の留意ポイント

「①オープンな姿勢で臨む」＝初対面ということで、情報の出し惜しみなどの隠し立てをすると信頼性を損ない、相手に不快感を与えてよい企画書は望めません。調査会社は守秘義務について充分にわきまえていますから、もしどうしても心配であれば、確認書などの文書を交わしておくことです。

「②試してみようという態度を取らない」＝調査に不慣れな企業ほど、試してみようという担当者がいます。悪気はないのかもしれませんが、調査会社を値踏みしているようでよい印象を与えず、信頼関係が築けません。

「③パートナーとして一緒に考えるという意識を持つ」＝調査は、クライアントと調査会社の共同作業によって成り立つ合作映画のようなものです。

調査会社を見きわめる5つのポイント

1 オープンマインドで

調査会社に対しては心広く率直な姿勢で臨むことが基本。調査会社は仕事の性格上、大企業から中小企業までさまざまな会社との付き合いがある。おのずと会社のレベルの差を身をもって知っている。横柄な態度では足元を見られてしまうことになりかねない。

2 値踏みしない

初めてだから試してみようという気持ちもわからなくもないが、そうした態度・姿勢はどうしても相手に伝わるもの。信頼感の前に不信感の元となる。

3 共同推進者として

調査はある種経営の根幹に関わる部分があり、相手がどれだけこちらの立場に立って考えてくれるか、気持ちの持ち方が大切になる。調査という共同作品を一緒に企画推進するという基本姿勢がよい作品につながる。

4 鵜呑みにしない

調査業界では、マーケティングや調査が米国からもたらされたという経緯もあり、とにかく横文字が横行する世界である。しかし、知らない言葉が出てきたら正直に聞くことが大切。思い込みや知ったかぶりは認識の違いなど、後で大きな失敗につながりやすい。横文字を連発する調査会社は要注意。

5 信頼性がカギ

調査は、会社と会社というより担当者と担当者の個人的な関係が大きい部分がある。そのベースは信頼関係に尽きると言ってもよい。仕事について本音で語り合えるようなあり方が理想型とも言える。高い信頼関係が優れた調査につながるとも言える。

発注元と下請け先といった姿勢や態度では、よい調査は望めません。

「④わからないことは率直に聞く」＝思い込みや思い違いのズレが、ミスにつながりやすくなります。初対面であればなおさらです。変に構えず、お互いに率直に意見を言い合って、少しでも認識の違いを埋める努力が必要です。

「⑤信頼関係を築けるかどうかを判断する」＝調査は、人と人との信頼関係が基礎です。お互いに信頼を得られるよう最大限、誠意を尽くすことが大切です。しかし社会の中にはどうしても相性が合わない人は存在します。合わせようと無理をしても、心のどこかに不信感が残っているとうまくいきません。どうしても波長が合わない場合は、縁がなかったとあきらめることです。

どれだけ考えたかが企画書の良し悪しにつながる

調査会社の企画書チェックのポイント

調査工程のプロセスに、調査会社のノウハウが隠されている。

●企画書を判断するポイントとは?

いくつかの調査会社からの企画書が出揃いましたが、パワーポイントの普及で、体裁やデザインは見栄えがよく、どれがいいのか判断できません。

しかし、中身は少しずつ違うようです。企画書の良し悪しを判断するポイントは次のようになります。

①こちらが伝えた情報がきちんと盛り込まれているか、②提示した仮説がさらに深められているか、③調査のしくみやプロセスがわかりやすく整理されているか、④複数の調査方法を提案しているか、⑤調査企画の基本要素を満足しているか、といった5つになります。

●書かれた文脈から伝わってくるもの

「①こちらが伝えた情報がきちんと盛り込まれているか」＝説明もなく、こちらが伝えた内容を盛り込んでいない、特に重要な箇所でもれがある、ということは致命的で問題外です。

「②提示した仮説がさらに深められているか」＝こちらが伝えた内容をさらに深めてよりよい形にするなど、熱意や誠意のある姿勢が感じられることが大切です。言われたことをそのまま企画書にしたという姿勢では多くを期待できません。

「③調査のしくみやプロセスがわかりやすく整理されているか」＝ここは、いわば調査会社のノウハウが活かされる部分です。ていねいにわかりやすく整理されているかどうかを、じっくりと精読してみることです。

「④複数の調査方法を提案しているか」＝最適な調査方法について、充分に検討しているかどうかを見ます。調査はさまざまな方法が可能ですから、調査会社の技術的な蓄積や誠意を読み取ることができます。

「⑤調査企画の基本要素を満足しているか」＝調査企画書には、セオリーともいうべき項目があります。（1）調査の背景、（2）調査の目的・狙い、（3）調査対象、（4）調査方法・しくみ、（5）調査項目、（6）集計・分

調査会社チェックのための基本要件

1. 調査企画書構成の基本事項を満足しているか
2. 事前説明の内容を満足させる内容になっているか
3. 当初の調査の目的が充分に反映されているか
4. 事前説明そのままを表現した内容ではなく、創意工夫されて表現されているか
5. 事前説明した要件が企画書から除外されている場合、除外した理由が明確にされているか
6. 問題解決の糸口を探すためという視点に立った企画になっているか
7. 問題意識の明確化や広がりが感じられ、しかも核心には焦点が絞られているか
8. 内容の構成にストーリー性が感じられるか
9. 事前説明していなくても、必要と思われる事項を盛り込んだ内容になっているか
10. アウトプットが事実確認だけだったり、飛躍して無理な論理となっていないか

析、（7）明らかにすべき内容、（8）調査スケジュール、（9）費用の見積り、といった項目内容です。きちんと章立てされて、それらが盛り込まれているかどうかをチェックします。調査設計の項目は、極力具体的であることが望ましいのですが、かと言って細かすぎて何が言いたいのかよくわからない、というのも困ります。（9）費用の見積りについては、調査の工程を細かく分解して、それぞれごとに費用を積み上げているかを見ることが必要です。荒っぽく大雑把に見積りを立てている場合は要注意です。プロセスの細かな部分を検討していないのかもしれません。もしくは、細かな細部を把握していない、あるいはそのまま外注ということも考えられます。疑問を持ったら遠慮なく聞いてみることです。

見栄えや派手さに惑わされない

依頼する調査会社の選択と決定

最終判断は、企画書の中身とコストのバランスから判断する。

●実際に訪問してみる

候補先を絞り込んだら、実際に相手先を訪ねてみてもいいでしょう。商品の売買と違って、取引が決まったら経営上の社外秘情報に関するやり取りをしていくわけですから、相手の手の内も知っておくことが大切です。訪問の際、注意して観察すべきことは以下の通りです。

●調査会社の観察調査を行なう

まず、入居しているビルを見ることです。調査会社は、売上の約3割が人件費で、経費合計が約95%を占める利の薄い業種です。トレンディーなビルに入居できるほど余裕のある会社は、広告代理店系や成長著しいネット調査会社を除くとごく稀でしょう。仮に、そのようなビルに事務所を構えているとしたら、注意が必要かもしれません。

また、社内の雰囲気にも気をつけます。調査会社は人とノウハウだけが資産です。人を大切にし、教育などに力を注いでいるかどうかも重要です。明るい雰囲気で、若い社員がてきぱきと動いているかどうかを観察します。もちろん、代表者とも顔を合わせておくことも大切です。

●インテリジェンスのレベルを知る

書棚が目についたら、よく観察しておきます。調査会社は、情報だけが商品の会社です。特定領域にとらわれず、幅広い分野の知識や情報、最新技術などが要求されます。書類の保管形態や書棚を観察すると、その会社のインテリジェンスのレベルがほぼわかります。

●社内体制の違い

調査会社には、営業から現場を一貫して担当する、クライアント別体制をとる企業と、営業専任を置き、現場は別の体制を設けている分業体制のところがあります。どちらがよいかは一概には言えません。

クライアント別体制の会社は、営業担当自らも最終現場まで関わっているためこちらの意思が伝わりやすいので

調査会社チェックの実際

実際に会社を訪問してみる	**外観から見る** ●ビルに入居している場合、どのような種類のビルかを観察する ●飲食店などが中心の雑然としたビルも問題だが、必要以上に派手できらびやかすぎるのも気になる **会社内部を見る** ●事務所へ入ったら、全体を見渡して書類などの整理状況を見る ●どこの会社の仕事を行なっているかひと目でわかるような状態は要注意 ●書棚などを見て書籍の充実度を知る。知識や技術を要求される仕事なので絶えず学習が必要であり、書棚の充実度が指標のひとつとなる **人を見る** ●応対する社員の態度や垣間見える雰囲気から活気が感じられるか、きちんとていねいな対応をしてくれるかどうかを見る ●この仕事は個人の持っている資質の占める要素が大きい
運営体制を知る	**クライアント別体制の場合** ●企画打ち合わせから最終報告会まで一気通貫型対応なので、工程途中で認識のズレや食違いが起きることが少ない ●反面、担当者の力量に左右される側面があり、個人差が大きい **営業と現場が分業体制の場合** ●営業が専任のためフットワークが軽く、進行中以外の案件でもすばやく対応することができる ●営業と現場の意思疎通がうまくいかないとミスが起こることが多い。また、現場を熟知していない営業が安請け合いすることもある

すが、分業体制を取っているところは、コミュニケーションが取りにくいかもしれません。分業体制を取っている会社については、現場を担当する人にも会って、感触をつかむ必要があります。

●最終選択をする

依頼先の決定は、企画書や訪問結果などから総合的に判断して結論を出します。官公庁の入札のように、とにかく一番安い見積りのところというのではなく、あくまでも内容とのバランスから判断します。前述のチェック内容を加味しながら、最終結論を出してください。

疑えばきりがないのが調査ですから、最後は担当者の態度や姿勢から感じられる印象がポイントということになります。

率直なふるまいで信頼が置けそうかどうか、判断して決めます。

Column 8

より深く探索する調査の試み

最近、新聞で目についた記事がありました。①東芝が、家電の省エネ商品を開発するために住宅に交代で住み込み、商品の使い方や生活パターンでどう消費電力が変わるのかを調査したケース、②外資のP&Gが、シャンプーに関する数千人分のアンケートを徹底分析し、新しいコンセプトで開発したという記事です。

日本の大手メーカーは、これまで多種多様な調査を行なってきています。業務の性格上、なかなかオープンになりませんが、大手メーカーから発売される商品や売場展開、TVCMなどを見ていると、調査の目的がおぼろげながら想像できます。取り上げた2社は通常の調査をほとんどやり尽くした結果、さらに深く掘り下げる方向で進めているのだと思います。

「調査から商品開発はできない」と言うコンサルタントもいますが、成熟期の商品ほど、机上で商品開発を考えることが難しいものはありません。商品の持つ微妙な違いや使い方の差で評価が大きく変わることがあります。実際の使用現場にさらに近づいて、最適な解を求めるしか道はありません。

日本人の優れた特質は、ひとつの機能や特徴をより洗練、進化させることです。マーケティングという考え方のみならず、市場調査の主な手法はそのほとんどが米国からもたらされたものです。米国では、経営施策の意思決定を行なう際、選択した方向が間違っていた場合の保険として、調査を徹底して実施するとも言われています。日本では、外資を除くとそうした意識は希薄かもしれません。

そのせいか、日本独自の調査手法なるものにお目にかかったことがありません。しかし、そろそろ日本で開発した調査手法が現われてもよい頃でしょう。そのヒントがこの2つの調査事例に含まれています。

第 9 章

市場調査の進め方の実際

企画書が調査の進行過程で役に立つ

調査企画書のつくり方

調査企画書を作成することで考え方がまとまり、問題意識を深めることができる。

●考え方の整理や意識の共有化のための調査企画書

調査企画書は調査会社がつくるもの、と一般的に考えられているようですが、発注側でも作成することをお勧めします。調査の目的や位置づけ、想定仮説、求められていること（明らかにすべき内容）などを自分なりに整理することで明確にでき、さらに社内説得や認識の共有化、調査委託企業へのガイダンス時などに役立ちます。

●調査企画書の構成

前章で、調査企画書の構成として（1）調査の背景、（2）調査の目的・狙い、（3）調査対象、（4）調査方法・しくみ、（5）調査項目、（6）集計・分析、（7）明らかにすべき内容、（8）調査スケジュール、（9）費用の見積りなどを挙げました。発注者側の立場で考えると、特に求められる項目は（1）調査の背景、（2）調査の目的・狙い、（3）調査対象、（5）調査項目、（7）明らかにすべき内容となります。調査会社まかせではなく、自ら考えてみることが問題意識の深化に役立ちます。もし、ＩＴ出身のインターネット調査会社に委託を検討している場合は、このプロセスの詰めをしておくことが大切です。

なぜならば彼らは、「カッコいい」デジタル空間上の記号情報の処理や解析といったテクノロジーは得意ですが、生々しく泥臭い調査プロセスとは無縁で、リアルな調査企画などは無理があるからです。

●調査企画書作成のポイント

（1）調査の背景とは、「なぜ、調査が必要なのか」について、会社の立場やマーケティング上の問題点を明確にすることであり、ストックされている社内情報の利用などで容易に明らかにできます。（2）調査の目的・狙い、（3）調査対象については、仮説とその問題解決のための必要性を提示します。漠然とではなく突き詰めて考えることで、核心部分が浮き彫りにされてきます。少々大胆な設定であっても、

調査全体フレームと調査企画書の位置・役割

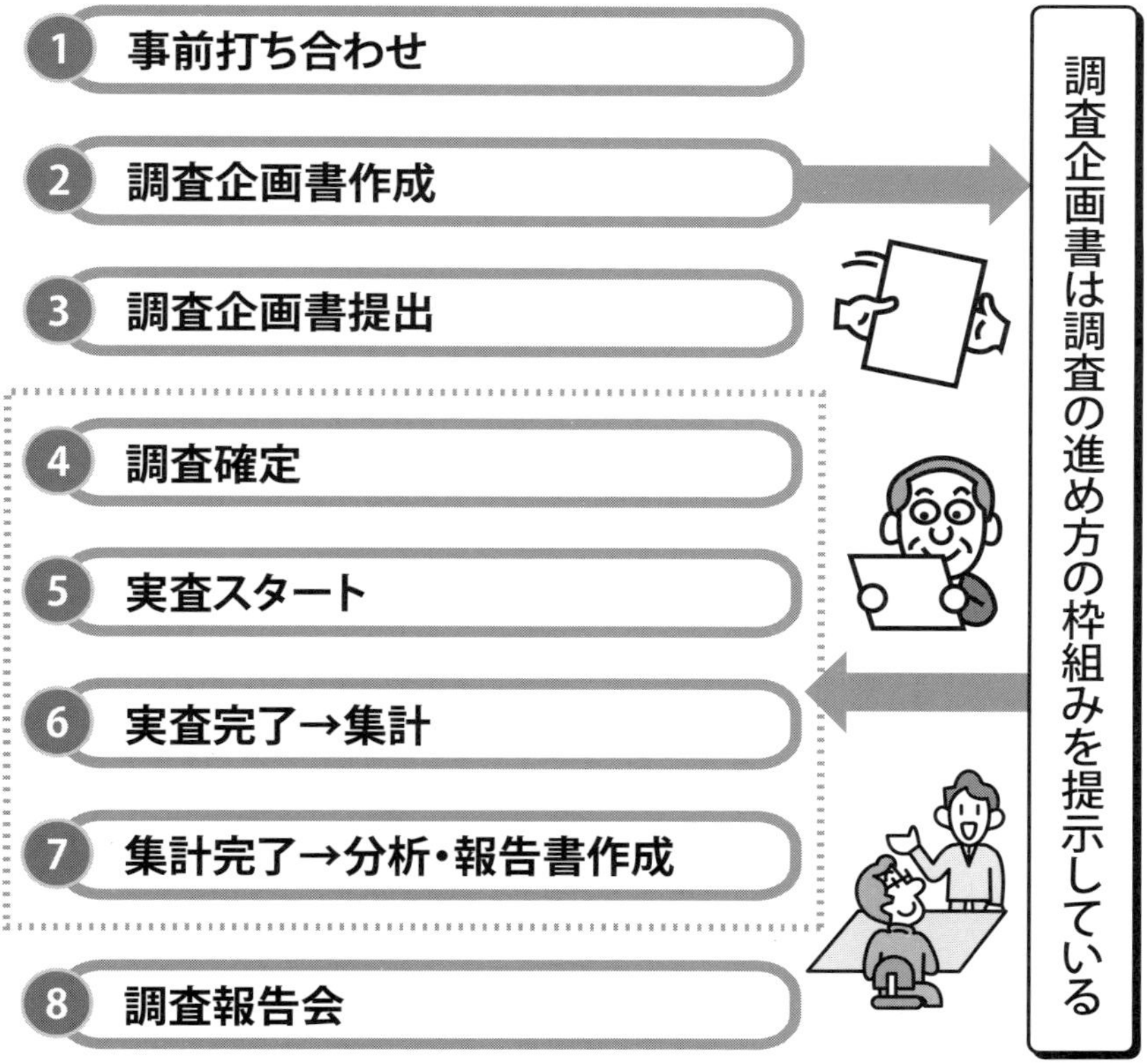

委託会社との議論で深めるための叩き台にすることでも役立ちます。（5）調査項目、（7）明らかにすべき内容では、調査から何を導き出そうとしているのか、アウトプットした内容が問題解決にどう役立つのかを再確認することができます。さらに言うと、調査の成果物はそこにしかありません。調査のコストとアウトプット内容の意味が問われます。（8）調査スケジュール、（9）費用の見積りは、この段階では目安、概算程度に留めます。

　この段階で、へたに細かく見積りを立ててしまうと後からの修正が難しくなります。調査の詳細を詰めた後で見積りが変わると、信頼性を損なう元となりがちです。下がるのであればいいですが、上がるとなるとトラブルは必至です。調査に慣れていない担当者であれば特に注意が必要です。

起こりやすい作業レベルのズレを予防する

作業計画書をつくる

担当者間の認識の共有化が図れる一方で、発注先担当者にも安心感を与える。

●作業計画書で行き違いをなくす

調査の実施が確定したら、前述の調査企画書を作業レベルにまで落とし込んだ作業計画書をつくります。通常、小規模調査の場合は作業計画書を省略することも多いのですが、大きなテーマ、複雑なしくみ、新規委託の際には、思い違いや行き違いをなくすために準備しておくべきです。計画書には、調査実施を前提にしたスケジュールも盛り込むため、途中の進捗状況をつかむ際に便利です。調査は典型的な帰納法であり、細かい作業の積み重ねが大切です。

人と人が理解し合うことほど、難しいことはありません。お互いが食い違ったまま実査が終わってしまうと、完了後の後始末といってもリカバーできることが限られ、取り返しがつきません。

●詳細に作業工程を分解する

作業計画書は企画書の項目のうち、①調査の項目、②調査の方法・ステップ、③集計・分析などを具体化していきます。「①調査の項目」では、たとえば企画書で「商品認知」とあったものを、作業計画書では、「再生知名、再認知名」というように、そのまま質問紙に落とし込めるレベルにまで項目を細かく設定します。ここまで細かくして確認しておくと、後で質問紙の設計が楽になります。「②調査の方法・ステップ」では、調査対象者についても細かく設定します。20～24歳女性50サンプル、25～29歳女性50サンプル、といった具合です。主婦という設定についても、「家計に携わり、家事のほとんどを主に行なっている人」というように細かく定義づけして、実査を行なう段階であいまいさが残らないようにします。調査のステップは、主要ポイントごとにフローチャートなどでわかりやすく図式化し、予定期日を設定しておきます。

●具体的にすることで認識の共有化

「③集計・分析」については、細かくすれば際限なくなってしまう可能性

作業計画書の雛形（例）

1．調査の目的

2．調査項目

（1）商品○○の認知

①再生認知　②再認認知　…………

（2）ブランド別認知

……………………

（3）ブランド別使用経験・今後の使用意向

（4）商品○○の使用理由とブランド選択の理由、評価

…………………………………………

…………………………………………

3．調査の対象

（1）調査の地域

（2）調査対象者の範囲、条件

（3）調査対象者の選定方法

4．調査の方法としくみ

（1）電話による対象者の抽出（ＲＤＤ）

（2）…………………………………………

5．実査作業フロー

（1）電話調査実施者向けガイド・トークフローの作成

（2）…………………………………………

（3）…………………………………………

6．集計計画

（1）質問票の回収日時と場所

（2）…………………………………………

もありますが、回収、回収点検、調査票の修正、アフターコーディング、データ入力、ロジックチェック、単純集計、クロス集計などの基本的な内容をフロー化し、スケジュールを設定します。集計計画としてクロス集計の縦軸と横軸など決めておくと、後の作業段階でも役立ちます。分析については、アウトプットイメージをダミーでもいいので見本を記載しておきます。調査業務を遂行する担当者間の認識の共有化が図れる一方、発注先担当者にも安心感を与えます。コミュニケーションのズレを防ぐための努力を惜しまないことです。

細かな作業レベルの詳細設計こそ、調査会社のノウハウのひとつかもしれません。補足的な効用を挙げれば、作業工程の詳細を示しておくと、コストダウンの要請に対して反論材料として利用できます。

調査目的に最適の質問紙を作成する

質問紙の作成①

どんなに優れた調査企画でも、質問を間違えると目的と違った回答を導いてしまうことになる。

●質問紙を使う調査と役割

質問紙の利用は、訪問面接調査、留置調査、郵送調査、電話調査、インターネット調査など、調査の幅広い領域に及びます。

質問紙は、「釣り」で言うと「しかけ」の部分にあたり、調査の要ともいうべきものです。用具の選択や使い方を誤ると、狙った魚を釣り上げることができません。

どんなに優れた調査企画でも、質問を間違えると目的と違った回答を導いてしまいます。

質問紙の設計と作成の要点をまとめてみます。

●プリコード型と自由回答型

質問紙の設問方法には、プリコード（pre-code）型と自由回答（フリーアンサー）型があります。両者を組み合わせて設計することが通常ですが、それぞれにメリット・デメリットがあります。

プリコード型は、アンケート調査の柱として使用される設問法で、回答のレベルを統一することができ、答えやすく、データ処理が早いなどの特徴がある半面、選択肢の設定が回答を左右したり、細かいニュアンスがつかめないなどのデメリットがあります。

自由回答型は選択肢設定が容易で、詳細な内容をつかむことができますが、調査員の能力・力量への依存度が高い、回答者負担が大きく、無回答が増える、データ処理も手間がかかる、などのデメリットが挙げられます。

質問紙作成にあたっては、通常プリコード型70～90％、自由回答型10～30％程度という構成で設計することが望ましいでしょう。

●プリコード型質問のタイプ

プリコード型には、単一回答方式、複数回答方式、順位回答方式の3タイプがあります。

さらに、単一回答方式は、二項選択と多項選択、複数回答には制限なしと制限あり、があります。

設問方法の分類

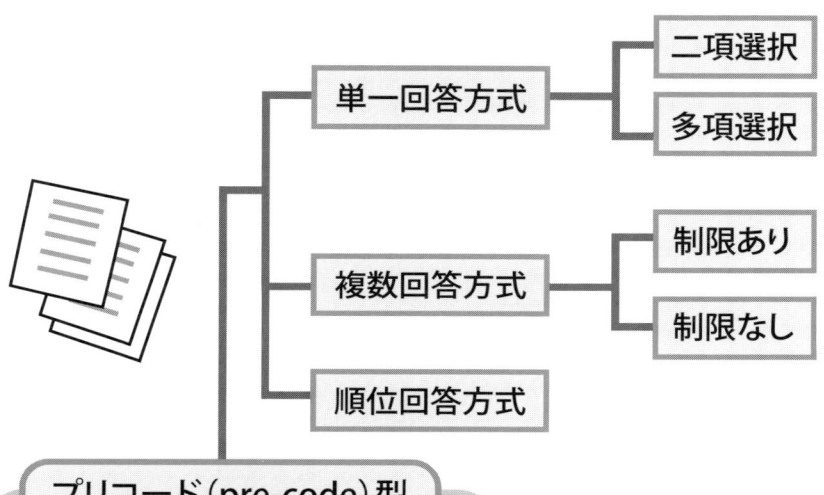

- プリコード（pre-code）型
  - 単一回答方式
    - 二項選択
    - 多項選択
  - 複数回答方式
    - 制限あり
    - 制限なし
  - 順位回答方式

プリコード（pre-code）型

・回答のレベルの統一が図れる
・回答者が答えやすい
・データ処理が早くできる
・選択肢設定の範囲に限られる
・細かいニュアンスがつかめない

自由回答（フリーアンサー）型

・選択肢の設定が容易である
・くわしい内容がつかめる
・調査員の能力・力量しだい
・無回答が多くなる
・データ処理に手間がかかる

質問紙の設計がキーとなる

質問紙の作成②

質問紙ができ上がったら、関連業務以外の人に眼を通してもらって、質問の修正や補足をすることが大切。

●質問紙は調査のエッセンス

質問紙は、調査のエッセンスともいうべきもので、質問紙が完成したら調査は半分終わったと思っていいでしょう。

ただ、それだけに充分な配慮と心遣いが必要です。回答欄にマトリックスを設けるなど、回答者の都合を二の次にして、データ処理を優先している質問紙をよく見かけます。質問紙ができ上がったら、関連業務以外の人に眼を通してもらって、質問の修正や補足など手を加えることが大切です。小学生でも理解できるような程度のわかりやすさ、しくみが理想的です。

●設問の配列、順序に注意する

設問の構成、配列についてまず挙げられるのは、誰にでも答えやすい一般的なテーマの設問から並べるということです。

たとえば、次のような設問です。「問①、あなたは、ここ半年間の社会の動きを見て、景気が回復したと感じますか？」。次に挙げられるのは、関心を抱くようにストーリー、流れのある配列にする、ということです。答える人が興味を失わないよう、配列に気を遣います。また飽きさせず、興味を持たせるような工夫をすることも大切です。これは、図や写真を入れてメリハリをつけることでカバーできます。

さらに、柱となる設問から関連する設問へつながるように配列して、回答者が戸惑わないよう心がけます。

最後に、設問の前後で影響を受けないよう、配列構成に配慮することも必要です。

●質問文や言葉に気をつける

質問文や言葉遣いによって、出てくる回答に差が生じることもあるため、作り方には注意が必要です。まず大切なのは、ひとつの設問でひとつのことを聞く、ということです。次は、専門用語を避け一般用語を使い、誰にでもわかる言葉や言い回しを心がける、ということです。質問文はできるだけ短く、使用する言葉の定義を明確にして

設問設定時の注意ポイント

① 導入部は、わかりやすく答えやすい設問からはじめる
② 大きな事柄から小さい事柄、事実から意見、という流れで構成する
③ 専門用語を使わず、誰にでも理解できるようなやさしい用語を使う
④ 定義がはっきりした言葉や定義を明確にして言葉を使う
⑤ ひとつの質問文に二つ以上の質問を盛り込まない
⑥ 回答を誘導するような質問文をつくらない
⑦ 質問文は、極力短い文章を心がける
⑧ 小学生（中高学年）でも答えられるような設問内容・構成にする

▲アンケート（質問紙）のよくないケース　※実際に見たことがあるもの

① データ入力を優先したとしか考えられないような編集構成
② 設問をページいっぱいに詰め込んで、質問紙の枚数を減らすことしか考えていない構成
③ 設問と回答欄にマトリックスを多く使い、どう進んだらよいのかわかりにくい
④ プリ項目に偏りがあり、＜よい＞が多くなるような設計になっている選択肢
⑤ 単一回答か複数回答かが明記されていない
⑥ 明らかに記載が間違っている（○を記入するところが○で囲むと表示）
⑦ 質問と回答欄が非常にわかりにくく、何について、何を答えるのかがわかりにくい

形式的にアンケートを行なっているが、自分たちの都合や作業上の効率だけを追い求めて、答えてもらう相手の立場・視点に立ち、可能な限り答えてもらおうという姿勢やていねいさ、配慮がほとんどなされていない結果と言える

いくことも必要です。

「最近」ではなく、「ここ3ヶ月の間に」というようにはっきりと定義します。さらに、数年前など記憶していることが難しいことや流れがわかりにくい補足質問など、複雑な構成もいただけません。また、誘導するような設問や選択肢も問題です。

よく目につくのが「1.とてもよい、2.よい、3.普通、4.よくない」というようなスタイルで、どう見ても「よい」が多くなる設定です。これでは、誘導しているとしか思えません。選択肢を左右対称に設けることが基本です。

このような偏った選択肢のアンケートは、店頭設置型などでよく見かけますが、見る人が見ればすぐにわかります。設置企業の姿勢まで問われかねませんから、充分に注意する必要があります。

実査担当者への指示内容を具体化する

実査の補助的ツール
―実査担当者ガイドの作成

適切な実査遂行の手順や活動基準を示した実査担当者ガイドを作成する。

●実査担当者の役割と任務を明確にする

調査は、面倒な手続きを一つひとつ着実に踏んだ実査の集積です。直接対象者と対峙する調査員、インタビュアー、電話オペレータなどの実査担当者の性格、気質や対応能力によって、調査の出来不出来は大きく左右されます。どんなに優れた調査企画であっても実査がいい加減であれば、無意味になってしまいます。

支障なく目的の実査を遂行するためには、現場まかせにせず、実査担当者が判断する事項を極力少なくすることが大切です。そのためには、実査担当者に対して役割と任務を明確にする必要があります。

具体的には、適切な実査遂行の手順や活動基準を示した実査担当者ガイドの作成です。実査の現場では何が起こるか想定できない部分もありますが、可能な限り現場であいまいさを生じさせないようにすることが目的です。調査会社の中には、コストとの兼ね合いでガイド作成を省くところも見受けられますが、注意が必要です。

●実査担当者ガイドの構成

ガイドは、①調査の背景と目的、②調査のしくみと全体フロー、③実査担当者の役割と任務、④実査の基本ステップとポイント、⑤実査の進め方、⑥質問票のしくみと流れ、⑦キーとなる質問の実施方法、⑧注意事項、⑨点検・回収作業について、⑩スケジュール、⑪用意した書類・資料、⑫実査管理担当者、といった項目構成になります。骨子は調査企画書から必要な項目を抜き出した内容を、実査部分に絞って具体化・追加して作成します。その際、万一資料が外部に渡っても支障がないよう充分配慮した内容にすることを心がけましょう。

資料は調査説明会の際、実査担当者に渡し、終了時に調査票と一緒に回収するのが基本ですが、万一の場合も想定しておくべきです。「③実査担当者の役割と任務」については、調査全体

実査の任務内容の明確化が大切

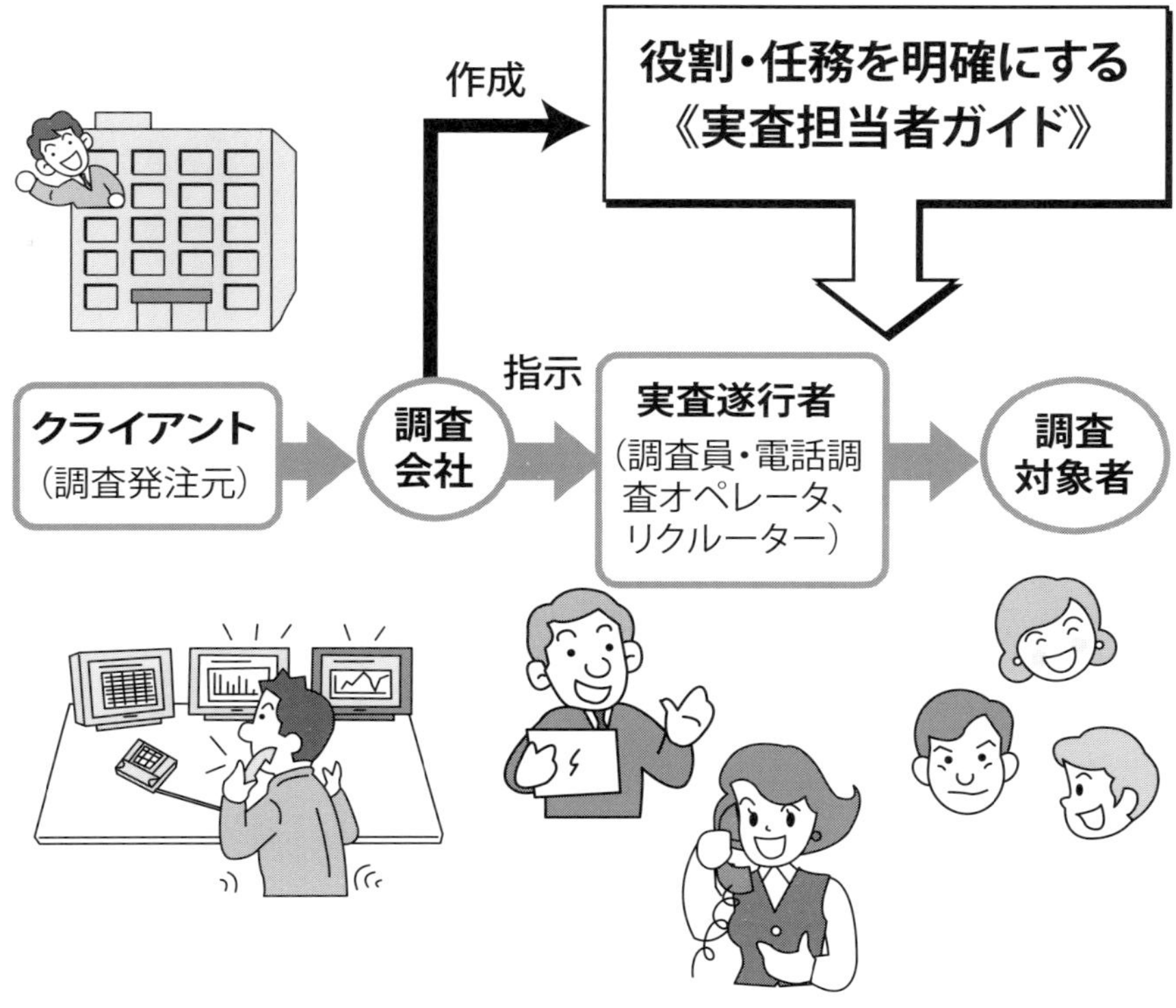

から見た実査担当者の位置づけを明確にすることで、取り組み意欲やモチベーションを高めることができます。

また、実査担当者の任務の範囲を明確にすることで、現場でのあいまいな判断を解消する効果もあります。「⑥質問票のしくみと流れ、⑦キーとなる質問の実施方法」については、質問紙の主要箇所に想定回答を書き込むなど記入例を作成し、実査担当者一人ひとりに行き渡るようにします。間違えやすいところ、複雑な設問については、詳細をわかりやすく表現して行き違いの起きないよう念を入れます。こうした地味で手間のかかるきめ細かい積み重ねは、つい見落とされがちです。

実査の現場を知らない担当者は、工程上のこうした部分を認識していませんから、信頼を得るためには、充分に説明しておく必要があるかもしれません。

使用現場に近づくための努力を惜しまない

実査の成功を高める工夫

接触体験や使用体験によって、調査の目的に合致した正確な回答が得られる。

●商品使用を体験させる

実査成功のカギは、調査のしくみと実査担当者の取り組み意欲やモチベーションによるところが大きいと前述しましたが、さらにマインドを高めるための工夫がいくつかあります。

まず挙げられるのが、接触体験や使用体験です。身近な商品であれば、実査担当者に競合品も含めて、実際に手に取る、食べてもらうなど、その商品を実感する機会を設けて評価を取ることです。非常に手間がかかり、めんどうな準備が必要ですが、経験させることで、調査の目的に合致した正確な回答が得られます。

最近、住宅展示場で宿泊体験できるところが増えてきましたが、リアルに実感してもらうという点では同じです。

●ビジュアルに多面的に伝える

使用経験が難しい商品や眼で見ることができないサービスの場合は、書類だけでなく写真や図、ビデオなどのさまざまな媒体を使ってビジュアルに見せることとです。コミュニケーションは、手段の種類が多ければ多いほど理解度が高まります。

また、新商品に関わるテーマであれば、その商品開発に現場で携わっている技術者に、その商品に対する想いを語ってもらう場を設けます。また広告担当者に、その商品に関わる広告制作の苦労話を話してもらいます。

通常、調査スタート前には実査担当者（調査員）に向けて説明会を行ないますが、その中で時間を割いて、5分程度でも設定するべきです。大規模プロジェクトなどで念を入れるのであれば、工場見学や現場視察も有効です。商品が作り出される生産工程や現場で業務に携わる人たちを見ることで、調査に対する理解と熱意はより深いものになります。

ただ、経験した印象が強すぎるため、実査担当者のマインドが偏ってしまうことは避けなければなりません。

●手間を省くことは安易なコストダウン

関与者のモチベーションを高めることが成功の秘訣

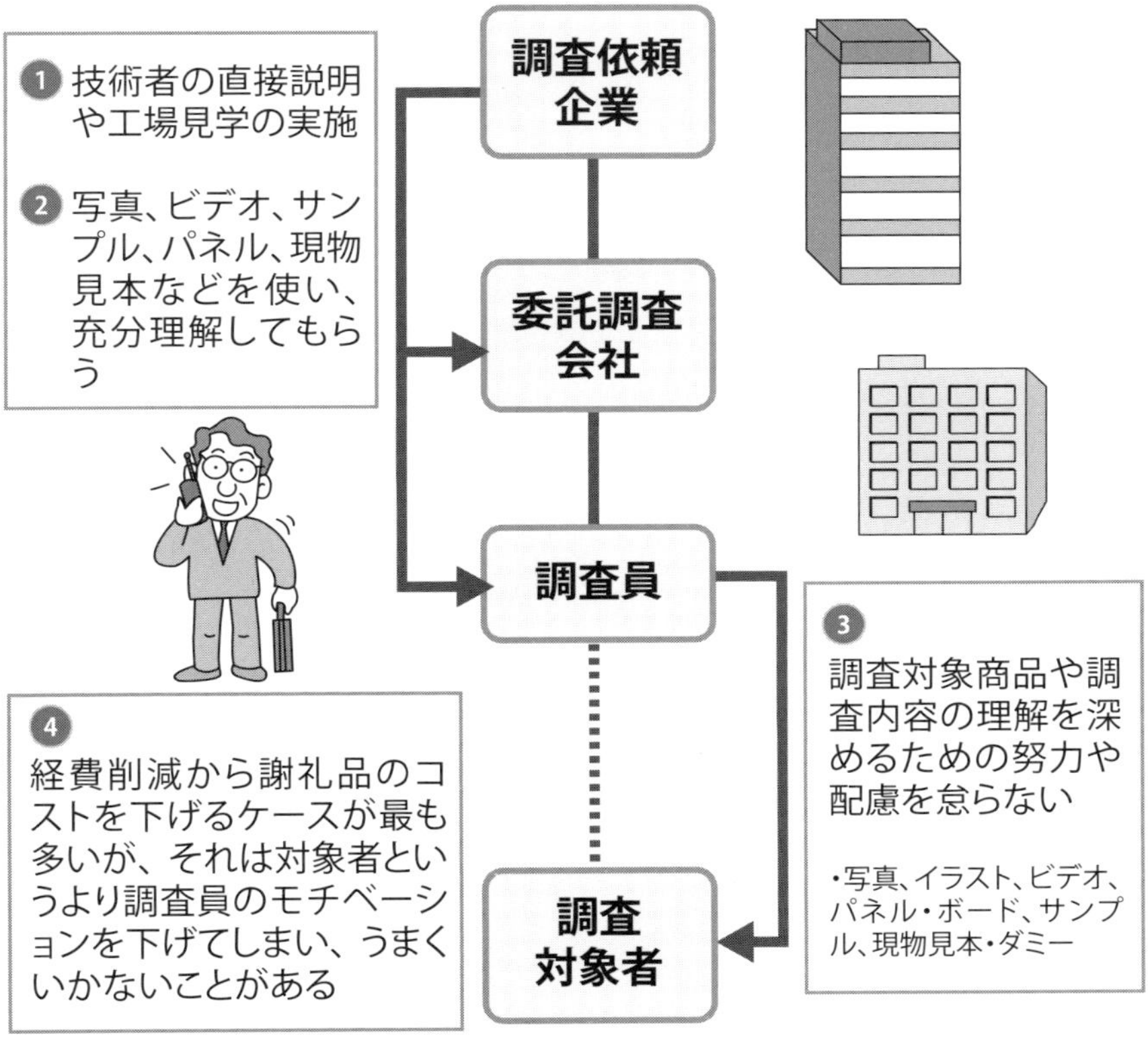

調査依頼企業
委託調査会社
調査員
調査対象者
① 技術者の直接説明や工場見学の実施
② 写真、ビデオ、サンプル、パネル、現物見本などを使い、充分理解してもらう
③ 調査対象商品や調査内容の理解を深めるための努力や配慮を怠らない
・写真、イラスト、ビデオ、パネル・ボード、サンプル、現物見本・ダミー
④ 経費削減から謝礼品のコストを下げるケースが最も多いが、それは対象者というより調査員のモチベーションを下げてしまい、うまくいかないことがある

「調査は安かろう　悪かろう」につながりやすいと述べましたが、実はこうした手間がかかりめんどうな手続きを用意する部分が、最もコストダウンの対象になりやすいのです。「人と人のコミュニケーションの難しさ」を認識することの少ない若い世代や現場経験の浅い人たちは、こうした手順を安易に考えています。

　ましてや、発注元のクライアント側にも、こうした現場のきめ細かい工夫と配慮を知る人は少ないと思います。それが安易なコストダウンになり、実査がうまくいかない、回答率が低いという事態を招いている側面があるとも言えます。調査を理解してもらうためのさまざまな工夫やしかけを体験するうちに、調査担当者や調査員などのモチベーションが向上し、実査への熱意や根気につながり、実査を成功に導きます。

現場感覚が大切

実査現場を知る

調査企画担当者はできる限り現場を知り、現場の実情を充分踏まえた調査企画、実査の方法を構築することが肝要。

●多岐にわたる実査場面

市場調査の現場は、調査手法の違いによってさまざまです。調査員（実査担当者）が1人で、地べたを這うように孤軍奮闘する場面があるかと思えば、ネット上でパソコンを介しての接触画面だけが実査現場であるなど、多岐にわたっています。市場調査を行なう際には、取るべき手法の実査現場をどれだけ知っているか、現場感覚をどう活かせるかが大切です。

●店頭アンケート体験事例

店頭アンケートに出くわしたことがあります。N外食チェーンで夕食をすませて外へ出ると、女性調査員から声をかけられました。店が改装オープンし、新メニューを取り揃えたのですが、そのメニューについての評価調査のようです。最初は快く質問に応じていたのですが、途中から首をかしげたくなるような質問を投げかけられ、回答に苦慮してしまいました。

なぜならば、新メニューが増えたことで来店機会は増えるか、その頻度は、理由はといった質問が、まわりくどい表現で長々と続いたからです。寒風の中、立ち話で辟易しながらも何とか最後まで答えましたが、質問の組み立てや顧客の外食店の選び方について、充分検討されているのか疑問に思いました。

その調査員も、質問を一度で理解してもらえないため険しい表情です。聞くと、某最大手広告代理店が実施しているとのこと。

考えてみると、どうも机上だけで組み立てた論理を検証している印象を受けました。誠意が感じられる調査員だったため、強い不快感は覚えませんでしたが、実査の現場を考慮せず、アンケート回答者にわかりにくさや戸惑いを感じさせる調査のやり方は大いに問題です。調査内容以前に、場合によっては、顧客を失うことになりかねません。

●現場感覚の重要性

このような事態は、実査の現場を知

3つの現場を知る

現　場	要　件
依頼企業のビジネス現場	●調査はビジネスの問題解決の一手段である。依頼企業のビジネスの現場を可能な限り知っておくことが基本である。食品メーカーであれば機会を設けてスーパーの食品売場を観察するとか、日用品メーカーであれば近くのドラッグストアで買い物のついでに商品を手に取ってみるということ ●身近で観察することが難しい場合は、業界新聞・雑誌などに眼を通し、現場感覚や雰囲気に少しでも触れておく ●ビジネスの現場を少しでも知っておくことは、企画を考える際に具体的なイメージを沸き立たせてくれる触媒的な役割をはたしてくれる
実査の現場	●調査の実際の現場は、会場テストやグループインタビューなどで立ち会うこともできる。しかし、広範な地域で行なわれる場合や個別の訪問調査などでは、調査委託会社まかせとなってしまう。また、調査会社でも調査員まかせで進めることがほとんど ●よりよい調査を目指すのであればプリ調査を行ない、実際に同行し、立ち会って調査のしくみなどの問題点発見と改善を行なうことが大切
生活者の現場	●日頃から、テレビで話題に取り上げられる大型店舗や新しく開発された商業施設などには、一度は足を運んでおく。入居している店舗や並んでいる商品、そこを訪れている人を観察してみる。世の中のトレンドが、実感として感じられる部分があるはず ●こうした世相のトレンドと購買行動は密接に連動していることが多く、商品を考えていくうえでは欠かせない

らない、もしくは軽視した企画者の姿勢、考え方からきているものだと思います。

店が顧客接点だとしたら、実査現場は情報交換の接点です。どんなに優れた調査企画、高度な解析手法も実査現場がうまくいかなければ、絵に描いた餅、釣り上げた雑魚を使って高級料理を目指すようなものです。

調査企画担当者は、できる限り現場を知り、現場の実情を充分踏まえた調査企画、実査の方法を構築することが肝要です。

何度も言いますが、人と人のコミュニケーションほど難しいものは、この世の中に存在しないのですから。

ちなみに電話やメールで、相手に意思が伝わるのは全体の30%程度と言われています。あらゆる機会をとらえて最大限の努力をする、これこそ一番必要なことではないでしょうか。

販促を兼ねた自前調査

自前調査を行なう際のポイント

自前調査は、しっかりとした体制を作って継続的に実施することが大切。

●販促を兼ねて積極的に行なう

自前で調査を行なうケースは、店舗施設などで顧客満足システムの一環として実施されることが多いようです。

それも、アンケートを店頭に備え付けるというように、受身で行なっている傾向があります。プロモーションを兼ねて積極的に自前調査を行ない、顧客の関心度を高めて集客につなげることも可能です。

●来店者にアンケートハガキを渡す

比較的手軽に行なえる方法は、新店オープン時や店舗改装時にレジで商品の買い物袋の中に来場者アンケートのハガキを商品と一緒に入れる、というやり方です。ハガキの回収は、店頭でも郵送でも可能なシステムにしておきます。

期間限定で、料金受取人払いとしたほうがいいでしょう。アンケート返送者への謝礼はなくても可能ですが、一定の回収数を望むのであれば用意しておくべきです。

化粧品最大手の資生堂は、系列の専門販売店で来店顧客にアンケートハガキを手渡しする作戦を実施しています。同社が店に派遣しているビューティコンサルタントの評価を取るのが目的ですが、半年間で22万通が返送されてきています。アンケート調査を手段に、顧客を巻き込んで、より強固なストアロイヤリティづくりに役立てています。

●社員がミステリーショッパー調査

神奈川県のある中堅ドラッグストアでは、自社社員がミステリーショッパー調査を実施することで、チラシを止めたにもかかわらず固定客数を伸ばしています。

年4回、女性スタッフが買い物客に成りすまし、2時間かけて25項目をチェックしています。

１００点満点で60点以下の店では、対策案をつくり、エリアマネジャーと一緒に売場改善を進めています。

ミステリーショッパー調査会社は、「儲かるビジネス」と考える人が増え

自前調査事例―Kチェーンの場合

企業概要

- 首都圏でドラッグストア約200店舗を展開
- 2007年売上高：約1200億円

年4回、女性スタッフが25項目を覆面調査

※2時間かけて買い物をしながら接客、欠品、レジ対応などを調査

チェーン本部 ⇔ **チェーン店舗**

- 覆面調査の結果、不合格の場合、店に対応策を作ってもらい、エリアマネジャーと一緒に改善活動を進めていく（1割の店がまだ不合格）
- 別途、現場の声を聞くしくみもある。毎月10店舗から本部の対応についてアンケートを取っている。店の意見を本部の部長に返し、本部と店とのコミュニケーションの円滑化を図っている

たためか、30社以上あるそうですが、怪しげな会社や素人離れしたマニア的調査員も多いようです。下手なところを起用するぐらいなら、しっかりと考えてしくみをつくり、自前で調査したほうがいいでしょう。

その際、注意すべきことは、しくみ、システムをしっかりと考えて、継続できる体制を確立することです。また、あくまでも経営の改善策につなげることを目的に置くことです。とりあえずやってみようという姿勢は大切ですが、深く考えずに思いついたやり方にこだわってうまくいかず、一過性で終わってしまうことは避けなければなりません。

最初から完璧を求めすぎて途中で挫折するケースが少なくありませんが、基本はキッチリと押さえて、一度徹底的にやってみてもいいかもしれません。

報告書の構成とは

調査報告書の作成にあたって

結果の事実編と、それを基にした見方・提案編に分けて構成する。

●実査中の変更・追加は信頼を損なう

いったん実査にゴーを出すと、特に問題がない限り、後は中間報告や最終報告まで、委託先の責任で粛々と調査が進められることになります（ただし、実査の現場に立ち会う必要のある会場テストやグループインタビューもある）。

実査の過程で、内容の変更や追加は原則としてできません。もしそれを行なうと、信頼関係を損なって、調査そのものがうまくいかなくなる可能性があります。

●報告書の４つの構成

報告書の作成は、調査企画書や作業計画書にしたがって、一つひとつ丹念にまとめていきます。

報告書の構成は、①調査設計、②調査結果、③調査結果まとめ、④調査結果からの提案、の４つの部分に分けられます。

③調査結果まとめ、④調査結果からの提案の項目は、クライアントの意向や事情に応じて前に持ってくることもあります。

●事実部分と提案部分を明確に区分

詳細については、多くの書籍で既に語られているため特に触れませんが、気をつけたいのは、事実結果の部分と結果の意図的な読み取りや見方を明確に分けることです。

結果部分では、事実を淡々と述べることに徹し、まとめや提案部分で関連情報の活用や論理の拡張などを行なうことです。

これを混同して、結果の部分で事実から離れた論理などを展開してしまうと、報告を受ける人に混乱が生じて、せっかくうまくいった調査も台なしになります。

次ページに報告書の事例を示します。消費者調査の報告書事例は多く見かけるので、あえて流通調査の事例を挙げてみました。

報告書の目次事例

文具・事務機市場における商品Ｄの流通構造の把握と競争力評価のための調査報告書

Ⅰ. 調査設計

1. 調査の目的
2. 調査の項目
3. 調査方法
4. 調査期間
5. 調査対象と回収状況

Ⅱ. 調査結果まとめ

1. 卸店調査まとめ
2. 販売店調査まとめ

Ⅲ. 調査結果

1. 卸店編

（１）調査対象先一覧
（２）卸店別商品Ｄの取扱い状況とプロフィール
（３）取扱いメーカー及びメーカー別販売構成比
（４）Ｄの仕入先とその評価
（５）Ｄの主要売り先及び販売状況
（６）Ｄのメーカー及び自社の販売促進策
（７）Ｄのデリバリー・在庫の方法と実態
（８）Ｄの現状の市場評価
（９）Ｄの今後の市場の成長性評価
（10）Ｄの今後の販売方法の動向

2. 販売店編

（１）・・・・・・・・・・・・
（２）・・・・・・・・・・・・

3. 文具・事務機市場に対する今後の方向性（提案）

・・・・・・・・・・・・・・・・・・・・・・・・・
・・・・・・・・・・・・・・・・・・・・・・・・・

調査結果を自分なりに俯瞰してみる

社内報告書のまとめ方

要領よく、言いたいこと、強調したいことをコンパクトにまとめ上げる。

●報告書のタイプ

会社によっては、調査会社に対して最初から報告書自体を社内向けに編集するように要請するところもありますが、通常は調査会社から受けた報告書とは別に、独自で社内向け報告を作成します。その際の要点は次の通りです。

●社内報告書作成のポイント

一番目は、報告が最終経営トップまでいくことを考慮して作成することです。そのためには、多忙な経営者が流し読みをしても要点がわかるように構成されていることが大切です。

二番目は、Ａ４サイズ１枚か、多くても２枚程度にまとめ上げることです。役所の書類のように、厚さ数センチという報告書はまず受け付けてもらえません。

三番目は、文字の大きさを12ポイント以上で作成することです。小さな文字では、読む際のストレスが高じてしまって、内容の吟味にまで至らないからです。

四番目は、調査結果とそれから考えられる課題・対策などを分けて表現すること。調査結果はあくまでも素材であり、手がかりを得るための情報です。それを読み取ってどう判断し、次のステップにどうつなげるかのアウトプットは本来の目的のはずです。

五番目は、ビジュアルな表現を工夫し、文章は少なめにすること。長い文章で、結論がよくわからない、ということにならないように注意します。

六番目は、ストーリー性や起承転結がある構成にすること。限られた紙幅の中で要約したポイントをわかりやすく配列・構成して、読む人の理解を深めるよう心がけます。

最後に、当初の目的・求められている内容に対するアウトプットをわかりやすく、明確に表現することです。

●調査関連書類の保管

メーカーなどで、過去の調査関係資料が質問紙や報告書しか残っていない、という話をよく耳にします。どの

社内向け報告書事例（事業部向け、本編）

タイトル「当社○○事業部門の△△販売戦略の方向」

■はじめに

1. 目的
2. 本レポートの検討項目
3. 検討分析にあたっての仮説並びに分析フロー

Ⅰ. △△市場の成長分析
1. △△市場の現状
2. △△市場の今後の成長性検討

Ⅱ. △△業界の流通特性
1. 流通フローと流通各段階の特性
2. 当該市場のチャネルリーダーとその行動様式

Ⅲ. 当社の競争力評価
・・・・・・・・・・・・・・・・
Ⅳ. 当社○○事業部門の△△販売戦略（提言）
・・・・・・・・・・・・・・・

■資料編

ような経緯から調査に踏み切ったのか、問題点やその後どういう対策をとったのか資料が残っておらず、詳細がわからないというのです。

調査は、経営・企業活動の問題解決のために実施されるもので、質問紙や報告書だけを見ても新任担当者などにはあまり役立ちません。一連の資料とセットにして初めて役立ち、企業資産・ノウハウとして生きてきます。

特に、調査はカスタムメイドで、細かなプロセスの集積物でもあります。一見無駄と思われるようなメモなども、一緒にまとめて保管・管理しておくのが望ましいでしょう。

どうしてもかさばるのであれば、紙文書をデジタル化するＯＡ機器も出ていますから、それらを利用するのもいいでしょう。

Column 9

マーケティングは儲けることだけか?

「マーケティングは儲けることである」、「マーケティングは利益の創造」という主張をよく耳にします。マーケティングの考え方については、本書の冒頭で述べたので触れませんが、こうした主張にはどうしても違和感を感じます。わかりやすくて単刀直入であることは間違いないのですが、「単に儲けることだけではない」からこそ、マーケティングが受け入れられたのだと思います。

近江商人のモットーに「三方よし」という考え方があります。ご存知の方も多いと思いますが、売り手よし、買い手よし、世間よし、というのが基本になっています。しかしここには、マーケティングの考え方も包含されています。事業を通して社会に役立つ、貢献する、そして利益を得る、ということです。

グローバル化や規制緩和の中で新興のベンチャー企業が多く出現し、派手なＴＶＣＭを浴びるほど流し、脱法的手段で売上を稼いだ結果、破綻して多くの顧客や出資者をなおざりにするやり方が相次いでいます。どうも、金儲けの手段として事業を起こしたり、株を上場することがよしとされる風潮が強まっているとしか考えられません。顧客に満足や喜びを与えられるモノづくりやサービスの結果として、利益を得られるということが基本ではないでしょうか。マーケティングは、そのプロセスの大切さを説いているのであり、「三方よし」にも通じるものがあります。

グローバル化の進行と多くの人の幸せが両立するかについては、少々疑問に感じます。東南アジアに行くと、グローバル化の実態に触れることができます。巨大なショッピングモールの中には有名ブランドショップが並び、スーパーマーケットはすべて米国流の品揃えや陳列形態で、商品の多くは欧米系企業のものです。

経済のマネーゲーム化、カジノ化が目指すものは、利益を出すことだけです。これは、マーケティングとは無縁と言ってもいいでしょう。

第 10 章

これからの
市場調査

グローバル化の波が及ぼす影響

グローバル化と調査会社

「情報サプライサービス」と「マーケティング総合サービス」への二極化が進む。

●グローバル化が企業経営を変えた

社会の成熟やグローバル化が進む中で、企業は経営のあり方を大きく変えてきています。相次ぐ企業の合併・買収・企業統合、コア事業への集中化、国際的連携などの話題にこと欠きません。インターネットの普及は、生活者に情報と新しい顧客接点を生み出しました。当然、マーケティングや市場調査も、新局面への対応を迫られています。

●企業環境の変化に対応を迫られる調査会社

市場調査を取り巻く環境は、個人情報保護法の施行、住民票の閲覧規制強化、調査回収率の低下傾向などのマイナス要素が拡大しているものの、主要調査会社の売上は、前年比＋４・７％（２００５年・ＪＭＲＡ会員企業）と堅調に推移しています。調査会社の間でも、合併・企業統合、国際ネットワークへの参加など、グローバル化に向けた動きが活発化しています。これまで、「ニーズの高度化にもかかわらず調査の質的対応力は向上しない」（業界専門家）と言われてきましたが、その「閉鎖的な体質からの脱却」が避けられない時期に来ています。ネット専門調査会社の急成長やシェア拡大も背景となっています。

●調査会社の2つの方向

調査会社が目指すべき方向についてのクライアント側からの要請は、「特徴・専門性のある企業」、「提案がある企業」、「マーケティング戦略まで考える企業」ですが、歴史のある会社ほど、受注型という受身のビジネススタイルから抜け出すことができず、方向を決めかねているところも多いようです。

これまで、「クライアントへの適応」を主眼に置いて事業を進めてきた調査会社ですから、われわれの眼に触れないところで着々と準備しているかもしれません。私なりに整理してみると、「情報サプライサービス」と「マーケティング総合サービス」への二極化が

調査会社の方向

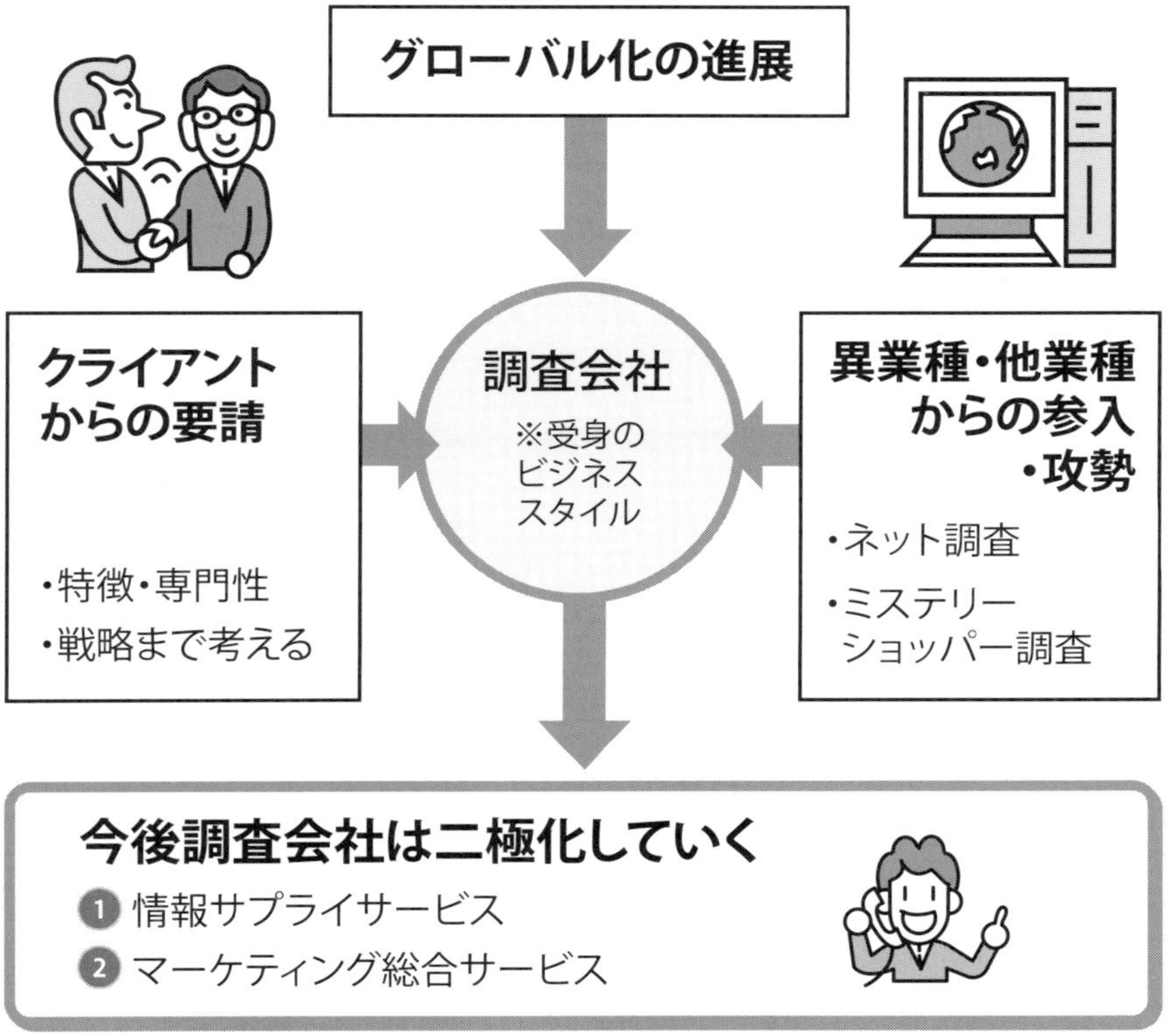

さらに進むものと思われます。ネット調査会社も後者の部類でしょう。

　今後のグローバル化の進行を考えると、前者の情報サプライサービスは、よほどの優位性を保持していない限り、価格競争の渦に巻き込まれることは間違いありません。先に挙げた国際的提携企業や合併に踏み切った企業は、情報サプライ型企業が中心ですが、トレンドを先取りした対応と言えます。

　後者のマーケティング総合型については、「調査とマーケティングはかつて別個の機能だったが、今日では統合する方向にある」（米国・ＭＢＡマーケティングの教科書）という見方もあり、時代の趨勢かもしれません。

　いずれにせよ、かつては社会の陰でひっそりと営んできたマーケティング会社も、今や激動期を迎えてきていると言えるかもしれません。

信頼関係が調査会社の基盤

市場調査の課題

信頼関係を大切にしながら、クライアントと一緒に問題解決を考えるのが究極の目的。

●理解されていない市場調査の役割

市場調査には今後、具体的にどのようなことが求められているのでしょうか。著名な経営雑誌で、ある経営コンサルタントの「市場調査とは競馬の予想に似たようなもの」という乱暴なコメントを眼にしましたが、調査結果と称する安易なランキングやバラエティ番組の横行が誤解を増大させているのかもしれません。

経営の専門家でも、まだ市場調査の機能や役割について充分に理解していないようです。

●調査はクライアントと調査会社の共同作品

前述したように、調査は依頼者であるクライアントと委託先である調査会社の共同作品です。単なる発注元と下請け先という関係性だけでは、よい作品は生まれません。基底をなすのは、信頼というきわめてアナログな関係性です。

しかし、社会の変化やＩＴの普及、実務担当者の若年化などから人間関係そのものが希薄化し、単なる取引先、下請け先という受け止め方が一般化する傾向にあります。

今後の課題を整理するには、この両者、つまりクライアント側と委託先の関係性のあり方を双方から考える必要があります。

●「一緒に考えるパートナー」という姿勢

クライアント側の課題を整理すると以下の通りです。①調査委託先に対して、「一緒に考えるパートナー」というオープンな姿勢で臨み、信頼関係を大切にすること、②自分なりに考えて調査企画を組んでみること、③企画書の内容の良し悪しを判断できる知識・能力を持つこと、④調査は、「安かろう 悪かろう」という側面があることを認識しておくこと、⑤実査の現場を、身をもって体験しておくこと、などです。

●問題解決が最終目的という認識

調査会社の課題は以下の通りです。

問題解決のためのパートナーシップ

依頼企業（クライアント） ⇔ **信頼関係がベース** ⇔ **調査会社**

1. 一緒に考えるという姿勢・態度
2. 調査は共同作品という認識
3. 調査の技術・手法、現場に精通
4. 企業経営にまつわる情報、知識の習得
5. 調査に対する熱意と誠意
6. 最終目的は問題解決

1）調査からアウトプットされるのは情報である。生産される商品は唯一＜情報＞であり、モノではない

2）情報そのものの商品としての価値を確かめる術はない。情報を得るために選択されたしくみの適切さ、念の入った手続きの積み重ねが品質と信頼を裏付ける

3）信頼の基盤を築くには、依頼企業は調査会社に対して、浮ついたプライドを捨て、胸襟を開いて率直な態度・姿勢で臨む、というスタンスが肝要

①クライアントに対して下請けという意識を捨て、一緒に考えるという姿勢を貫くこと、②「言われたこと」に対する答えではなく、相手（企業）の問題解決が最終目的だと認識すること、③相手の真意、背景、動機、事情などを理解するように努めること。そのために、④その企業の業界知識・事情、業界特性、流通特性、顧客特性などを充分に理解すること、⑤調査技術・手法だけでなく、経営や財務、社会学などの企業経営に関する知識を、ふだんから自分なりに習得する努力を惜しまないこと、⑥調査の遂行にあたっては、より満足してもらえるよう熱意と誠意をもって臨むこと、などです

調査は信頼がベースですから、それを築けないのであれば仕事はできません。疑えばきりがない職種の持つ宿命ということで、誠心誠意で対処することしかありません。

派手さが目立つインターネット調査会社

インターネット調査が一大潮流に

ネット調査業界では上位社への集中、合従連衡が進みつつある。

●手法別でインターネットはトップ

業界の調査会社経営調査によると、２００５年一般調査の手法別ではインターネット調査が28%でトップを占めています（ＪＭＲＡ・２００６年調査）。今やネット調査は不動の位置にあり、その存在は大きなものとなっています。

まわりを見渡すと、いたるところでネット調査の結果を眼にする機会が増え、これまでの堅苦しいイメージを身近な存在に変えた功績は誰もが認めるところでしょう。

●通常の調査との違い

インターネット調査・売上上位４社のうち、１社だけが調査会社とネット検索サイトの合弁企業で、残りの３社はＩＴ関連出身もしくはネット調査としての設立です。

ネット調査トップ企業代表者のインタビュー記事によると、「今では、ネット普及率が7割を超えており、20～40歳代のほとんどの方が使っている世界です。市場調査では、その層をターゲットとすることが多いため、データの信頼性は大きく向上しています」と、一見楽観的に語っています。ネット調査はモニターパネルの活用が基本ですが、設定はあくまでも参加意向者の意思による受動型であり、ネット利用者でも特定モニターに応募意思がない人は最初から設定できません。

このシステムを身近な例にたとえると、「集まってきた魚をいけすに囲い、必要に応じてそこから魚を釣り上げる」ことに似ています。「いけす」に入るかどうかは本人の意思です。この点が、目的に応じてそのつど漁を行なう通常の調査との違いであり、そのことをよく認識しておく必要があります。

●華々しい活躍のインターネット調査会社

この４社のＷｅｂサイトをチェックすると、売上２位と４位の企業は、先のネット検索サイトの連結子会社になっています。つまり、売上高２～４位

不安要素を孕みながら成長を続けるネット調査

依然、拡大基調が続くインターネット
調査市場

業界では合従連衡、上位への集中化が進行中
一極集中はＩＴビジネスの宿命か!?

ネット調査事業の明快なキーファクター？
モニターシステムの設定・運営管理と絶え間ないシステム開発プラス営業力

インターネット調査業界の寡占化とネット調査巨大企業の出現
（個人情報保護法やプライバシー意識の高まりなども影響）

ネット調査の懸案課題は未解決!?
＜懸案課題＞
- 代表性の問題／モニター属性の偏り
- ネットマニア、モニターマニアの偏在
- なりすましや虚偽登録対策

企業はすべて、某ネット検索サイトの系列ということになります。2位と4位企業は近く合併する予定を表明しており、何とも目まぐるしい動きです。

たしかにＩＴ関連事業は、短期間に集中化・独占化が進むという特徴があります。

市場調査事業を営む会社は、これまで地味で控えめに黒子に徹して事業を行ない、企業の信頼を得てきたイメージが強かったのですが、ネット調査でトップを走る企業は、創業から5年で株式上場、売上高経常利益率3割強を確保するなど、華々しく表舞台に登場しています。

時代の移り変わりかもしれませんが、危うさも感じられます。

調査会社がこれまで築いてきた、「信頼」という枠組みを壊すことがないような企業のあり方を望まずにはいられません。

地味で目立たない店頭マーケティング

注目されてよい店頭マーケティング

購買接点の問題解決に向け、店頭マーケティングにベーシックに取り組むことが求められている。

●店頭マーケティングとは何か

店頭マーケティングとは、「顧客接点＝店頭における顧客購買行動の調査・研究を通じて、最適な売り方を考える」という理論です。二十数年前から提唱され、多少のニュアンスの違いはありますが、「フィールド・マーケティング」とも呼ばれています。企業のマーケティング活動の最終地点である、生活者の顧客接点での購買行動やその前後の関連を明らかにして、それらを元に最適な売場づくり、売場技術の最適化を図るものです。

●買物客の80％弱は、店頭で商品の購入を決めている

日用品の購買時点面接調査や住宅の逃げ客（見込み客で最終未契約者）に対する電話や面接調査を経験した際、顧客の購入理由の非合理性を嫌というほど感じたことがあります。つまり、購買以前の考え方や態度と実際の購買が合理的に説明できない部分が多いということです。生活者はいざ購入の決定段階で、何らかの要因でふだんの考え方と違う行動を取ってしまうことがあるのです。それらの要因を、店頭という基点で解き明かそうというのが店頭マーケティングとも言えます。今や常識になっている、「買物客の80％弱は、店頭で商品の購入を決めている」、「陳列棚の位置取りによって商品の売行きが大きく異なる」といった考え方も、調査結果から導き出された実証的な論理です。

●今こそ店頭マーケティング

大学の先生によるマーケティングの教科書は数多く出版されていますが、店頭マーケティングはほとんど触れられておらず、店頭マーケティングに関する書籍も最近見かけません。店頭マーケティングは、手間やコストのわりに、成果が出るまで時間がかかるテーマです。たとえば、店頭の購買時点で顧客調査を行なうには、店の説得や手続き、営業の邪魔にならないように配慮した実査運営など、多くの手続きに神経を遣います。ひとつの調査からす

流通関与者モデルと店頭マーケティング

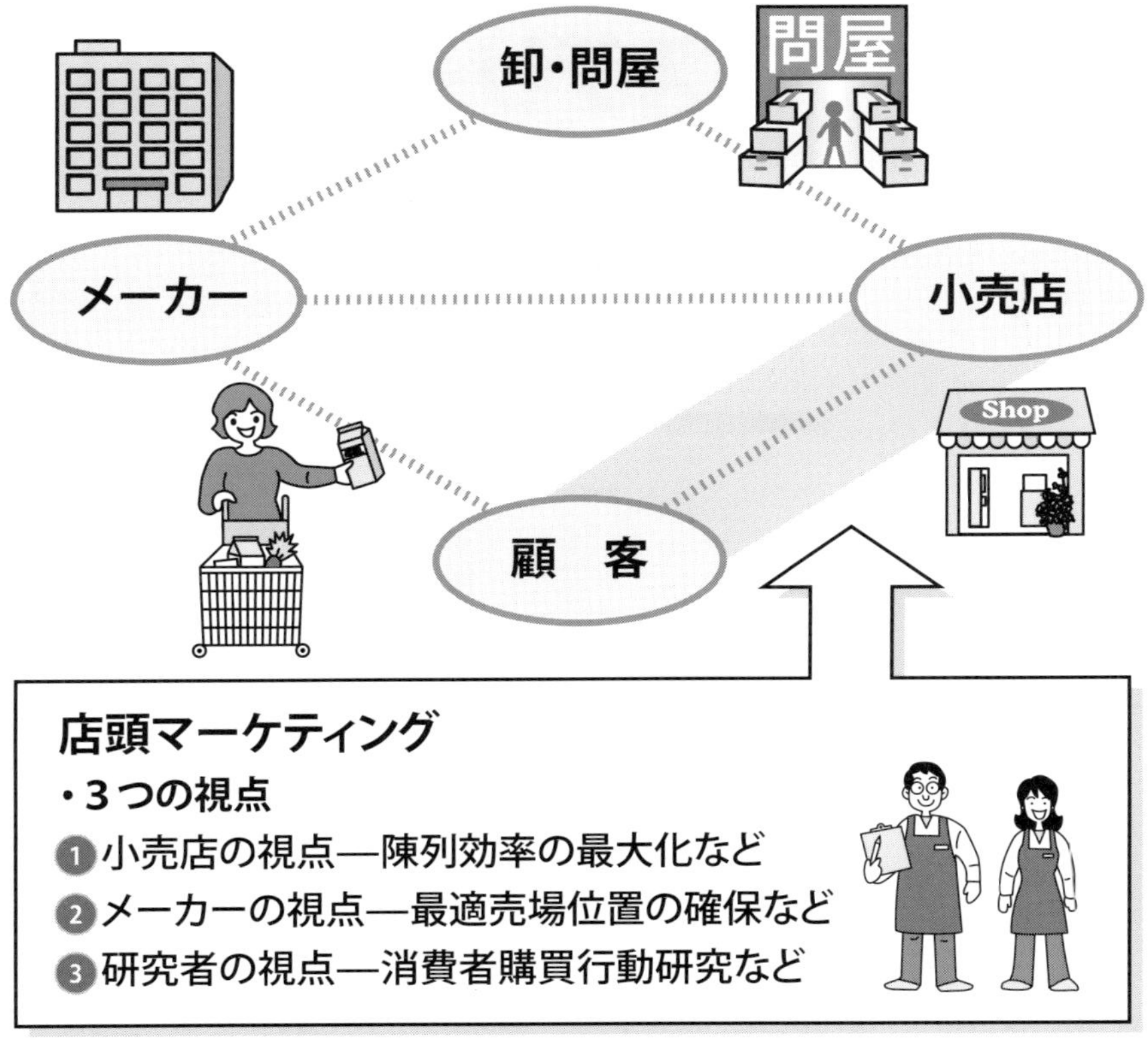

ぐに成果が出るというものではなく、何度も試行錯誤を繰り返しながら論理を積み上げていくことが必要です。即決で成果が求められる今の時代状況にそぐわず、企業の視点は、目先の売上を考えた商品開発に向きがちです。しかし、競争激化の中で、新商品のヒット率が下がり、商品の短サイクル化など課題山積です。思考の土俵を変えて、「急がば回れ」の考え方で購買接点の問題解決に向け、店頭マーケティングにベーシックに取り組むことが求められているのかもしれません。

　企業戦略の視点から考えると、商品や販売促進戦略は、容易に他社の追従を許してしまうが、流通戦略は時間がかかって追従しにくいと言われていました。店頭マーケティングもそれに似た側面があります。花王が先行しているようですが、今後の動向が注目されます。

店舗の運営実態をつかむ覆面調査

ミステリーショッパー調査の今後

ミステリーショッパー調査は、やり方、使い方しだいでは大きな経営改善の武器になる。

●多い新規参入企業

ミステリーショッパー調査は、インターネット調査と並ぶ比較的新しい調査手法ですが、ネット調査同様、成長分野と目されて、専業だけでも30社以上が存在し、入り乱れて顧客獲得を競っています。市場調査業以外からの参入も多く、「調査は無用」と言っていたコンサルティング会社まで手がけるようになっています。

●傘下の店舗・施設の運営やサービスを評価し、経営の効率化を図る

ミステリーショッパー調査の特性は、店舗や施設を多く展開する企業が、傘下の店舗・施設の運営やサービスを評価し、経営の効率化を図ることです。

販売の現場を運営している人の多くはパートやアルバイトですが、本社から眼の行き届きにくいソフト面での問題点を見つけ出して改善策につなげようというものです。

現状、実施されている調査の多くは、本社・本部の経営上の問題意識によるものと見られ、本社・本部の意思に沿って、末端の「売りの現場」を監視・コントロールするためという意味合いが強く、現場への一方通行的な問題提起になっている側面がうかがえます。

●トップダウンで現場改革に役立つか

これは、現場の経営の要を担っているパートやアルバイトの態度や対応状態をチェックし、運営の改善を図ろうというしくみですが、本社・本部からのトップダウンで得られた調査結果が、肝心の現場改革の役に立つのかどうか疑問が残ります。改革のためには、現場の人たちを巻き込んで、問題意識を共有化することが大切ですが、本社・本部から「問題点はここである」と一方的に指摘されても、モチベーションが下がるだけで改善にはつながりません。

ミステリーショッパー調査のポイントは、調査後の現場の巻き込みをどうやるか、現場をどう改善するか、それ

ミステリーショッパー調査の実施背景

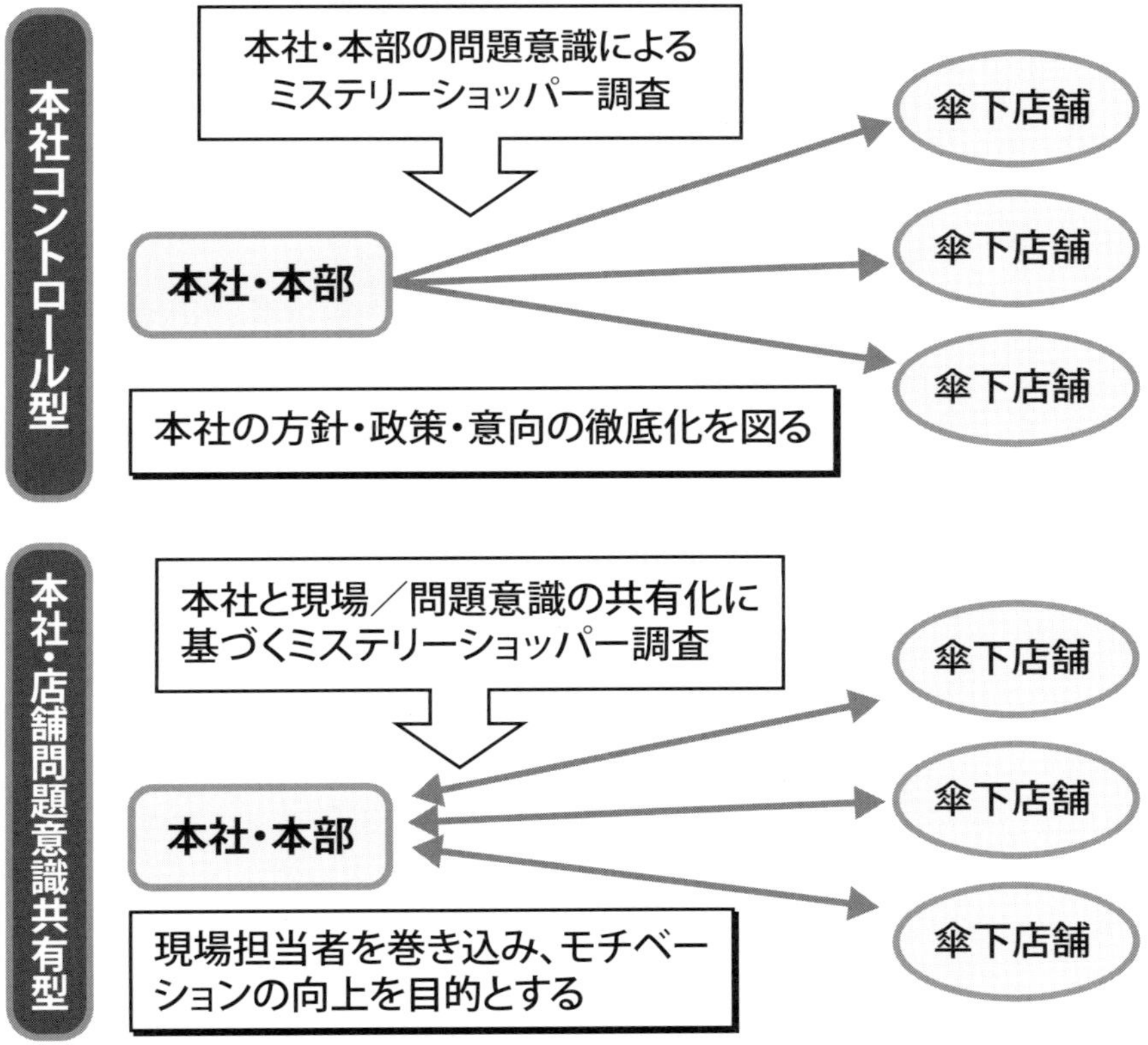

らを想定したしくみとして考えることが重要です。そうでなければ、本社・本部の管理・コントロール結果の確認にすぎません。

●現場の改善を行なうためには

さらにミステリーショッパー調査は、従業員の態度や対応の評価ですから、どうしても感覚的な評価が中心となります。しかし、1店舗を1人の調査員で評価するだけでは、どうしても無理が生じます。

現場のパートやアルバイトの人たちにも、競合店を覆面調査してもらい、その結果を元に現場でディスカッションして改善策を練るなど、現場の人たちの力を引き出すやり方のほうが現実的でしょう。

顧客接点を担う現場担当者のモチベーションをどう上げるか、現場の改善はそれにかかっているといっても過言ではありません。

ＩＴ化は混乱も促進している

市場調査とITの進化

情報の取捨選択は、あくまでも受信者・利用者の見識にかかっている。

●情報過多時代の到来

第1章で述べたように、ＩＴの進展が市場調査に大きな影響を与えていることは間違いありません。

誰でもいつでも利用可能なインターネットで情報を収集し、集計・グラフ化して、パワーポイントで体裁のよい提案書を作成する、それが、今どきのビジネススタイルになってきているようです。

かつては考えられなかった技術革新のスピードと、それがもたらした情報過多時代の到来です。

●情報の取捨選択は、あくまでも利用者の見識

ネット上にあり余る情報があるから、手に入る情報はとりあえず集めるだけ集めておこうと考えることは決して間違いではありません。多くの人は、そう考えて当然だと思います。

ただし、ネット上に溢れる情報は玉石混淆です。有益情報から危ない情報まで並列で並んでいますから、情報の取捨選択は、あくまでも受信者・利用者の見識にかかっています。

数ある情報の中から、はたしてどれが役に立つのか、目的を満足させる情報はどれか、判断するのは人でありパソコンではありません。

「たくさんの情報を詰め込みすぎたため、何が言いたいのかよくわからない企画書」、「体裁はすばらしいが、中身をよく見るとつじつまが合わず、足元を見られてしまうような提案書」、「クロス集計で充分説明できるものを、ソフトに放り込めば簡単だからと多変量解析を試み、かえってわけがわからなくなった報告書」などなど。

こういった現象は、問題解決のためにＩＴを使えば、どんなことでも簡単であると誤解されている典型例と言っていいでしょう。

●アナログ的世界を理解するための道具・手段

問題を解決するためには、論理的に自分の頭で考えることが大切です。調査は細かいデータや事実を一つひとつ

ＩＴ化時代にひそむ落とし穴

ＩＴへの６つの過信

1. 情報は何でも手に入る
2. どんな分析でも簡単にできる
3. カッコイイ企画書がすぐに作成できる
4. 売場や現場を見なくてもインターネットで充分
5. ネット調査が早くて、安い
6. 顔を合わせるのが苦手だから、インターネットやメールで間に合わせている

ネット調査企業の売上は、システム化された実査（ＩＴ）業務が中心になっている

ネット調査トップ企業の売上構成比（2007年）

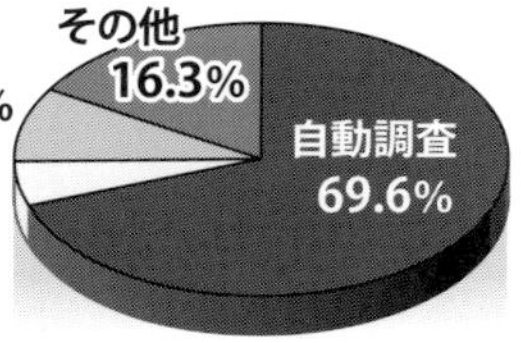

1.「手段が目的化する」傾向の強まり→問題解決という視点が欠如してきているのではないか ※リアルな調査現場の経験の数が熟練度につながる

2. 調査＝作業という考え方の日常化

積み上げて結論を出す帰納法的手法です。バーチャルな世界、机上だけの論理は、ヒントにはなり得ても答えにはならないということです。

　調査の対象は、人そのものや人とモノとの関係です。人が生きているのは、バーチャルな世界ではなく、生身のドロドロした有機的な世界です。このアナログ的世界の理解のための道具・手段として、ＩＴは大いに役立つでしょう。

　しかし、目的のための手段が、いつの間にか目的化してしまう、本来の目的を見失ってしまう、気がつかない間にパソコンの都合で振り回されている、ＩＴはそんな危険性を孕んでいます。

　あくまでも、道具としてＩＴを使いこなして、答えは自分で考え抜くしかないという視点・視座をどれだけ持てるかが重要です。

ネット社会は広告代理店も変えようとしている

市場調査を牽引してきた広告代理店の今後

予想を上回るインターネット広告の成長と広告代理店の取り組み。

●市場調査を一貫してリードしてきた広告代理店

市場調査は、１９５０年代後半頃から本格的な普及がはじまりましたが、主要な広告代理店は当初から調査部を設けて積極的な展開を図ってきました。いわば、広告代理店と市場調査は長年の蜜月関係にありました。

広告代理店にとって、広告の需要開発というファクターも大きく、ＡＩＤＭＡやダグマー理論の導入など先駆的な役割をはたしてきました。調査会社経営調査では、２００５年受注案件全体の約18%を広告代理店（国内）依頼が占めています（金額ベース、ＪＭＲＡ：２００６年）。しかし、２０００年が約25%であったことから比べると、大きく減少してきています。

●インターネット広告の急成長

一方、広告費のほうへ眼を転じてみると、マス媒体の新聞、雑誌、テレビなどは、ここ3年間微減傾向ですが、インターネット広告（３６３０億円）だけが急成長しています。電通の予測によると、２００９年のインターネット広告は６２００億円と見込んでいます。上記のように、調査が広告の側面サポートという不可分の関係だったわけですが、インターネットの出現によって変貌を余儀なくされてきています。

●インターネット強化を図る電通

広告の効果測定は、さまざまな調査で試みられましたが難しいとされてきました。ところが、すばやく的確に効果がつかめるインターネット広告は、予想以上のスピードで既存の広告分野を侵食しつつあります。

念のため、２００２年公表の電通の中期経営計画を見ても、インターネットについてはまったく触れられていません。電通に限りませんが、広告代理店サイドは、インターネットによる市場の動向や社会変化について見通しを少し誤ったようです。

日本を代表するマーケティング実務家・故佐川幸三郎氏は、『新しいマー

市場調査と広告戦略の関係性

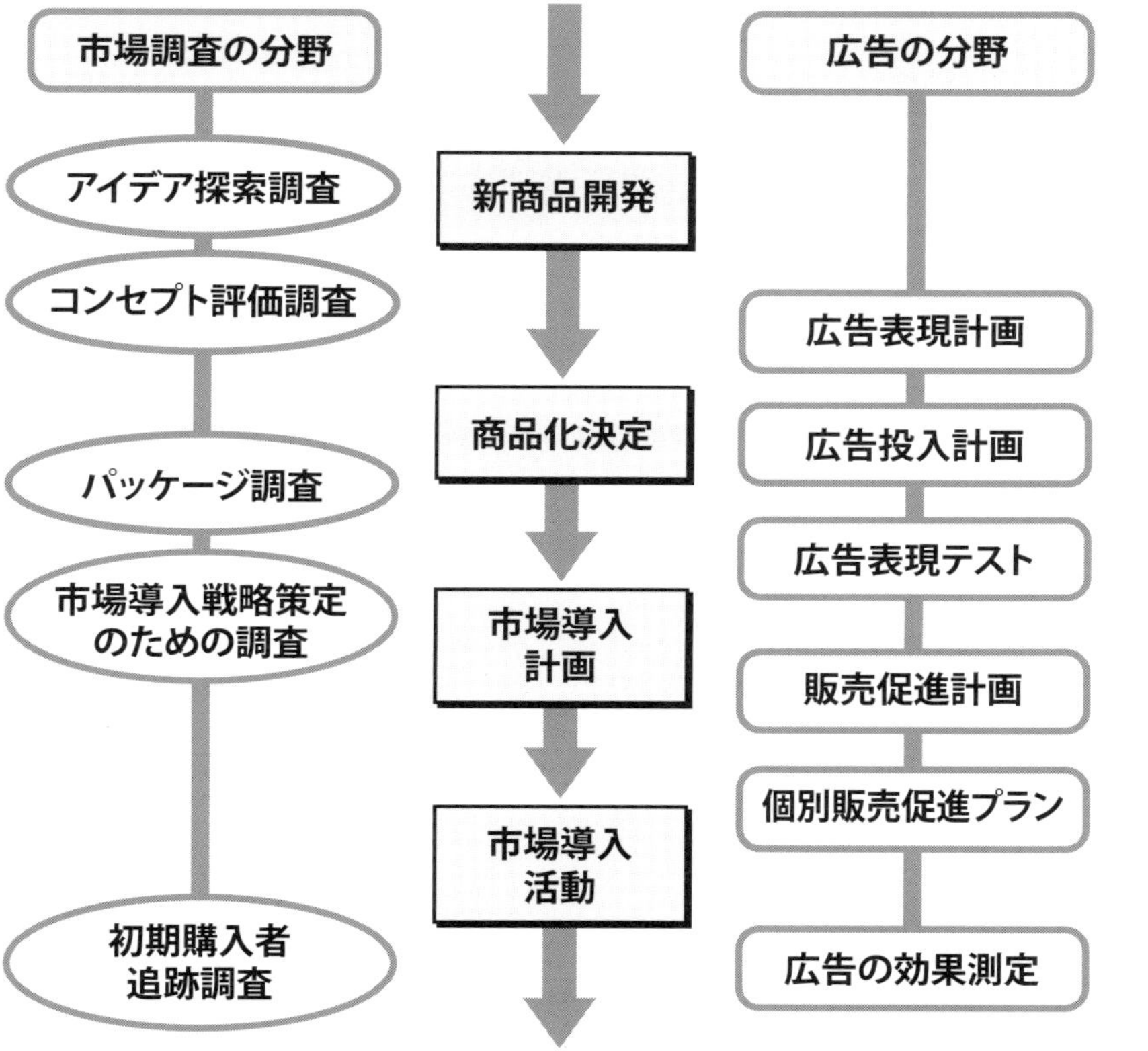

ケティングの実際』の中で、「数十年前に作られた広告に関わるＡＩＤＭＡ理論や、二十数年前のダグマー理論を鵜呑みにして失敗するケースは未だに後を絶たない」と象徴的に述べていますが、これらの理論を信奉している代理店もまだ多く存在します。

なお電通は、２００６年決算報告資料の中で、インターネット事業の強化とともに注力分野のひとつに市場調査を挙げる一方、店頭マーケティング専門会社を設立するなど、広告周辺領域の重点化を目指しており、今後、調査も含めて新たな展開が話題になるかもしれません。

ＩＴのさらなる進化によって、インターネットの新展開も考えられます。インターネットの影響を最も受けているのが広告業界であり、それをリードしている電通がどう対処していくのか、話題は尽きません。

Section 8

ネット調査が従来型調査を脅かす

二極化する市場調査の役割

今後は、ネット調査と従来型調査の複合化、棲み分けが進む。

●需要基盤が拡大するネット調査と逆風下の従来型調査

スピードとコストの優位性を活かしたインターネット調査によって、調査というツールが社会に広く行き渡ってきていることは間違いありません。調査の未経験企業、たとえば従来コスト面から調査など思いもつかなかった企業でも、実施に踏み切ったところが多いと予想でき、ネット調査の需要基盤が量的に拡大してきたことは確実と言えるでしょう。

一方、訪問面接調査は従来からのコスト高、時間的制約などに加えて、さらに個人情報保護法の影響から逆風下にあります。制約が少ない会場テストやグループインタビューは、対象者のリクルート段階で、インターネットを使用するなどネットの利点を活用し、相乗効果をもたらしています。

●ネット調査と従来型調査の棲み分け

このような現状から考えると、今後は調査の量的な側面をインターネット調査が担い、質的な面を従来型調査が担う、というように、調査が二極化していくことが予想されます。

インターネット調査を専業とする会社は近いうちに淘汰・集約され、数社程度に絞られてくるものと思われます。大手を中心にした総合調査会社、マーケティング会社は、ネット調査を調査機能のひとつとしてしくみ化を備えていますが、コスト競争と維持管理の困難さから、しだいに撤退する動きが見られ、一部を除いてこの部分の業務はネット専業企業に吸収されていくものと予想されます。

ネット調査の有効性と限界については、依頼側の認識も深まりつつあり、ビギナーやネット調査を熟知した企業を中心に、調査の需要は一定の成長をしていくものと考えられます。かたや、ネット調査では対応できないと判断されるテーマや条件については、従来型の調査手法がとられるでしょう。調査会社の中には、住民台帳の閲覧制限を見越して住民基本台帳ベースにし

テーマによる使い分けが進む

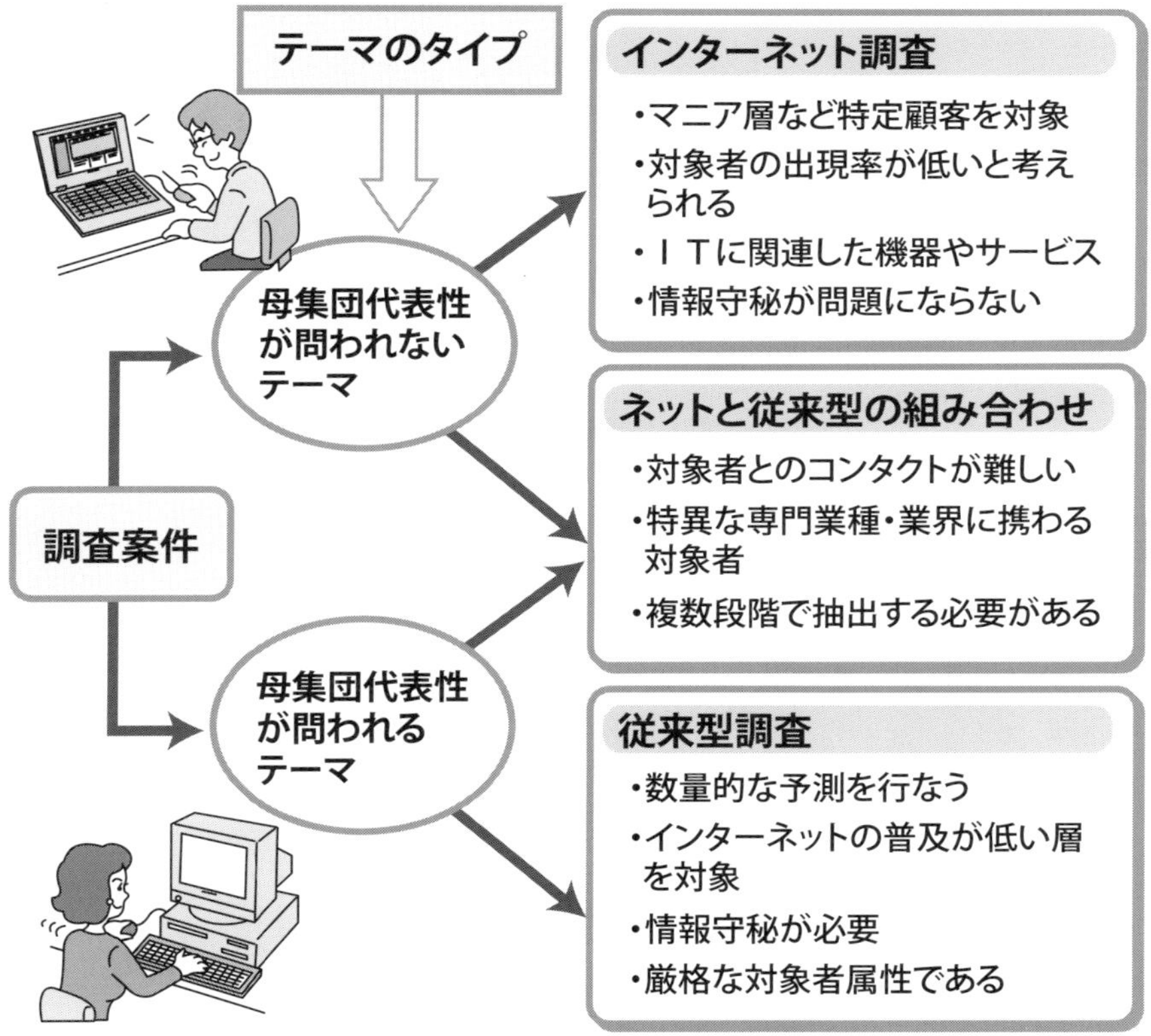

テーマのタイプ
調査案件
母集団代表性
が問われない
テーマ
母集団代表性
が問われる
テーマ
インターネット調査
・マニア層など特定顧客を対象
・対象者の出現率が低いと考えられる
・ＩＴに関連した機器やサービス
・情報守秘が問題にならない
ネットと従来型の組み合わせ
・対象者とのコンタクトが難しい
・特異な専門業種・業界に携わる対象者
・複数段階で抽出する必要がある
従来型調査
・数量的な予測を行なう
・インターネットの普及が低い層を対象
・情報守秘が必要
・厳格な対象者属性である

た、生活者のパネルを構築している調査会社も現れてきています。会場テストやグルインのように、ネットと調査手法の相互利用の方向が進みつつあり、ＣＡＰＩ（Computer Assisted Personal Interview）のしくみもその一例です。

多くの調査案件を抱える企業では、企画初期段階で、あたりをつけてみる、探りを入れてみる、というような軽いテーマはネット調査、ニーズの詳細を検証する、需要量予測の目安を得る、といった重い案件は従来型というような使い分けが、今以上に進んでいくものと思われます。

調査の複合化、棲み分けが今後進むと言っていいでしょう。インターネットが普及するまで、波風少なく平穏な経営環境にあった市場調査業界も大きな試練のときが来ているのかもしれません。

調査も少しずつ進化している

市場調査進化の方向

多次元にわたって、調査手法が模索されている。

●４つの事例

　市場調査の動向と言えば、ネット調査に眼が行きがちですが、従来型の調査手法でも、さまざまな試みがされています。４つの事例から学んでみましょう。

●調査を駆使

　市場調査を含めた情報事業で定評のあるリクルートは、ブライダル情報誌「ゼクシー」を市場導入するにあたりいくつもの調査を駆使し、短期間で軌道に乗せました。営業支援として調査を位置づけ、記事の質的向上やクライアントへの提案力強化に注力したことが成功につながりました。

●徹底的に調査

　一時、日本から撤退したものの、日本再上陸をはたしたスウェーデンの家具メーカーＩＫＥＡは再上陸にあたり、１００軒以上の家庭を訪問、徹底調査し、標準的な間取りをモデル化して、70以上のショールームでそれらを実際に売場展開しています。

●「お泊りデプス」

　花王では「アジエンス」の開発にあたり、「お泊りデプス」を行ないました。対象者とインタビュアーがホテルで生活をともにし、朝から晩まで女性の生活の詳細を観察、測定、インタビューを徹底して行なう調査です。デプスインタビューの進化型です。

●新手法・評価グリッド法

　住宅機器メーカーのＴＯＴＯや文具メーカーのコクヨは、評価グリッド法という新しい解析手法で、生活者のニーズ探索や顧客ターゲットの絞込みを試みています。

　以上の４つの事例をまとめると、①既存調査の徹底利用、②新手法の模索、という２つの方向が見えてきます。試みている企業は、日本でもマーケティングに造詣が深い企業が中心になっています。注目すべきは、従来型調査をベースにしていること。部分的にはネットの使用はあったかもしれませんが、それにしても印象深いものがあります。

進化した調査の実施例

		概　要
調査を駆使	リクルート・ゼクシー	リクルートのブライダル情報誌「ゼクシー」は、通常の購読者アンケート以外に、最終決定アンケート、記事の支持率アンケート、営業テーマアンケート、トレンドアンケート、浸透率調査など、営業の支えとして調査を位置づけ、記事の質的向上、クライアント提案力強化に努め、飛躍的な部数拡大を成功させている
徹底調査	ＩＫＥＡ家具	日本再上陸をはたしたスウェーデンの家具メーカーIKEAは、事前に100軒以上の家庭を徹底調査し、標準的な間取りをモデル化した。70以上のショールームで、日本の間取りや生活様式に合わせたルームセットを売場展開している
調査の深化	花王・アジエンス	花王は、ヘアケアブランド「アジエンス」の開発にあたり、50本以上の調査を行なった。なかでも、「お泊りデプス」という対象者とインタビュアーが一緒にホテルに泊まり、朝から晩まで女性の生活の一部始終について観察、測定、インタビューを徹底して調査を行ない、どこに悩みがあるのか、どこで商品の評価をしているのかを明らかにした
新手法	コクヨ・マウス	コクヨ・ユニバーサルデザインマウス JUSTONE は、まず、評価グリッド法を用いてターゲットユーザーを絞り込むとともにデザインコンセプトを明確にし、そのうえで設計に活かすべき人体特性を決定した
	TOTO・住宅設備機器	TOTOは、浴室の好みの構造を把握し、浴室に求められるベネフィットと、それを想起させる空間要素の関連を検討するために評価グリッド法を用いている。消費者が浴室のどの部分に注目し、どのようなベネフィットを想起するか、評価構造を可視化できるようになり、消費者の目線で空間デザインのポイントを抽出できるようになった

※評価グリッド法とは、臨床心理学で開発された面接手法を建築心理学分野で発展させたもの（1986年）で、1対1でのインタビュー形式で行ない、対象者の認知構造を探索する測定手法。従来からのプリコードや尺度型選択の設問で把握できない意識の構造を探る。

グローバル化がもたらす新しい競争局面

今後の市場調査の動向

問題解決に向けての原点回帰が求められている。

●グローバル化する市場調査業界

マーケティングは「変化への適応技術」でもあり、社会や企業の将来像が不可欠ですが、世界的規模で社会経済の変化が起きている現状では、動向が読みづらい時代状況にあります。

ただ明らかなことは、「グローバル化」が今以上に進むということです。市場調査を運営する会社でも、それらを見越して企業統合や外資との連携が進みつつあります。

●競争の激化と淘汰

調査会社の競争は、既存調査会社同士のみならず、ネット調査会社との競争も激化していきます。調査案件のコンペの日常化や企業のコストダウン圧力が強まるなか、調査会社間及び調査手法の選択をめぐる競争の常態化です。

調査を、限定した機能と考え、情報加工プロセスの一部という捉え方であれば、情報サプライヤーとしての役割しかはたせなくなります。情報サプライヤーの優位性は、コストやスピードなど物理的な要件が中心であり、絶え間ない競争の渦に巻き込まれることは必然です。情報サプライヤー型企業で進むのであれば、リーダーシップはクライアント側となり、生殺与奪の権を握られ、調査会社は大幅に淘汰されていくことでしょう。

●生き残るための方向

生き残るためには、どのような方向を目指せばいいのか。それは、調査を方法論・テクニックではなく、問題解決の手段・考え方として捉えて、現場基点の発想で経営戦略に具体化できる、今後のあり方を提案できる方向を目指すことです。

高い専門性やていねいさはもちろんですが、調査を含めたビジネス全体の俯瞰力、経営上の知識、業界への理解、心理学の素養など、幅広いインテリジェンスが求められています。

●答えは現場にある

調査の強みは、「答えは現場にある」、「現場を知っている」ということです。

市場調査会社が目指すべき今後

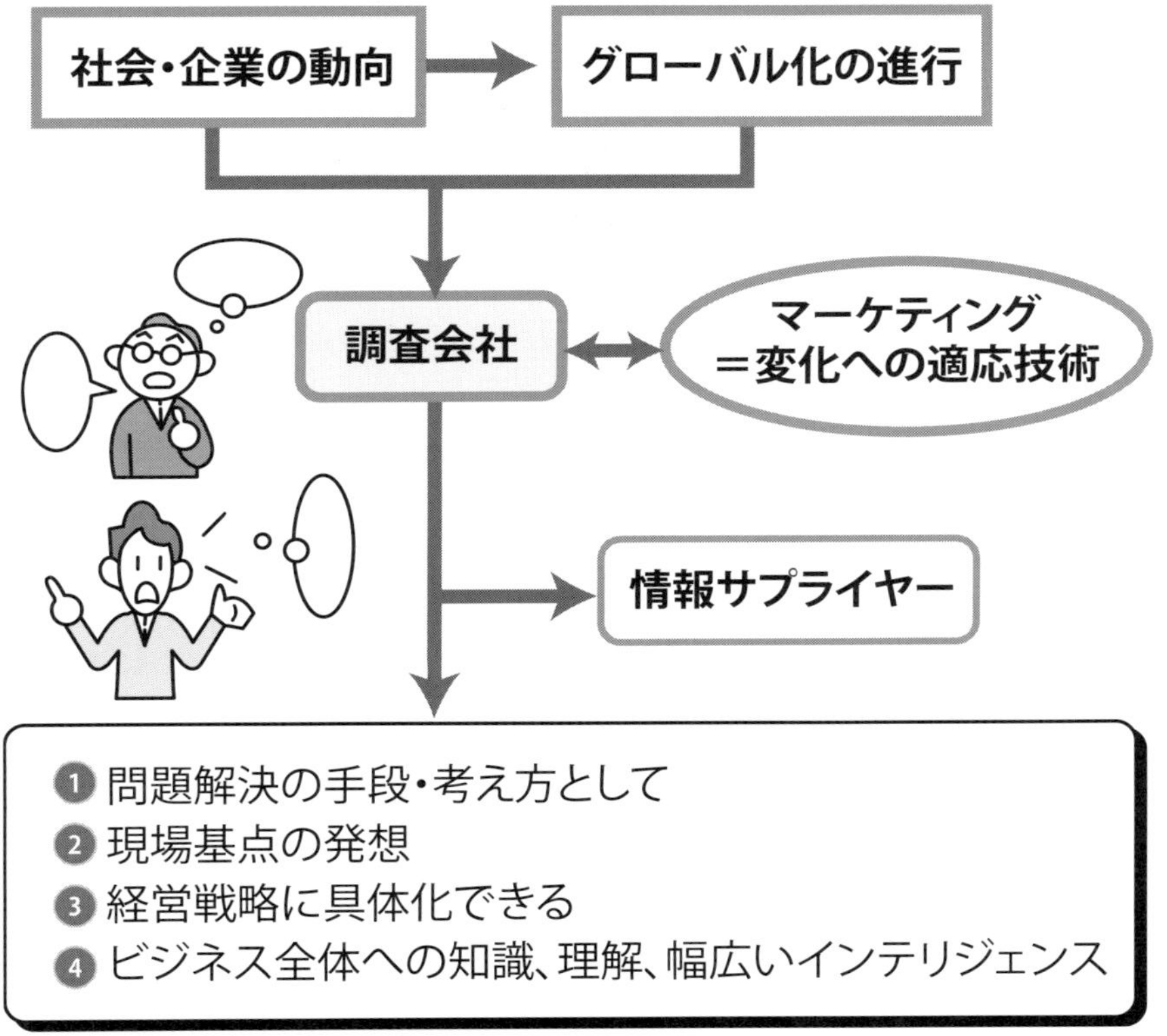

生活者の日常生活や顧客接点、企業活動の現場基点の発想・考え方だからこそ強みになっていると思います。問題解決に向けて最適手段の検討・選択、基本を忠実に守る、より現場に接近するための努力や誠意、結果を踏まえての具体的・戦略的提案、こうしたベーシックなあり方・原点回帰が求められています。

いたずらに、奇を衒ったりテクノロジーにおぼれ、基本を忘れて、羊頭狗肉に陥ることがあってはなりません。調査を相対化し、企業経営の機能としてどう位置づけるか、そこにしか回答はないでしょう。

「企業存続は顧客が決める時代」とも言える昨今です。企業と顧客とのパイプ役とも言うべき調査会社・マーケティング会社にも、かつてない大きな期待と課題が寄せられていると言っていいでしょう。

Column 10

優れた会社とそうではない会社の特徴

長年、マーケティングの仕事に従事していると、クライアント企業やヒアリング対象先で数多くの会社を見てきました。その経験から、会社の特徴をまとめてみたいと思います。まず優れた会社の特徴は、担当者の権限が明確になっていることです。それは、上場会社とか同族会社かという違いはありません。同族会社でも、しっかりとした方針を持っているところは会社の運営も明確で、担当者も生き生きと仕事をこなしています。また、社長に行動力があり、現場に常に気を配っているが、肝心なところは現場にまかせて口出しをしないのが優れた会社です。

一方、そうでない会社の特徴は、担当者の権限がはっきりせず、上司に相談しないと決裁できない、いつも役員や社長が口を挟んで現場を信用していない、社員は上司、役員は社長の顔ばかりをうかがうことに腐心して肝心の顧客の方向に眼が向いていないなど、きりがありません。

正直に言うと、文字通り優れた会社はごく一部に限られます。そうそう理想的な会社など、あるわけがありません。会社は人と人がぶつかり合う場所でもあります。人と人のコミュニケーションほど難しいことはありません。民族紛争や宗教対立など、すべての根源はコミュニケーションがとれないことから起こります。

“問題山積”というのが、ごく普通の会社と言えるでしょう。うまくいかない会社運営をどうするか。それは、まず会社の方針を明確にすることです。当面の運営だけでなく、将来のビジョンまで含めた方向を明らかにすることです。それから現場への権限委譲を徹底化することです。一人ひとりの社員レベルで言うと、各々が経営者の立場に立って考え、自分だけで決着する気持ちで仕事に臨むことです。与えられた仕事、責任が会社にあるという姿勢からは、充実感や満足感が得られないだけでなく、仕事の技術や熟練度も上がりません。こうしたことは、調査だけでなく、さまざま業種に通じることと言えるでしょう。

著者略歴

指方　一郎（さしかた　いちろう）

1949 年長崎市生まれ。74 年、㈱日本マーケティング研究所入社。店頭マーケティング部隊の運営・管理、繊維素材の需要予測・受容性評価、衣料の生活者研究などに従事。81 年、㈱販売促進研究所入社。新市場参入戦略立案から市場定着までの一連の活動支援・教育・販促企画・営業のしくみづくり、店頭強化のためのしくみ開発・導入・活動支援、新分野の市場性評価などに従事。88 年、㈱コミュニケーション開発設立。顧客接点フォローのしくみ構築、コールセンターの事業化、ＣＩプロジェクト・調査部門担当、顧客接点強化の方向性探索、新会社の事業戦略立案プロジェクトに参加。
著書として『誰にでもカンタンに市場調査ができる本』『誰にでもカンタンにアンケート調査ができる本』（ともに同文舘出版）がある。

＜連絡先＞
５３２－００１１
大阪市淀川区西中島５丁目６－２７－４０３
株式会社　コミュニケーション開発
Ｅメールアドレス：comsashi@zeus.eonet.ne.jp

図解　よくわかるこれからの市場調査

平成 20 年 2 月 13 日　初版発行

著　者 —— 指方一郎

発行者 —— 中島治久

発行所 —— 同文舘出版株式会社

東京都千代田区神田神保町 1-41　〒 101-0051
電話　営業 03（3294）1801　編集 03（3294）1803
振替 00100-8-42935

ISBN978-4-495-57831-2
印刷／製本：三美印刷　Printed in Japan 2008